Andreas Maslo

Paradox 3.5

Einsteigen leichtgemacht

D1700163

Aus dem Bereich
Computerliteratur

Vieweg

Andreas Maslo

Paradox 3.5

Einsteigen leichtgemacht

vieweg

Die Deutsche Bibliothek – CIP-Einheitsaufnahme

Maslo, Andreas:
Paradox 3.5: Einsteigen leichtgemacht / Andreas Maslo. –
Braunschweig; Wiesbaden: Vieweg, 1991
    ISBN 3-528-05187-6

Der Verlag Vieweg ist ein Unternehmen der Verlagsgruppe Bertelsmann International.

Umschlaggestaltung: Schrimpf & Partner, Wiesbaden
Druck und buchbinderische Verarbeitung: Lengericher Handelsdruckerei, Lengerich
Gedruckt auf säurefreiem Papier
Printed in Germany

ISBN 3-528-05187-6

Für Pia und Dominik

Vorwort

Wer sich mit einem Computer beschäftigt, wird sehr schnell erfahren *Informationen* müssen, daß der beste Rechner ohne entsprechend gute Software kaum einen Nutzen bringt. Grundvoraussetzung ist dabei ein Betriebssystem, welches die Kommunikation zwischen Mensch und Maschine erst erlaubt und den Einsatz entsprechender Software ermöglicht. Bei den Computerprogrammen kann man grob zwischen den Anwendungsprogrammen und den Programmentwicklungssystemen bzw. den Programmiersprachen unterscheiden.

Neben der Textverarbeitung und den Kalkulationsprogrammen stellen *Einordnung* die Datenbankprogramme eine der Hauptgruppen von Anwendungsprogrammen dar. Allen Programmen ist gemein, daß Daten verarbeitet werden. Sind es bei Textverarbeitungen in der Regel ASCII-Dateien mit speziellen Steuercodes für den Drucker, so werden bei Kalkulationsprogrammen Texte, Zahlen und Formeln in einer Tabelle verwaltet. Die allgemeinen bzw. speziellen Dateiverwaltungen hingegen ermöglichen die Verwaltung beliebiger Datenbestände. Weisen spezielle Datenbankprogramme einen fest vorgegebenen Datensatzaufbau auf, der vom Anwender nicht variierbar ist, so können bei allgemeinen Datenbanken die Datensätze, den eigenen Anforderungen entsprechend, definiert werden. Zu den bekanntesten speziellen Dateiverwaltungen gehören zum Beispiel die Adressverwaltungen, die Videofilmverwaltungen oder Literaturverwaltungen. Zu den derzeit bekanntesten allgemeinen Datenbankprogrammen gehören DBASE IV, Superbase und Paradox 3.5.

Die meisten Datenbanksysteme auf Personalcomputern arbeiten mit *Relationale* einem relationalen Ansatz. Der Begriff Relation (lat.: Verhältnis, Be- *Datenbanken* richt, Zuordnung) selbst beschreibt bereits das Prinzip. Unterschiedliche Datenstrukturen, die in Tabellenform verwaltet werden, können über gleiche Felddefinitionen miteinander verknüpft werden. Beispiele hierzu werden in diesem Buch noch ausführlich besprochen. Dabei wird erkennbar, daß jeder Datensatz aus einzelnen Teilinformationen, sogenannten Datenfeldern bestehen muß. Jedes Datenfeld eines Datensatzes muß gesondert durch den Anwender definiert werden.

Paradox 3.5   Paradox ist eines der leistungsfähigsten und komfortabelsten relationalen Datenbankprogramme, welches sich derzeit auf dem Markt befindet. Neben der allgemeinen Datenbankanwendung stehen dem Anwender unterschiedliche Möglichkeiten der Programmentwicklung zur Verfügung. Wir wollen versuchen, den Einstieg in dieses komplexe Programmpaket zu erleichtern und nützliche Hinweise zur Handhabung und Bedienung zu geben. Dabei werden wir uns schwerpunktmäßig mit der Datenbankanwendung befassen und eine Vielzahl von Anwendungsbeispielen vorstellen.

Das Buch   Dieses Buch ist in vier Kapitel gegliedert. Im ersten Kapitel werden wir zunächst die wesentlichen Leistungsmerkmale von Paradox vorstellen. Anschließend werden wir Hinweise und Informationen zur Programminstallation und Konfiguration geben, wobei auch spezielle Hard- und Software-Anforderungen berücksichtigt werden. Danach werden wir uns mit dem Programm Paradox, der Benutzerführung und der integrierten Hilfefunktion vertraut machen.

Das Hauptkapitel befaßt sich anschließend mit der Datenbankanwendung. Sie werden lernen, wie Sie Datenbanken definieren, aufbauen und bearbeiten können. Aber auch Ausgabemöglichkeiten, Sortier- und Suchfunktionen werden beispielorientiert durchgesprochen. Ein spezielles Thema stellt dabei die Datenbankverknüpfung dar. Sie werden sehen, wie unterschiedliche Datenbanken miteinander verbunden werden können. Aber auch die Möglichkeiten der Report-, der Formular- und der Grafikerstellung werden Sie kennenlernen.

Um einen erweiterten Einblick in die Möglichkeiten von Paradox zu geben, werden wir uns im 3. Kapitel der Programmentwicklung zuwenden und ein ablauffähiges Programm erstellen, ohne programmieren zu müssen. Aber auch einige erweiterte Möglichkeiten, wie der Datenaustausch mit anderen Programmen und die Netzwerkunterstützung werden gesondert angesprochen.

Und nun wünsche ich Ihnen viel Spaß und Erfolg mit Paradox 3.5 und hoffe, daß dieses Buch Ihnen sehr lange wertvolle Dienste erweisen wird!

Danke   Bedanken möchte ich mich bei Herrn Robert Schmitz für die freundliche Unterstützung und gute Zusammenarbeit, ohne die eine Realisierung dieses Buches nicht möglich gewesen wäre.

Inhaltsverzeichnis

Kapitel 1: Einführung

In unserem ersten Kapitel wollen wir uns mit den Themen beschäftigen, die ein Arbeiten mit dem Programm Paradox 3.5 erst erlauben. Dabei werden wir uns zunächst mit den Möglichkeiten der **Installation** und der **Konfiguration** beschäftigen. Außerdem lernen wir in diesem Kapitel die **Benutzeroberfläche** mit der integrierten **Hilfefunktion** und die **Programmbedienung** kennen.

Themen

Um ein komplexes Programm, wie z.B. Paradox 3.5 auf einem Rechner einsetzen zu können, ist zunächst eine Installation (lat.: Einrichtung) erforderlich. Dabei wird das Computerprogramm von den Originaldisketten auf die Festplatte des Personalcomputers übertragen. Durch den Umfang vieler Programmpakete ist eine Programmausführung in der Regel nur noch beim Vorhandensein eines Festplattenlaufwerkes sinnvoll bzw. möglich. Während der Installation wird das Computerprogramm zumeist erst in die ausführbare Programmform übersetzt, da es auf den Originaldisketten in der Regel in einem komprimierten Dateiformat vorliegt. Da ein manuelles Umkopieren der Dateien von den Originaldisketten dann nicht sinnvoll ist, beinhalten größere Programme ein sogenanntes Installationsprogramm, welches die notwendigen Arbeitsschritte durchführt und somit den Arbeitsaufwand für den Anwender so minimal wie möglich hält. Bei benötigten Informationen, wie z.B. Dateiverzeichnissen und Laufwerksangaben, werden in der Regel Standardvorgaben vorgeschlagen, die nur in den seltensten Fällen zu ändern sind.

Installation

Konfiguration   Bei der Konfiguration (lat.: Gestaltung) handelt es sich um die
                      Phase, in der das Programm optimal an die vorhandene Rechneraus-
                      stattung angepaßt wird. Paradox bietet hier zwar umfassende Mög-
                      lichkeiten, die wir später noch kennenlernen werden, versucht aller-
                      dings eigenständig eine Voreinstellung vorzunehmen. Dabei wird die
                      Rechnerausstattung programmintern ermittelt und ausgewertet, so
                      daß in den meisten Fällen die Konfigurationsphase für den neuen
                      Anwender entfällt. Erst später, wenn Bildschirmfarben an eigene Be-
                      dürfnisse angepaßt werden sollen oder aber Ausgabefehler auf Bild-
                      schirm oder Drucker korrigiert werden müssen, ist die Konfigura-
                      tion, die bei manchen Software-Paketen wieder über eigenständige
                      Programme abläuft, unerläßlich.

Benutzer-   Die meisten Programme, die heute auf dem Markt erscheinen, lehnen
oberfläche   sich an das SAA-Konzept (System-Anwender-Architektur) von
                      Microsoft und IBM an. Ziel dieses Konzeptes ist es, Software-Pro-
                      gramme mit einer einheitlichen Benutzeroberfläche zu erstellen, die
                      u.a. nach einem gleichen Schema bedient werden können (CUA =
                      Common User Access = einheitlicher Benutzerzugriff). Die
                      Vorteile, die sich dabei für den Anwender ergeben, sind nicht zu
                      übersehen. Egal, in welchem Programm und in welcher
                      Ausführungsphase man sich innerhalb eines Programmes befindet,
                      Hilfsinformationen sind immer durch Betätigung der Funktionstaste
                      [F1] erhältlich. Aber auch Programme, die man das erste Mal
                      einsetzt, sind ohne spezielle Studien der Handbücher direkt
                      ausführbar. So gut dieses Konzept jedoch auch zu sein scheint, nicht
                      alle Software-Firmen halten sich daran. Zwar bietet Paradox eine
                      ansprechende und leistungsfähige Benutzeroberfläche, der SAA-
                      Standard wird allerdings nicht erreicht. Vor allen Dingen die
                      fehlende Mausunterstützung ist ein großer Programmschwachpunkt.
                      Als Entschädigung wartet Paradox 3.5 allerdings mit einer
                      hervorragenden Hilfefunktion auf, die den Blick in die Handbücher
                      nahezu überflüssig macht.

1.1 Dateiverwaltung mit Paradox 3.5

Paradox ist ein sehr umfangreiches professionelles Datenbanksystem,
welches nach dem relationalen Modell, das wir bereits kurz vorgestellt haben, arbeitet und neben der allgemeinen Anwendung auch die
Programmierung von Datenbankprogrammen erlaubt. Wir werden
uns in diesem Buch schwerpunktmäßig mit dem interaktiven Datenbanksystem befassen. Für die Programmentwicklung steht ein Programmgenerator zur Verfügung, der Programme nach im Dialog ab-
gefragten Benutzerangaben selbständig erzeugt.

Für Programmierer besteht ferner die Möglichkeit, mit der Programmiersprache *PAL* zu arbeiten. Auf eine Beschreibung von *PAL* werden wir in diesem Buch verzichten, da es sich dabei um ein Thema für fortgeschrittene Programmanwender handelt.

Der erste Schritt in der Anwendung eines Datenbankprogrammes besteht immer aus der Definition des Dateiaufbaus mit den einzelnen Datenfeldern und ihrer Feldlänge und möglichen Feldinhalten (numerisch, alphanumerisch,...). Ist eine Datenbank erst einmal definiert, sind unvorstellbare Datenmengen archivierbar. Maximal 2 Milliarden Datensätze können je Datenbank mit Paradox verwaltet werden. Jeder Datensatz kann dabei aus maximal 4000 Zeichen bestehen. Ein Datensatz darf wiederum aus maximal 255 Datenfeldern und jedes Datenfeld aus maximal 255 Zeichen zusammengesetzt sein. Die Menge der speicherbaren Daten wird also weniger von Paradox als vielmehr vom vorhandenen Festspeicher begrenzt. Die Daten werden zwar intern in Tabellenform gespeichert, Paradox erlaubt es jedoch auch, Datensätze maskenorientiert zu bearbeiten. Die Masken sind dabei vom Anwender frei definierbar. Im Gegensatz zu vielen anderen Dateiverwaltungen können mit Paradox auch Grafiken erzeugt werden. Ansonsten verfügt Paradox über sämtliche Funktionen, die man von einem professionellen Datenbankprogramm erwarten darf, wie z.B. Suchen, Sortieren und Verknüpfen von Daten. Das Programm kann sowohl auf einem Einzelplatzrechner als auch im Netzwerk eingesetzt werden.

*Leistungs-
merkmale*

Sie sehen, Paradox hat sehr gute Leistungsmerkmale, die wir im späteren Verlauf noch in der praktischen Anwendung kennenlernen werden. Dabei wollen wir uns speziell auf die Einzelplatzversion konzentrieren.

1.2 Hard- und Software-Anforderungen

Paradox ist auf jedem PC/XT/AT/PS/2/286/386 und 486 und dazu 100%ig kompatiblen Mikrocomputern mit den Betriebssystemen MS-DOS (ab Version 2.0) und DR-DOS (ab Version 3.41) und dazu kompatiblen Betriebssystemen lauffähig. Zum Betrieb ist eine Festplatte und für die Installation und zum Sichern und Austauschen von Daten mindestens ein Diskettenlaufwerk erforderlich. Die Festplatte sollte beim Umgang mit geringen Datenmengen über mindestens 40 MByte verfügen, um ein komfortables Arbeiten zu gewährleisten. Bedenken Sie, daß auch das Betriebssystem und andere Software wertvollen Speicherplatz auf Ihrer Festplatte belegen.

Paradox selbst benötigt je nach Umfang der installierten Programme zwischen 2 und 5 MByte. Das reine Anwendungsmodul und der Programmgenerator belegen jeweils 2 MByte, ein MByte wird als temporärer Arbeitsspeicher benötigt. Wollen Sie größere Datenmengen verwalten, sollten Sie mit einer Festplatte, die über mindestens 100 MByte Speicherkapazität verfügt, arbeiten. Im Netzwerk sind entsprechend größere Kapazitäten erforderlich. Beachten Sie, daß zum Betrieb im Netzwerk eine MS-DOS-Version ab 3.1 erforderlich ist, und daß das Programm *SHARE* des Betriebssystems geladen werden muß.

Grafikkarte und Drucker   Sollen grafische Ausgaben von Paradox vorgenommen werden, sind eine Grafikkarte und ein entsprechender Monitor die Vorraussetzung. Sämtliche gängigen Grafikadapter, wie CGA, Hercules, EGA, VGA und 8514 werden von unserem Datenbankprogramm unterstützt. Ansprechende Grafiken erfordern mindestens eine EGA- besser eine VGA-Grafikkarte.

CGA	MCGA	EGA
VGA	8514	3270
Hercules	AT&T	Tandy T1000

Tabelle 1.2.1: Liste der unterstützten Grafikkarten

Sollen Ergebnisse oder Grafiken, die über das Datenbankprogramm erstellt wurden, auf Papier ausgegeben werden, so ist zudem ein grafikfähiger Matrix- oder Laserdrucker erforderlich (unterstützte Modelle s.nachfolgende Liste). Aber auch Postscript-fähige Drucker werden unterstützt.

Hewlett Packard	IBM
Kyocera	Mannesmann Tally
NEC	Okidata
Olivetti	Olympic
Panasonic	Postscript
Sharp	Star Micronics
Tandy	Texas Instruments
Toshiba	Xerox

Tabelle 1.2.2: Liste der unterstützten Druckerhersteller bzw. Ausgabevarianten

Sämtliche Druckermodelle der in der oben angeführten Liste von Herstellern wird unterstützt. Sollte Ihr Drucker nicht vertreten sein, so überprüfen Sie zunächst, ob dieser über spezielle Emulationsmöglichkeiten verfügt. Sollte das nicht der Fall sein, bietet Paradox die Möglichkeit, über manuelle Anpassung der Escape-Sequenzen die Druckerausgabe auch auf anderen Druckern anzupassen.

Paradox benötigt für die Programmausführung mindestens 512 KByte Arbeitsspeicher und unterstützt den erweiterten Speicher (EMS) nach LIM 4.0-Spezifikation. Damit Paradox oder auch andere Programme den erweiterten Speicher nutzen können, muß der EMS-Treiber über die Konfigurationsdatei *CONFIG.SYS* geladen sein.

Obgleich Paradox auf nahezu jedem Rechner der PC-Ebene lauffähig ist, ist ein optimaler Einsatz nur bei entsprechend ausgestattetem Rechner sinnvoll. Aus diesem Grund soll an dieser Stelle eine Mindestausstattung angeführt werden, die ein komfortables Arbeiten ermöglicht.

Systemeinheit : *80286 und höher, 2 MByte RAM, EMS-Treiber*

Festplatte : *Kapazität >= 40 MByte*

Grafikkarte : *VGA-Grafikkarte*

Monitor : *VGA-Farbmonitor*

Drucker : *grafikfähiger Drucker*

Betriebssystem : MS-DOS ab 3.3 und kompatible

Nachdem wir nun wichtige Leistungsmerkmale und Anforderungen von Paradox 3.5 kennengelernt haben, können wir uns im nächsten Kapitel mit der Installation und Konfiguration beschäftigen.

1.3 Installation und Konfiguration

Installation   Wenn Sie Ihren Rechner gestartet und die Originaldisketten von Paradox bereitgelegt haben, können wir mit der Installation beginnen. Zunächst werden wir unter Verwendung des Betriebssystembefehls *Diskcopy* Sicherheitskopien von Paradox anlegen. Nachdem sich die erste Originaldiskette im Diskettenlaufwerk befindet, tasten Sie nachfolgende Befehlszeile auf Kommandozeilenebene des Betriebssystems ein.

`DISKCOPY A: A:` $\leftarrow$⌐

Nun werden Sie entsprechend dem Diskettenformat mehrmals aufgefordert, einen Wechsel zwischen der Originaldiskette und der Kopie vorzunehmen. Ist der Kopiervorgang beendet, fragt *Diskcopy*, ob weitere Disketten zu vervielfältigen sind. Wiederholen Sie diesen Vorgang für alle Originaldisketten, indem Sie an dieser Stelle mit ja antworten. Beachten Sie jedoch, daß Sie eine entsprechende Anzahl von leeren Disketten für die Sicherung bereitlegen.

Haben Sie die Programmdisketten vollständig kopiert, sollten Sie anschließend nur noch mit den Sicherungsdisketten arbeiten und die Originale an einem geschützten Ort lagern. Unterläuft Ihnen später mit den Disketten ein Fehler, z.B. versehentliches Neuformatieren oder Löschung durch magnetische Quellen (z.B. durch Lautsprechereinflüsse), so können Sie immer noch auf die Originaldisketten zurückgreifen und eine neue Kopie erzeugen.

Nachdem der erste Arbeitsgang beendet ist, können wir mit der eigentlichen Installation beginnen. Dazu ist zunächst die Installationsdiskette in das Diskettenlaufwerk (in der Regel ist Laufwerk A: ein 5¼"- und Laufwerk B: ein 3½"-Laufwerk) einzulegen. Das Programm besteht in der 3½"-Version aus fünf Disketten mit nachfolgendem Inhalt.

Disk 1: Installations-/Systemdiskette 1

Disk 2: Systemdiskette 2-3

Disk 3: Dateneingabe-Toolkit

Disk 4: Programmgenerator 1-2

Disk 5: Programmgenerator 3

Anschließend wechseln wir auf das Diskettenlaufwerk, in unserem Fall Laufwerk B: und starten das Installationsprogramm *Install*. Geben Sie hierzu die nachfolgenden Befehle nach dem Systemprompt des Betriebsystems ein:

A: <⏎

INSTALL <⏎

Damit haben wir den schwierigsten Teil der Programminstallation bereits hinter uns gebracht. Alle weiteren Angaben werden im Dialog mit dem Installationsprogramm abgefragt.

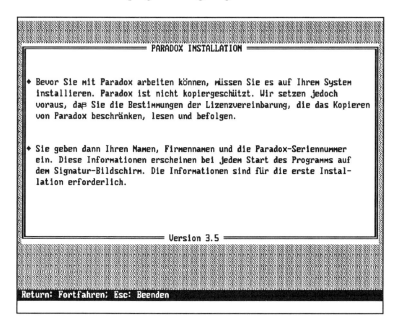

Bild 1.3.1: Eröffnungsbildschirm des Installationsprogrammes
INSTALL

Haben Sie bis jetzt alles korrekt gemacht, erscheint auf dem Monitor der in Bild 1.3.1 abgebildete Eröffnungsbildschirm des Paradox-Installationsprogrammes. Diesen können Sie mit der [Return]-Taste direkt übergehen und Sie gelangen in ein Auswahlmenü (s. Bild 1.3.2).

Das Programm
INSTALL

Installation

```
══════════════════════ PARADOX INSTALLATION ══════════════════

 Bitte geben Sie den Installationstyp an



 Auswahl  Beschreibung


    1)     Festplatteninstallation

    2)     Netzinstallation

    3)     SQL Link Installation

    4)     Installation der optionalen Software

    5)     Beenden

    1      <--- Ihre Wahl


 Return drücken, um fortzufahren
```

Bild 1.3.2: Hauptauswahlmenü von INSTALL

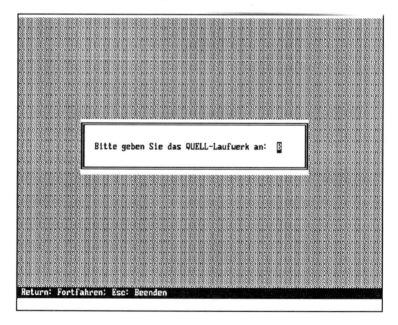

```
        Bitte geben Sie das QUELL-Laufwerk an:  B
```

```
 Return: Fortfahren; Esc: Beenden
```

Bild 1.3.3: Abfrage des Quellaufwerkes für die Programminstallation

Da wir in unserem Fall das Programm auf einem Einzelplatzrechner installieren wollen, wählen wir den ersten Menüpunkt (für eine Netzwerkinstallation wäre der zweite Menüpunkt anzuwählen). Dazu ist die Ziffer 1, gefolgt von einem [Return] einzugeben. Im Anschluß daran wird das Quellaufwerk für die Installation (s. Bild 1.3.3) und entsprechend das Ziellaufwerk abgefragt. Standardmäßig wird Paradox in einem Unterverzeichnis mit dem Namen *PDOX35* abgelegt. Wollen Sie einen anderen Dateipfad verwenden, z.B. *PARADOX*, so können Sie diesen Namen anschließend in einem weiteren Eingabefenster angeben.

Grundein-
stellungen

Im nächsten Schritt müssen Sie eine Ländergruppe angeben, um die Formatierung von Datum, Zeit und Zahlen festzulegen. Wählen Sie an dieser Stelle die Ländergruppe Europa (Punkt 3). Hat zum Beispiel der 21.Juli 1991 in Amerika das Format 7-21-1991, so hat es in Europa das Format 21.07.1991.

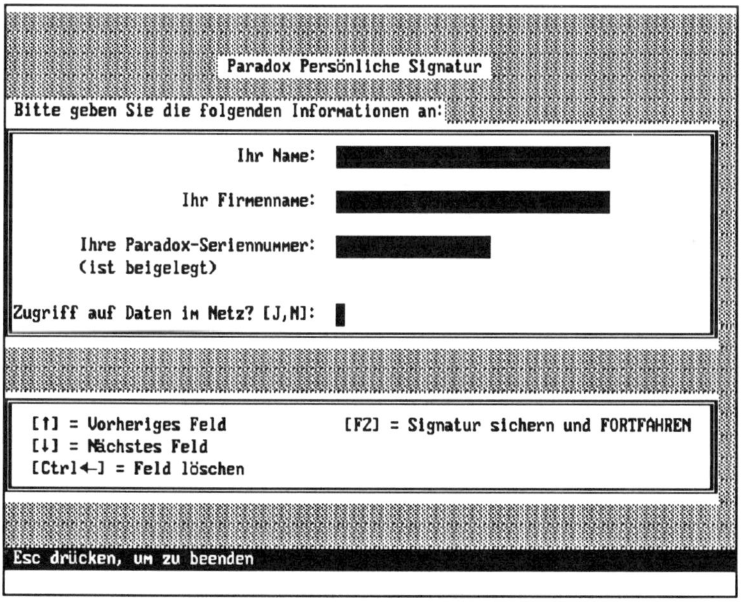

Bild 1.3.4: Abfrage der Lizenznummer

Nachdem die erforderlichen Grundeinstellungen für die Installation vorgenommen sind, ist die Eingabe einer Seriennummer notwendig, ohne die die weitere Ausführung des Installationsprogrammes nicht möglich ist. Diese Nummer befindet sich auf den Originaldisketten.

Kopierschutz   Zwar sind die Disketten nicht kopiergeschützt, was uns bereits zu Beginn eine Sicherung ermöglicht hat, aber die Installation ist nur in Verbindung mit dieser Seriennummer möglich. **Benutzen Sie Ihr Softwareprogramm entsprechend dem Lizenzvertrag und bedenken Sie, daß, wenn Sie Ihr Programm unerlaubt weitergeben, auch Ihre Lizenznummer in Umlauf gelangt.** Über diese Lizenznummer kann auch der Lizenznehmer ermittelt werden. Der Bildschirm zur Eingabe der Lizenznummer ist in Bild 1.3.3 abgedruckt. Auch Angaben zu Firma und Fimensitz oder auch eine Privatadresse können eingetragen werden und erscheinen später bei jedem neuen Programmstart. Mit der Funktionstaste [F2] wird das Programm fortgesetzt.

Nun werden die Dateien von den Originaldisketten auf die Festplatte übertragen. Ein Großteil der Dateien ist komprimiert und wird dabei automatisch in das ausführbare bzw. bearbeitbare Dateiformat zurückübersetzt. Notwendige Diskettenwechsel werden dabei auf dem Bildschirm angezeigt. Auf diese Art und Weise werden die Dateien der Disketten 1 bis 3 auf die Festplatte übertragen. Abschließend wird in das Hauptmenü des Installationsprogrammes zurückgekehrt.

 Als Format zum Packen von Dateien wird das sogenannte ZIP-Format verwendet. Das Programm *PKZIP*, das auch über die Shareware zu beziehen ist, verwendet dasselbe Dateiformat, d.h. ein Auspacken aber auch Packen eigener Dateien ist hiermit möglich. Paradox selbst beinhaltet lediglich das Programm *UNPACK.COM*, mit dem nur die komprimierten Dateien ausgepackt werden können, obgleich auch Datenbanken in Ihrer Kapazität komprimierbar sein sollten, da so eine platzsparendere Datensicherung (z.B. auf Diskette) realisierbar wäre. Der Aufruf von *UNPACK* erfolgt über das Installationsprogramm, wäre allerdings auch manuell durchführbar.

An dieser Stelle wären Datenbankanwendungen bereits möglich, da wir uns allerdings auch mit dem Programmgenerator und mit Beispieltabellen befassen wollen, sollte an dieser Stelle zunächst die zusätzliche Software installiert werden. Dazu wählen Sie nun den Punkt 4 aus dem Menü aus und quittieren die gemachte Eingabe mit [Return].

Es ist durchaus möglich, die optionale Software in einem späteren, getrennten Arbeitsgang nachträglich zu installieren. Aber auch installierte Programme können nachträglich wieder manuell gelöscht werden. In der Einstiegsphase sollten Sie diese Software komplett installieren und auf ihren Nutzen hin überprüfen. Nicht benötigte Programmteile können gezielt später wieder manuell gelöscht werden.

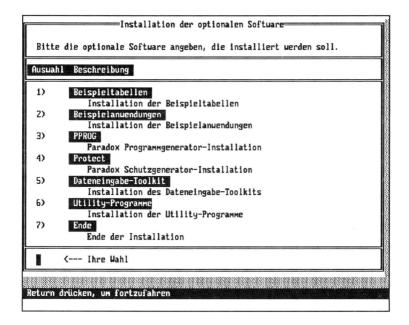

Bild 1.3.6: Auswahl der optinalen Software

Über ein Auswahlmenü, welches im Bild 1.3.6 abgedruckt ist, können Sie einzelne Pakete aus der optionalen Software auswählen, die auf die Festplatte kopiert werden sollen. Auch die Verzeichnisse, in die diese Dateien übertragen werden sollen, sind wieder frei angebbar. Zur Vereinfachung sollten Sie wieder mit den Standardvorgaben arbeiten.

Nach diesem Arbeitsgang ist unsere Installation abgeschlossen und wir können im Hauptmenü des Installationsprogrammes den Auswahlpunkt *Ende* anwählen. Dazu geben wir eine 7 ein und betätigen [Return].

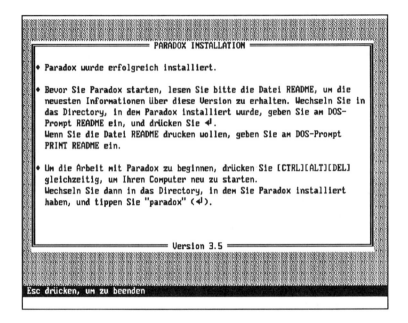

```
======================= PARADOX INSTALLATION =======================

♦ Paradox wurde erfolgreich installiert.

♦ Bevor Sie Paradox starten, lesen Sie bitte die Datei README, um die
  neuesten Informationen über diese Version zu erhalten. Wechseln Sie in
  das Directory, in dem Paradox installiert wurde, geben Sie am DOS-
  Prompt README ein, und drücken Sie ◄┘.
  Wenn Sie die Datei README drucken wollen, geben Sie am DOS-Prompt
  PRINT README ein.

♦ Um die Arbeit mit Paradox zu beginnen, drücken Sie [CTRL][ALT][DEL]
  gleichzeitig, um Ihren Computer neu zu starten.
  Wechseln Sie dann in das Directory, in dem Sie Paradox installiert
  haben, und tippen Sie "paradox" (◄┘).


========================= Version 3.5 =========================


Esc drücken, um zu beenden
```

Bild 1.3.6: Abschließende Meldung des Programmes INSTALL

Bevor das Programm allerdings beendet wird, erscheint ein Hinweis auf dem Bildschirm (s.Bild 1.3.6). Dabei wird angegeben, daß der Rechner nun über die Tastenkombination [Ctrl]+[Alt]+[Del] bzw. [Strg]+[Alt]+[Entf] neu gestartet werden soll. Das deutet bereits darauf hin, daß das Installationsprogramm Änderungen an der Konfigurationsdatei *CONFIG.SYS* des Betriebssystems vorgenommen hat.

CONFIG.SYS   Um korrekt arbeiten zu können, sind die nachfolgenden Einträge in der Datei *CONFIG.SYS* notwendig.

```
FILES=20
BUFFERS=20
```

Damit ist gewährleistet, daß ausreichend Dateien parallel geöffnet sein können und daß ausreichend Puffer für Dateioperationen bereitsteht. Sind diese Einträge ursprünglich niedriger, erhöht das Installationsprogramm diese Werte automatisch. In diesem Fall ist auch ein Neustart des Rechners, wie oben beschrieben, erforderlich. Stimmen Ihre Werte bereits überein oder liegen über den hier geforderten, so ist die Änderung unnötig und Sie können auf einen Systemneustart verzichten.

Unter der Voraussetzung, daß ein EMS-Treiber geladen ist, unterstützt Paradox auch erweiterten Speicher nach der LIM4.0-Spezifikation. Diese Möglichkeit sollten Sie nutzen, sobald Ihr Rechner über mehr als 1 MByte Arbeitsspeicher verfügt. Auch der EMS-Treiber wird über die Konfigurationsdatei *CONFIG.SYS*, während des Systemstarts in den Speicher geladen. Der Name des Treibers selbst kann je nach verwendeter Speichererweiterungskarte bzw. verwendetem Betriebssystem leicht variieren. U.U. müssen Sie sich diesen Treiber aber auch gesondert besorgen oder finden ihn bereits in einem anderen Softwarepaket. Gebräuliche Dateinamen sind z.B. *EMM.SYS, EMM386.SYS, 386MAX.SYS* oder *QEMM.SYS*. Unter der Vorraussetzung, daß der Treiber den Namen *EMM.SYS* trägt und im Laufwerk C: im Dateipfad *DOS* vorliegt, ist die nachfolgende Befehlszeile in die *CONFIG.SYS* einzufügen.

EMS-Speicher

```
DEVICE=C:\DOS\EMM.SYS
```

Weitere Informationen zum Aufbau der *CONFIG.SYS* und dem EMS-Treiber können Sie den Handbüchern zum Betriebssystem bzw. der Beschreibung zu Ihrem Speicherverwaltungsprogramm entnehmen.

Haben Sie sämtliche Standardverzeichnisse übernommen, so hat das Installationsprogramm nachfolgende Verzeichnisstruktur in das Hauptverzeichnis des Festplattenlaufwerkes eingefügt.

PDOX35

```
PDOX35
    ├─── SAMPLE    (Beispieldatenbanken)
    ├─── SAMPAPP   (Makro-Programme)
    ├─── PPROG     (Programmgenerator)
    ├─── PROTECT   (Schutzgenerator)
    ├─── UTIL      (Hilfsprogramme)
    └─── TOOLKIT   (Programmierhilfen)
```

Bild 1.3.7: Verzeichnisbaum von Paradox 3.5

Im Hauptverzeichnis liegt zuudem eine Kopie der ungeänderten Konfigurationsdatei mit dem Namen *CONFIG.PDX* vor. Notwendige Änderungen für das Betriebssystem wurden direkt in der Datei *CONFIG.SYS* vorgenommen.

Damit haben Sie neben der Installation bereits umfassende Hintergrundinformationen erhalten. Die einzelnen Schritte der Installation wollen wir abschließend in einer Kurzform wiederholen. Danach werden wir uns der Konfiguration zuwenden.

Zusammenfassung Installation:

1. Disketten sichern (Kopien erstellen)

2. Installationsdiskette einlegen

3. Auf Diskettenlaufwerk wechseln

4. Das Programm INSTALL starten

5. Installationsprogramm ausführen lassen

6. Nach Beendigung Kontrolle der CONFIG.SYS vornehmen

7. eventuell Anpassung der CONFIG.SYS

8. eventuell Systemneustart

globaler   Bei der Installation wird der *PATH*-Befehl in der *AUTOEXEC.BAT*
Programmstart   nicht erweitert, so daß ein Programmstart aus einem beliebigen Verzeichnis heraus nicht möglich ist. Sie müssen zum Programmstart also zunächst über die DOS-Anweisung *CD PDOX35* in das Unterverzeichnis von Paradox wechseln. Anschließend kann Paradox aufgerufen werden.

Um Paradox aus jedem Pfad heraus starten zu können, ohne jedesmal umfangreiche Pfadwechsel durchführen zu müssen, sollten Sie den *PATH*-Befehl in der Startdatei *AUTOEXEC.BAT* des Betriebssystems um den Eintrag *C:\PDOX35;* erweitern. Haben Sie ein anderes Verzeichnis bei der Installation angegeben, ist dieses entsprechend einzutragen.

Nachdem die Installation abgeschlossen ist, kann Paradox *Konfiguration*
konfiguriert und somit optimal an die vorhandene Rechnerausstattung
angepaßt werden. Änderungen an den Einstellungen sind jederzeit
vornehmbar. Die Konfiguration muß sich nicht unmittelbar an die
Installation anschliessen und ist in vielen Fällen auch gar nicht notwendig. Ausnahme stellt in der Regel die Druckereinstellung dar, die
wir an dieser Stelle exemplarisch durchsprechen werden.

Das Konfigurationsprogramm liegt als Paradox-Anwendung vor, so *Programmstart*
daß es nur über Paradox selbst ausführbar ist. Dabei bestehen zwei
Möglichkeiten, das Programm mit dem Namen *CUSTOM* zu starten.
Am einfachsten ist der direkte Aufruf über die Kommandozeilenebene des Betriebssystems.

```
PARADOX CUSTOM <⏎
```

Haben Sie diese Zeile eingegeben und mit [Return] quittiert, so befinden Sie sich unmittelbar im Hauptmenue des Konfigurationsprogrammes (s.Bild 1.3.8).

```
Tune  Uideo  Report  Graphik  Konfig  Format  Netze  PAL  Ascii  Ok!  Abbruch
Paradox für Protected Mode konfigurieren; Rechner analysieren.
```

Bild 1.3.8: Hauptauswahlmenü CUSTOM

Alternativ können Sie aber auch Paradox wie gewohnt starten und
CUSTOM als Makro aufrufen. Dazu geben Sie lediglich *PARADOX*
auf der Befehlszeile ein und quittieren mit [Return]. Nun erscheint
nach kurzer Einblendung eines Eröffnungsbildschirmes das Hauptauswahlmenü von Paradox (s.Bild 1.3.9). Mit der Menüfolge *Makros*
--> *Spielen* besteht die Möglichkeit, Programme innerhalb der Da-
tenbankumgebung auszuführen.

Bevor innerhalb von Paradox ein Programm ausgeführt werden kann,
muß zunächst der Name eingegeben werden. Dazu erscheint ein spezielles Eingabefeld auf dem Bildschirm (Bild 1.3.10). Geben Sie an
dieser Stelle den Namen *CUSTOM* ein und betätigen Sie die [Return]-
Taste. Paradox lädt nun das Konfigurationsprogramm und führt es
unmittelbar aus. Auf dem Bildschirm erscheint wieder das Auswahlmenü von *CUSTOM* (s.Bild 1.3.8).

Makros
abspielen

```
Zeige Abfrage Report  Neu  Dienste  Bild  Form  Tools  Makros  Hilfe  Ende
Ansehen einer Tabelle.
```

```
Mit → und ← im Menü bewegen, anschließend mit ↵ eine Auswahl treffen.
```

Bild 1.3.9: Hauptauswahlmenü PARADOX

```
Makro:                                                             Basis
Namen des abzuspielenden Makros eingeben oder mit ↵ Liste anfordern.
```

```
Mit → und ← im Menü bewegen, anschließend mit ↵ eine Auswahl treffen.
```

Bild 1.3.10: Makro in Paradox abspielen

Bevor wir uns ein wenig genauer mit einem Beispiel zur Konfiguration befassen, wollen wir zunächst einen Menübaum vorstellen, der die Übersicht über die Menüeinträge des Programmes *CUSTOM* ermöglicht. Das Programm selbst arbeitet mit recht einfachen Menüs, wobei immer nur eine Menüebene auf dem Bildschirm sichtbar ist. Der Anwender muß u.U. einen speziellen Eintrag recht lange suchen. Um hier Abhilfe zu schaffen, genügt ein Blick in die nachfolgende Darstellung. Sämtliche Menüeinträge von *CUSTOM* sind darin integriert. Sie sehen darin z.B. recht schnell, daß wenn die Bildschirmfarbe geändert werden soll, der Menüpunkt Video zu wählen ist. Dieser Menübaum wird Ihnen auch in der späteren Anwendung sinnvolle Dienste leisten.

Menübaum

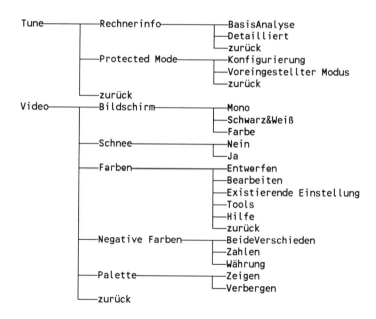

Bild 1.3.11: Menübaum CUSTOM (Beginn)

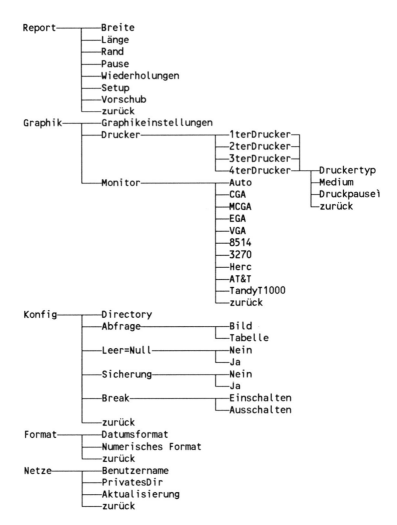

Bild 1.3.11: Menübaum CUSTOM (Fortsetzung)

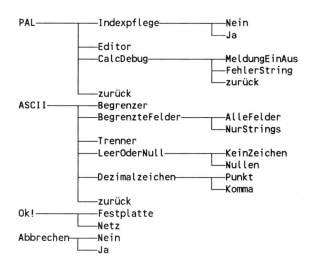

Bild 1.3.11: Menübaum CUSTOM (Ende)

An dieser Stelle wollen wir einige Einstellungen am Drucker vor- *Konfigurations-*
nehmen, um Ihnen zu zeigen, wie das Konfigurationsprogramm ar- *beispiel*
beitet. Neben der Definition der Start- bzw. Initialisierungssequenz
für die Reportfunktion melden wir den Drucker für die grafischen
Ausgaben an. Dazu schauen wir zunächst in den Menübaum (Bild
1.3.11) und lokalisieren innerhalb des Hauptmenüpunktes *Report* den
Begriff *Setup* und innerhalb des Hauptmenüpunktes *Grafik* den Begriff *Drucker*.

Zunächst rufen wir Setup über die Menüfolge *Report --> Setup* auf.
In der anschließend erscheinenden Liste (s.Bild 1.3.12) können wir
nun einen entsprechenden Drucker anwählen und mit einem Stern
markieren. Zwischen der Druckerbezeichnung und dem Stern darf
jedoch kein Leerzeichen vorhanden sein. Sind Änderungen der
Schnittstelle (LPT1=erste parallele Schnittstelle) notwendig, können
Sie diese Modifikation an dieser Stelle ebenfalls vornehmen. Auch
die Bearbeitung der Steuersequenzen ist mit Hilfe des Druckerhand-
buches möglich. In unserem Fall markieren wir lediglich den
HPLaserjet. Um die gemachte Änderung zu speichern, wählen wir
nach Betätigung der Funktionstaste [F10] den Menüpunkt *Ok!* aus.
Anschließend gelangen wir über den Menüpunkt *zurück* wieder in das
Hauptmenü von *CUSTOM*.

```
Editieren der Druckparameter-Tabelle.
[F1] für Hilfe, [F2] zum Beenden oder [F10] für Menü.
DRUCKER          Name             Port             Setup-String
   1  │ StandardDrucker      │ LPT1 │
   2  │ IBM-Graphik-Schmal   │ LPT1 │ \027W\000\015
   3  │ IBM-Graphikdrucker   │ LPT1 │ \027W\000\018
   4  │ Epson-MX/FX-Schmal   │ LPT1 │ \015
   5  │ OKI-92/93-Schmal     │ LPT1 │ \015
   6  │ OKI-82/83-Schmal     │ LPT1 │ \029
   7  │ OKI-192-Schmal       │ LPT1 │ \029
   8  │ HPLaserJet*        ◀ │ LPT1 │ \027E
   9  │ HP-Hoch-(66-Zeilen)  │ LPT1 │ \027E\027&17.27C
  10  │ HP-Quer (Normal)     │ LPT1 │ \027E\027&l10
  11  │ HP-Schmal            │ LPT1 │ \027E\027(s16.66H
  12  │ HP-Quer (Schmal)     │ LPT1 │ \027E\027&l10\027(s16.66H
  13  │ IBM-Zeichensatz      │ LPT1 │ \027\054
  14  │ IBM-Zeichen-Schmal   │ LPT1 │ \027\054\015
```

Bild 1.3.12: Setup im Programm CUSTOM

Im zweiten Schritt wollen wir die Druckereinstellungen für den Grafikmodus vornehmen. Gehen wir einmal davon aus, daß wir über einen HPLaserjetPII mit Speichererweiterung verfügen, der an der ersten parallelen Schnittstelle angeschlossen ist und wollen dieses dem Programm Paradox mitteilen (der Ablauf für andere Drucker verläuft nach gleichem Schema).

Über die Menüfolge *Grafik --> Drucker --> 1terDrucker --> Druckertyp* rufen wir nun eine Auswahlroutine auf, die die Angabe des Druckertypes erlaubt. Dabei ist im ersten Schritt lediglich der Hersteller anzugeben. Paradox unterstützt eine Vielzahl der gängigsten Druckertypen. Sollten Sie Ihren Hersteller allerdings in der Liste nicht finden, müssen Sie Ihren Drucker in einem Emulationsmodus betreiben, der einem der möglichen Druckermodelle entspricht. Informationen darüber, welche Druckertypen Ihr Drucker emulieren (nachempfinden) kann, finden Sie in Ihrem Druckerhandbuch.

Nachdem wir in unserem Fall den Eintrag *HP-Drucker* über die Cursorsteuerung angesteuert (s. Bild 1.3.13) und die [Return]-Taste betätigt haben, erscheint ein weiterer Auswahlbildschirm. Nun werden sämtliche unterstützten Druckermodelle eines bestimmten Herstellers, in unserem Fall von Hewlett Packard, aufgelistet (s.Bild 1.3.14). Haben wir das Druckermodell angegeben, wird in unserem Fall auch noch die Grafikauflösung für die Ausgabe abgefragt, wobei wir uns für eine Auflösung von 300x300dpi (dpi=Dots Per Inch) entscheiden.

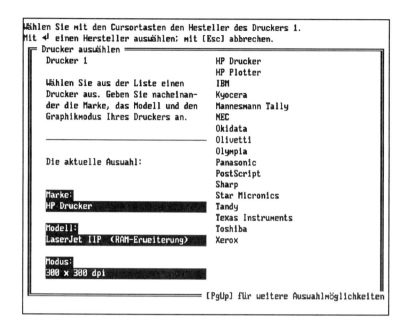

Bild 1.3.13: Auswahl des Druckertyps für die grafische Ausgabe

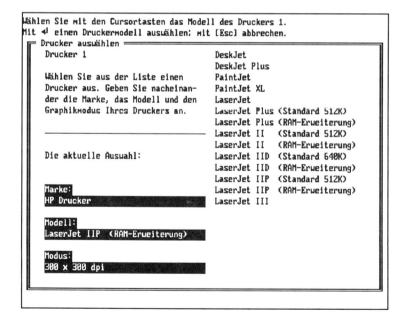

Bild 1.3.14: Auswahl des Druckermodells für die grafische Ausgabe

Anschließend können wir über den Menüeintrag *Medium* kontrollieren, ob die erste parallele Schnittstelle eingetragen ist (*Parallel1*). Ist dies der Fall, können wir über wiederholte Anwahl des Menüpunktes *zurück* zum Hauptmenü zurückkehren.

CUSTOM beenden

Um das Konfigurationsprogramm zu beenden und die Änderungen in der Datei *PARADOX.CFG* zu speichern, ist der Hauptmenüeintrag *Ok!* anzuwählen und mit [Return] zu quittieren. Wollen Sie die gemachten Modifikationen nicht speichern, können Sie *CUSTOM* über die Menüfolge *Abbrechen --> Ja* beenden. Beim Anlegen der Konfigurationsdatei wird abschließend gefragt, ob Sie auf einem Einzelplatzrechner (*Festplatte*) oder in einem Netz arbeiten. In unserem Fall müssen Sie den Eintrag *Festplatte* angeben.

Mit den vorliegenden Informationen sind Sie in der Lage, die Einstellungen an Paradox mit Hilfe des Konfigurationsprogrammes vorzunehmen. In der nachstehenden Liste erhalten Sie noch einmal einen Kurzüberblick der wichtigsten Arbeitsschritte.

Zusammenfassung Konfiguration:

1. Aufruf Konfigurationsprogramm

  a) *PARADOX CUSTOM*

  b) *PARADOX*

  Makro --> Spielen

  CUSTOM [Return]

2. Einstellungen vornehmen

3. Konfigurationprogramm verlassen

  a) Werte speichern mit *Ok!*

  b) Änderungen ignorieren ohne *Ok!*

Als nächstes werden wir uns mit der Benutzeroberfläche und deren Bedienung beschäftigen.

1.4 Die Benutzeroberfläche

Je nach Konfiguration läßt sich Paradox auf unterschiedliche Art und Weise starten. Haben Sie den Verzeichnispfad des Datenbankprogrammes, wie bei der Installation erläutert, über den *PATH*-Befehl global gesetzt, so erfolgt der Aufruf lediglich durch Eintasten von *PARADOX* auf Kommandozeilenebene und Quittieren durch [Return].

Paradox starten

```
C:\> PARADOX <┘
```

Ist das Verzeichnis nicht im Suchpfad des Betriebssystems angegeben, müssen Sie zunächst in diesen Pfad wechseln. Nehmen wir an, Sie befinden sich auf Laufwerk C: und Paradox befindet sich im Verzeichnis *PDOX35*. In diesem Fall starten Sie das Programm durch die nachfolgenden Zeilen.

```
C:\> CD PDOX35 <┘
C:\PDOX35\> PARADOX <┘
```

Beachten Sie, daß die Eingabe jeweils nach dem Zeichen > beginnt. Alle Zeichen, einschließlich des zuvor genannten, gehören zu dem sogenannten Systemprompt. Dabei handelt es sich um ein Bereitschaftskennzeichen, welches über den DOS-Befehl *PROMPT* nach eigenen Bedürfnissen angepaßt werden kann. Ihr Rechner muß also nicht fehlerhaft arbeiten, wenn ein anderes Systemprompt auf Ihrem Bildschirm erscheint. Zu näheren Informationen sei auf die Handbücher des Betriebssystems verwiesen (*PROMPT*-Befehl).

Nach dem Programmstart erscheint zunächst eine Meldung auf dem Bildschirm, die allerdings recht schnell wieder verschwindet. Stattdessen befindet man sich im Hauptprogrammenü des Datenbankprogrammes. In Bild 1.4.1 und 1.4.2 sind Bildschirme zu sehen, die einen Eindruck über den Bildschirmaufbau geben.

Programm-
oberfläche

```
Zeige Abfrage Report  Neu Dienste Bild  Form  Tools Makros  Hilfe  Ende
Ansehen einer Tabelle.
SAMPLE╲─────Kd Nr.══════╤══════════Name══════╤══Un╤═══════Straße════════╤═══PLZ═══
    1      1386            Abelein           F    Berbendorfer Str. 25    5014
    2      1388            Svenvald          I    Regierungssitz
    3      1784            Meneikis          L    Dresdner Str. 88        6105
    4      2177            Bonnemann         S    Fabriziusstr. 73-77     2000
    5      2579            Chavez            L    Zypressenweg            7000
    6      2779            Fahd              S    Palast
    7      3128            Elspeth, III      R    1 Hanover Square
    8      3266            Hannover          A    Staatsstr. 15           4630
    9      3271            Massey            C    Bernegger Str. 53       8580
   10      3771            Montag            L    Max Planck Str. 66      6382
   11      4277            Matthäus          R    Malstadter Markt 3      6600
   12      4335            Farouk            K    Hotel Kairo
   13      4480            Schöbbel          P    Lanzenrieder Hof        8412
   14      4485            Fischer           R    Krumme Lanke 1          1000
   15      4589            Leonardo          D    198 Via Canales
   16      4700            Harrisch          J    Alte Landstraße         8900
   17      4884            Anders            B    Jaktstigen 42
   18      5341            Chevalier         R    392 Boulevard Raspil
   19      5720            Helmers           D    Ritzelstr. 82           5400
   20      5855            Chin              F    Hotel Orient
   21      6125            Hahn-Anderson     D    Schillerstr. 22         6301
   22      6666            Mattheus          J    Alter Römer 23          6000
```

Bild 1.4.1: Programmoberfläche PARADOX mit geladener
Beispieltabelle

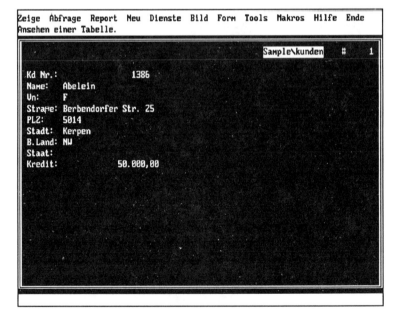

Bild 1.4.2: Programmoberfläche mit formulargebundener
Datenausgabe

Wie Sie in den linken Bildern erkennen können, werden spezielle Bildschirmbereiche von Paradox unterschiedlich genutzt. In den ersten zwei Zeilen befindet sich das sogenannte Menü. Wie aus einer Speisekarte können Sie hier unterschiedliche Einträge auswählen und damit unterschiedliche Programmsteuerungen vornehmen. Die zweite Zeile dient dabei als Informationszeile. Hier erhalten Sie kurze Hinweise zum aktuell markierten Menüeintrag. Spezielle Aufgaben erfüllen auch in besonderen Fällen die untersten Zeilen. Hier werden in der Regel Fehlermeldungen, die sich zum Beispiel durch Fehlbedienungen des Programmes ergeben, oder aber Informationen über spezielle Sondertasten ausgegeben.

*Menü- und
Statuszeilen*

Der Bereich zwischen den Menü- und den eventuell vorhandenen Statuszeilen bezeichnet man als Arbeitsfläche. Hier werden sämtliche Tabellen (s.Bild 1.4.1) und Formulare (s.Bild 1.4.2) ausgegeben. Zwar stehen standardisierte Ausgabemöglichkeiten bereit, aber auch vom Benutzer selbst kann die Arbeitsfläche frei gestaltet werden (s. Bild 1.4.3).

*Die
Arbeitsfläche*

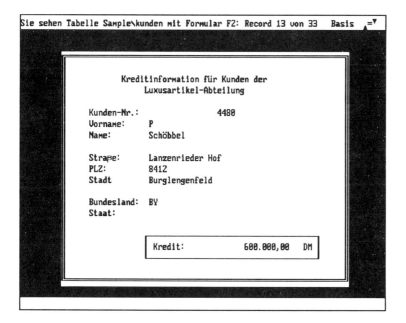

Bild 1.4.3: benutzerdefiniertes Formular in PARADOX

Die Arbeitsfläche erweist sich als sehr flexibel. Auch mehrere Tabellen können u.U. parallel auf dem Bildschirm angezeigt werden (s.Bild 1.4.4). Sie sehen also, daß die Oberfläche von Paradox sehr vielseitig ist. Neben dem Bildschirmaufbau wollen wir Ihnen nun die wichtigsten Elemente vorstellen, die für die Programmbedienung notwendig sind.

```
Sie sehen Tabelle Sample\neurecs: Record 1 von 15              Basis  =

SAMPLE\POST    Kd Nr.              Firma              Titel              Na
    5          3266                                                      Hannove
    6          3271                                                      Massey
    7          3771                                                      Montag
    8          4277         Südwest Kunstartikel      Eigentümer         Matthäu


SAMPLE\NEURECS   Auftrag Nr.     Kd Nr.       Lager Nr.       Anzahl
    1            2280            4277          130             1
    2            3351            3266          519             1
    3            8070            6125          632             8
    4            6235            2779          890             1
    5            1442            9004          519             2
    6            5119            7008          235             1
    7            9554            3266          558            15
    8            6975            6666          519             3
    9            8933            9226          422             1
   10            1180            3128          519             2
   11            4492            5341          244             3
   12            9226            1784          983             1
   13            7643            6954          519             1
   14            1574            2177          632             1
   15            3885            9004          244             5
```

Bild 1.4.4: parallele Anzeige zweier Tabellen auf der Arbeitsfläche

Menüsteuerung   Um Einträge innerhalb eines Menüs zu aktivieren, kann ein inverser Balken mit Hilfe der Cursorsteuerung in eine gewünschte Richtung verschoben werden. Beim Betätigen der Taste [Return] wird dieser Menüpunkt ausgeführt. Die wichtigsten Tastaturkommandos für die Menüsteuerung sind in der nachfolgenden Liste enthalten. Beachten Sie, daß wir im gesamten Buch die hier benutzten Tastaturkürzel in eckigen Klammern verwenden werden.

Menüsteuerung:

Großbuchstabe	Direktanwahl Menüeintrag
Pfeil rechts	nächsten Eintrag markieren
Pfeil links	vorherigen Eintrag markieren
Return	Anwahl quittieren
ESC	zurück zur nächstniedrigeren Menüebene

Haben Sie aus dem Menü bestimmte Einträge gewählt, so gelangen Sie in vielen Fällen in eine Tabelle oder ein Formular. Die aktive Position wird entweder durch den Balken im Menü, bzw. durch einen Textcursor auf der Arbeitsfläche angezeigt. Um sich innerhalb der Tabelle zu bewegen, aber auch um in das Menü zurückzukehren, sind weitere spezielle Tasten definiert. Auch diese sind nachfolgend abgedruckt.

Tabellensteuerung:

Pfeil links	zum vorangehenden Tabellenfeld
Pfeil rechts	zum nächsten Tabellenfeld
F10	Rückkehr zum Menü
Bild hoch	zum Tabellenanfang blättern
Bild runter	zum Tabellenende blättern
F3	vorangehende Tabelle aktivieren
F4	nachfolgende Tabelle aktivieren
Ctrl + Break	aktuellen Arbeitsgang abbrechen
Strg + Untbr	aktuellen Arbeitsgang abbrechen

Die Kenntnis dieser Tasten ermöglicht bereits ein komfortables Arbeiten mit Paradox. Im nächsten Kapitel erfahren wir, wie Tastaturinformationen auch über die Hilfefunktion nachgeschlagen werden können. Viele Anwender wird es stören, daß keine Maussteuerung in dem Datenbankprogramm implementiert ist. Um hier Abhilfe zu schaffen, besteht die Möglichkeit, die Maus über ein Hilfsprogramm auch innerhalb von Paradox zu nutzen. Ein solches Hilfsprogramm wird resident in den Speicher geladen und emuliert die Cursorsteuerung bei Mausbewegungen. Die linke und rechte Maustaste können in der Regel individuell mit einem Tastaturcode belegt werden (z.B. linke Maustaste=Return, rechte Maustaste=ESC). Diese Zusatzsoftware ist im Fachhandel erhältlich.

Wie bereits *CUSTOM*, weist auch Paradox selbst eine sehr unübersichtliche Menüstruktur auf. Um hier Abhilfe zu schaffen und einen besseren Überblick zu geben, ist nachfolgend der Menübaum von Paradox abgedruckt. Die Menüpunkte zur Hilfefunktion wurden mit Absicht weggelassen, da diese im nächsten Kapitel noch gesondert behandelt werden.

Menüstruktur
Paradox

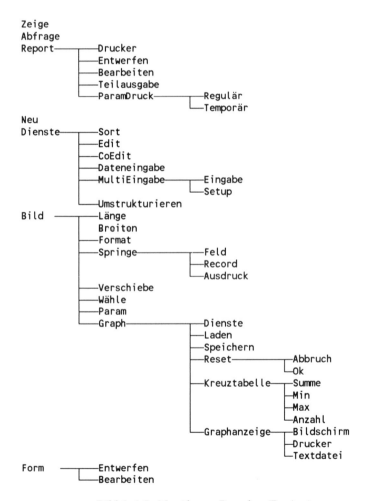

Bild 1.4.5: Menübaum Paradox (Beginn)

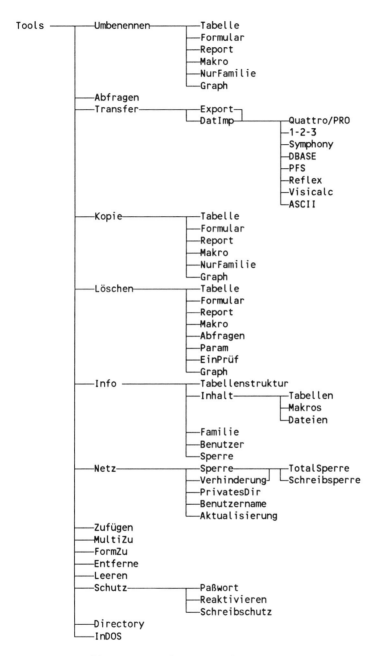

Bild 1.4.5: Menübaum Paradox (Fortsetzung)

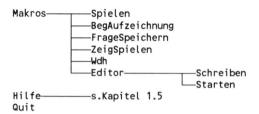

Bild 1.4.5: Menübaum Paradox (Ende)

Mit den Informationen aus diesem Kapitel sollten Sie in der Lage sein, Paradox zu bedienen. Was für Aufgaben sich hinter den einzelnen Menüpunkten verbergen, werden Sie im Praxisteil, dem 2. Kapitel erfahren. Zuvor wollen wir uns allerdings der Hilfefunktion, einem Bestandteil der Benutzeroberfläche, etwas genauer widmen.

1.5 Die kontext-sensitive Hilfefunktion

Bevor wir uns der Hilfefunktion von Paradox zuwenden, wollen wir zunächst den Begriff kontext-sensitiv ein wenig genauer erläutern. Zusammengesetzt aus den Wörtern kontext (lat.: Zusammenhang, umgebender Text) und sensitiv (lat.: feinnervig, empfindlich, leicht reizbar) ist hiermit eine leicht abrufbare Hilfefunktion gemeint, die zwar immer über die selbe Taste (in der Regel über die Funktionstaste [F1]) eine Information auf den Bildschirm bringt. Diese Information bezieht sich immer auf den Programmteil und die Funktion, die gerade aktiviert ist. Wollen Sie z.B. die Report-Einstellungen für die Druckerausgabe ändern und rufen Sie dabei die Hilfefunktion auf, so erhalten Sie genau zu diesem Thema Erläuterungen.

Aufruf der Hilfefunktion

Auch Paradox bietet eine solche Hilfe an. Die Hilfefunktion bietet so viele Informationen, daß man mit Leichtigkeit auf die Handbücher verzichten kann. Wie bei den meisten anderen Programmen, wird die Hilfe über die Funktionstaste [F1] aufgerufen. Diese Taste bezeichnet man als Hotkey, weil sie zu jeder Zeit aktiv geschaltet ist und somit die Hilfe ständig abrufbar ist.

```
Grundbegriffe  Beuegungen  Tasten  Menüoptionen  Index  PAL/Makros  Quit
Grundlegende Ausdrücke und Begriffe in Paradox.
═══════════════════ Über das Paradox-Hilfesystem ═══════════════════

  ◆ Der Doppellinienrahmen zeigt an, daß Sie sich im Hilfesystem befinden.
    Beachten Sie, daß das Paradox-Menü durch das Hilfemenü ersetzt wurde.

  ◆ Immer, wenn Sie [F1] während einer Paradox-Sitzung drücken, erhalten
    Sie vom Hilfesystem spezifische Informationen.

  ◆ Sie können das ganze Hilfesystem ansehen, indem Sie Hilfemenüpunkte
    auswählen.

  ◆ Solange Sie im Hilfesystem sind, erhalten Sie durch nochmaliges Drücken
    von [F1] den Index.
    (Wählen Sie oben Index, um mehr über den Gebrauch des Index zu erfahren)

  ◆ Während Sie im Hilfesystem sind, bringt [Esc] Sie zum vorherigen
    Bildschirm oder zu Paradox zurück.

  ◆ Die Auswahl von Quit aus dem Hilfemenü bringt Sie immer zurück zu
    Paradox.

Wählen Sie eine Menüoption. [F1] für Hilfeindex. Quit für Wiederaufnahme.
```

Hilfe-
bildschirm

Bild 1.5.1: Menühilfebildschirm Paradox

```
Zeige  Abfrage  Report  Neu  Dienste  Bild  Form  Tools  Makros  Quit
Wie man Tabellen zeigen kann.
═══════════════════ Die Hauptmenüfunktionen ═══════════════════

 ◆ Zeige      wählt eine Tabelle zum Ansehen.

 ◆ Abfrage    liefert ein Abfrageformular zum Ausfüllen; findet Records
              aus einer oder mehreren Tabellen gemäß Ihren Abfragen.
 ◆ Report     kontrolliert die Gestaltung und den Ausdruck von Reports zu
              einer Tabelle.
 ◆ Neu        legt Tabellenstrukturen für neue Tabellen an.

 ◆ Dienste    wird verwendet, um Records einer Tabelle zu sortieren, ein-
              zugeben, zu ändern oder um eine Tabellenstruktur zu ändern.
 ◆ Bild       bietet Funktionen zur Änderung der Darstellungsform einer
              Tabelle auf dem Bildschirm
 ◆ Form       kontrolliert die Gestaltung von Formularen zur Darstellung
              einzelner Records (eines Datensatzes) einer Tabelle auf dem
              Bildschirm.
 ◆ Tools      enthält Funktionen zum Export/Import von Daten, zum Kopie-
              ren oder Löschen von Paradox-Objekten und mehr.
 ◆ Makros     dient zum Abspielen, Schreiben oder Editieren von Makros.

Quit für Wiederaufnahme. [Esc] für vorheriges Menü. [F1] für Index.
```

Bild 1.5.2: Hilfsinformationen zum Begriff "Menüoptionen"

In Bild 1.5.1 ist die Hilfeinformation zu sehen, wie sie sich präsentiert, wenn man innerhalb des Hauptmenüs die Taste [F1] drückt. Befindet man sich in Untermenüs, werden speziellere Hilfsinformationen angeboten.

Alternativ kann dieser Bildschirm durch Anwahl des Menüpunktes *Hilfe* abgerufen werden. Dazu markieren Sie den Menüeintrag *Hilfe* mit der Cursorsteuerung und quittieren Ihre Anwahl mit [Return]. Von dieser Ebene aus können nun über die Menüsteuerung Hinweise zu beliebigen Begriffen ermittelt werden. In Bild 1.5.2 sehen Sie z.B. die Hilfeinformation, die gezielt zum Wort "Menüoptionen" gesucht wurde. Um Ihnen einen Überblick über die Menüstruktur der Hilfefunktion zu geben, ist nachfolgend die Menüstruktur wiedergegeben.

Menübaum
Hilfefunktion

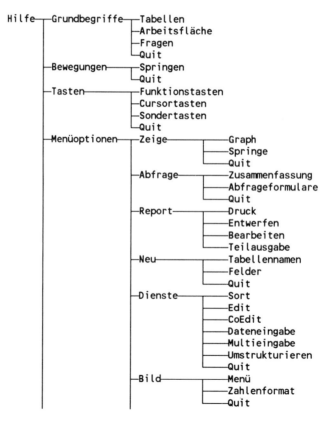

Bild 1.5.3: Menübaum Hilfe (Beginn)

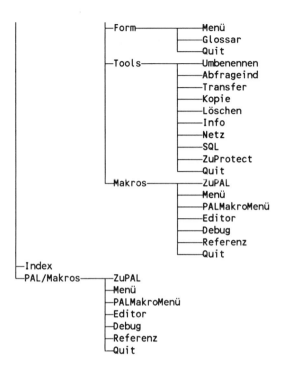

Bild 1.5.3: Menübaum Hilfe (Ende)

Paradox bietet neben der kontext-sensitiven Hilfe und der Hilfeab- *indexorientierte*
frage über die Menüsteuerung eine indexorientierte Hilfefunktion an. *Hilfe*
Betätigen Sie die Funktionstaste [F1] nicht nur einmal, sondern
gleich zweimal, so gelangen Sie automatisch in den Index (s. Bild
1.5.4). Hier können Sie einen Begriff direkt über die Cursortasten
auswählen und sich Hilfe abrufen. Auch hier wird die Information
erst nach dem Drücken der Taste [Return] angezeigt.

Wenn man nicht unnötig lange in der Liste nach einem Begriff suchen
möchte, kann man ihn auch über die Tastatur direkt eingeben. Dazu
muß zunächst über die Tastenkombination [Ctrl]+[Z] bzw.
[STRG]+[Z] ein Eingabefeld geöffnet werden (s. Bild 1.5.5). Der
Begriff kann nun eingegeben und mit [Return] abgeschickt werden.
Falls Hilfsinformationen zu diesem Begriff vorhanden sind, werden
sie auf dem Bildschirm angezeigt, ansonsten meldet ein
Lautsprecherton, daß keine Hilfe gefunden wurde.

Hilfeindex

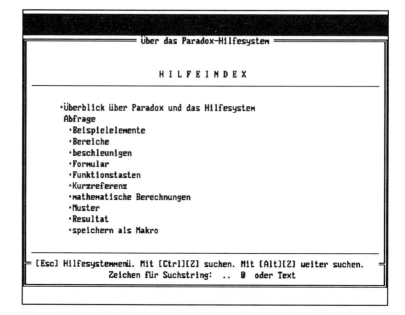

Bild 1.5.4: indexorientierte Hilfefunktion

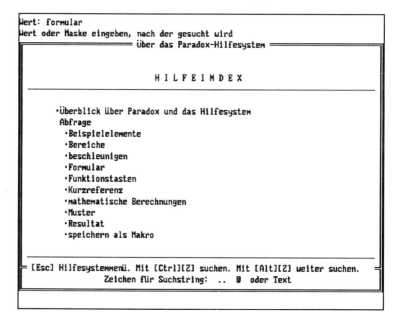

Bild 1.5.5: manuelle Eingabe des Hilfebegriffes "formular"

Sollte man nicht genau wissen, wie ein Suchbegriff geschrieben wird, kann man auch mit Wildcards bzw. den sogenannten Jokerzeichen arbeiten (s. Bild 1.5.6).

Wildcards

```
Wert: @ara..
Wert oder Maske eingeben, nach der gesucht wird
════════════════ Über das Paradox-Hilfesystem ════════════════

                        H I L F E I N D E X


      ·Überblick über Paradox und das Hilfesystem
       Abfrage
        ·Beispielelemente
        ·Bereiche
        ·beschleunigen
        ·Formular
        ·Funktionstasten
        ·Kurzreferenz
        ·mathematische Berechnungen
        ·Muster
        ·Resultat
        ·speichern als Makro


  [Esc] Hilfesystemmenü. Mit [Ctrl][Z] suchen. Mit [Alt][Z] weiter suchen.
           Zeichen für Suchstring:  ..  @ oder Text
```

Bild 1.5.6: Verwendung von Wildcards in Suchbegriffen

Der Klammeraffe ("@") kann einen unbekannten Buchstaben und zwei aufeinanderfolgende Punkte ("..") eine unbekannte Anzahl von Zeichen ersetzen.

Dieses wollen wir an einem kurzen Beispiel veranschaulichen. Nehmen wir an, es wird ein Wort gesucht, wovon wir weder den ersten Buchstaben, noch die Wortlänge kennen. Lediglich der 2., 3. und 4. Buchstabe sind bekannt und lauten *ara*. Der Suchbegriff für Paradox muß in diesem Fall **@ara..** lauten.

Da über diese Angabe durchaus mehrere übereinstimmende Begriffe in der Hilfedatei gefunden werden können, besteht die Möglichkeit, falls bereits ein Eintrag gefunden wurde, den jeweils nächsten über die Tastenkombination [Alt]+[Z] zu suchen.

In unserem Fall erhalten wir die nachfolgende Liste von Begriffen, die mit unserer Vergleichszeichenkette übereinstimmt (vergleiche jeweils die entscheidende Zeichenfolge *ara* und deren Positionierung).

Liste:

Paradox-Objekte

Parameter

Param

ParamDruck

Parameter von Tabelle speichern

Parameter, aktuelle finden

Damit haben wir die Grundlagen für die Anwendung des Datenbanksystems gelegt, womit wir uns im nächsten Kapitel ausgiebig beschäftigen werden.

Kapitel 2: Die relationale Datenbank

In diesem Kapitel werden wir beispielorientiert die wichtigsten Da- *Das Projekt*
tenbankfunktionen von Paradox 3.5 vorstellen. An einer einfachen
Videothekenverwaltung besprechen wir zunächst, wie ein Projekt
geplant, wie die zugehörigen Datenbanken definiert und
anschließend bearbeitet werden können. Haben wir Daten vorliegen,
so befassen wir uns im Anschluß daran mit speziellen Ein- und Ausgabevarianten, Grafikdarstellungen und Such- und Sortierfunktionen.

Bevor wir uns dem Projekt selbst zuwenden, müssen wir zunächst ei- *Projekt-*
nige Vorüberlegungen anstellen. Als erstes muß bekannt sein, welche *grundlagen*
Daten benötigt und auf welche Art und Weise diese in Tabellenform
dargestellt werden können. Bezogen auf eine Videothekenverwaltung
müssen wir neben Informationen der Kunden auch Daten über die
Videofilme selbst und über die Verleihvorgänge abspeichern. Dabei
ist zu überlegen, wie die Daten am sinnvollsten abgelegt werden können. Bedenken Sie, daß die meisten Datensätze im Verleihbereich an-
fallen, und daß sicherlich ein Großteil von Stammkundschaft vorhanden ist. Es ist also unsinnig, für jeden Verleih die kompletten Daten
neu angeben zu müssen. Sinnvoller ist eine Aufteilung in mehrere
Tabellen. Welche Datenstrukturen sinnvoll sind und wie die Definition vorgenommen wird, werden wir später noch genauer sehen.
Ebenfalls werden wir berücksichtigen, wie Datenstrukturen auch im
nachhinein noch geändert bzw. wie bereits definierte Datenstrukturen
in eine neue Tabelle übernommen werden können.

Die folgenden Unterkapitel besitzen einen einheitlichen Aufbau. *Der Praxisteil*
Zunächst werden jeweils wichtige Grundlagen zu dem entsprechenden Thema mitgeteilt. Erst wenn diese bekannt sind, erfolgt eine
praxisnahe Demonstration der neugewonnenen Kenntnisse. Am Ende
des Praxisteils schließt sich jeweils eine Kurzzusammenfassung an,
die schlagwortartig noch einmal die wesentlichen Arbeitsschritte auf-
führt, die für den jeweiligen Programmpunkt nötig sind.

2.1 Datenbankerstellung

In diesem Kapitel befassen wir uns mit der Erstellung von Tabellen, ohne jedoch bereits Daten abzulegen. Dabei wird auch die nachträgliche Änderung der Tabellenstruktur berücksichtigt. Ohne die Definition von Tabellenstruktur bzw. Datensatzaufbau und Felddefinitionen sind allgemeine Datenbanken wie Paradox 3.5 nicht dazu in der Lage, Informationen zu speichern.

Grundlagen   Bevor eine Datenbank definiert werden kann, ist eine sorgfältige Planung des Dateiaufbaus erforderlich. Dabei sollten die Daten so organisiert werden, daß sie besonders überschaubar sind. Dieses setzt voraus, daß die Tabellen nicht zu umfangreich gestaltet werden. Über Verknüpfungsmöglichkeiten, die über namensgleiche Feldbezeichnungen erfolgen, lassen sich Dateiinhalte miteinander verbinden. Auch diese Möglichkeit sollte man nutzen.

Der **Tabellenname**, der aus maximal 8 Zeichen bestehen darf, kann nur einmal vergeben werden. Unter diesem Namen und dem angehängten Suffix DB wird die Datei auch auf dem Festspeicher abgelegt. Daher dürfen die Namen nur den Konventionen entsprechen, die auch für die Vergabe von DOS-Dateinamen gelten. Versuchen Sie, eine Tabelle mit einem bereits vorhandenen Namen zu erzeugen, erhalten Sie eine Sicherheitsabfrage von Paradox, ob Sie die ursprüngliche Datei ersetzen wollen. Bestätigen Sie das, geht der ursprüngliche Dateiinhalt unmittelbar verloren!

Die Datenfelddefinition erfolgt auf einem speziellen Definitionsbildschirm. Zu jedem Datenfeld ist eine Bezeichnung und ein Typ anzugeben. Die Feldnumerierung erfolgt innerhalb von Paradox automatisch. Der **Feldname** kann aus maximal 25 Zeichen bestehen und darf innerhalb einer Tabelle nur einmal verwendet werden. Er sollte aussagekräftig sein, so daß man unmittelbar daran erkennt, welche Information in diesem Feld enthalten ist. Bei der Eingabe der Bezeichnung wird der erste Buchstabe automatisch in einen Großbuchstaben konvertiert. Alle übrigen Buchstaben werden standardmäßig in Kleinschrift ausgegeben. Um Änderungen an dieser Schreibweise vorzunehmen, ist die Tastenkombination [Alt]+[F5] zu betätigen.

Über den **Feldtyp** kann Paradox 3.5 interne Formatierungen vornehmen und Eingaben begrenzt auf Korrektheit überprüfen. So ist es z.b. nicht möglich, einen Text in ein Feld einzugeben, in dem eine Zahl erwartet wird. Paradox stellt fünf unterschiedliche Feldtypen zur Verfügung, die in der nachfolgenden Liste zusammengestellt sind.

Liste der Paradox-Feldtypen:

A_	-	alphanumerisch (Buchstaben und Zahlen)
N	-	numerisch (Zahlenwerte)
S	-	kleine Zahl
$	-	Währungsbeträge (2 Dezimalstellen)
D	-	Datumsformat (tt.mm.jj)

Der Tiefstrich in der obigen Liste, der dem A angehängt ist, steht stellvertretend für die Feldlänge. Wollen Sie z.B. einen Text mit 10 Zeichen eingeben, müßte der Feldtyp A10 lauten. Lassen Sie die Zahl weg und verwenden nur den Buchstaben A, so beträgt die Feldlänge 255 Zeichen. Dabei handelt es sich gleichzeitig um die maximale Feldlänge, die möglich ist. Numerische Felder dürfen bis zu 17-stellige Zahlen, einschließlich eventuell vorhandener Dezimalstellen, enthalten. Kleine Zahlen mit dem Datentyp S können lediglich Ganzzahlen im Bereich von -32767 und 32767 enthalten.

Zwar können sämtliche Daten im alphanumerischen Format gespeichert werden, aber bedenken Sie, daß nur die Feldtypen N, S, $ und D für Berechnungen einsetzbar sind.

Die Reihenfolge der Felddefinition entscheidet über die Position in der entworfenen Tabelle. Mit dem ersten Eintrag wird die Tabelle am linken Ende begonnen und mit dem letzten Eintrag am rechten Ende abgeschlossen.

An dieser Stelle wollen wir mit dem praktischen Teil beginnen. Dazu überlegen wir uns zunächst, welche Informationen wir insgesamt für eine Videothekenverwaltung benötigen. Schwerpunkte bilden, wie bereits kurz erwähnt, die Kunden-, Videofilm- und Verleihinformationen.

Praxis

Für den Kunden benötigen wird neben einer Kundennummer vor allen Dingen die Adresse mit Telefonnummer. Für die Videofilmverwaltung sind die Filmtitel, Filmnummern, eventuell einige Informationen zu dem Film und der Verleihpreis von wesentlicher Bedeutung. Im Bereich des Verleihgeschäftes sind vordringlich der Kunde, der ausgeliehene Film und das Verleih- und Rückgabedatum zu speichern. Zusammengefaßt benötigen wir für jeden Verleihvorgang folgende Informationen:

Kundennummer

Name

Vorname

Straße und Hausnummer

Postleitzahl

Wohnort

Telefonnummer

Filmnummer

Filmtitel

Filmsparte

Freigabealter

Laufzeit in Minuten

Herstellungsjahr

Verleihpreis/Tag in DM

Verleihdatum

Rückgabedatum

Beschädigungen

Der Zeitaufwand zur Erzeugung eines solchen Datensatzes wäre sehr groß, daher wollen wir berücksichtigen, daß Tabellen miteinander verbunden werden können. Die Kunden- und Filmverwaltung kann, wie bereits überlegt, direkt erstellt werden. Der komplette Datensatz, der für einen Verleihvorgang benötigt wird, sollte allerdings stark vereinfacht werden. Kundendaten und Filminformationen sollen direkt aus den vorliegenden Tabellen für Kunden und Videofilme entnommen werden. Die Verknüpfung soll später über die Kunden- und Videofilmnummer erfolgen.

Tabellenaufbau KUNDE:

Kundennummer	numerisch
Name	alphanumerisch (30 Zeichen)
Vorname	alphanumerisch (30 Zeichen)
Straße und Hausnummer	alphanumerisch (30 Zeichen)
Postleitzahl	numerisch
Wohnort	alphanumerisch (30 Zeichen)
Telefonnummer	alphanumerisch (15 Zeichen)

Tabellenaufbau VIDEO:

Filmnummer	numerisch
Filmtitel	alphanumerisch (50 Zeichen)
Filmsparte	alphanumerisch (30 Zeichen)
Freigabealter	alphanumerisch (2 Zeichen)
Laufzeit in Minuten	numerisch
Herstellungsjahr	alphanumerisch (4 Zeichen)
Verleihpreis/Tag in DM	Währungsfeld

Tabellenaufbau VERLEIH:

Kundennummer	numerisch
Filmnummer	numerisch
Verleihdatum	Datum
Rückgabedatum	Datum
Beschädigungen	alphanumerisch (30 Zeichen)

Damit haben wir die Struktur der Tabellen soweit festgelegt, daß wir nun mit der Datenbankdefinition beginnen können. Wir gehen davon aus, daß Paradox bereits geladen ist und sich das Hauptmenü (s. Bild 2.1.1) auf dem Bildschirm befindet.

```
Zeige  Abfrage  Report  Neu  Dienste  Bild  Form  Tools  Makros  Hilfe  Ende
Ansehen einer Tabelle.
```

Bild 2.1.1: Hauptmenü von Paradox

Kunden-
verwaltung

Zunächst wollen wir die Kundenverwaltung definieren. Dazu wählen wir zunächst den Menüpunkt *Neu* im Hauptmenü an. Dies geschieht entweder durch Eintasten des Buchstabens *N* (erster Buchstabe eines Menüeintrages erlaubt den Direktaufruf) oder mit Hilfe der Cursorsteuerung und [Return]. Danach erscheint die Abfrage des Tabellennamens, den wir für die neue Datenbank verwenden wollen (s. Bild 2.1.2).

Bild 2.1.2: Abfrage eines neuen Tabellennamens

Auch an dieser Stelle sollte man mit aussagekräftigen Namen arbeiten, selbst wenn lediglich 8 Zeichen maximal zur Verfügung stehen. Wir wählen in unserem Fall den Namen *KUNDEN* und quittieren die gemachte Eingabe abermals mit [Return]. Unmittelbar darauf erscheint der Bildschirm, auf dem die Definitionen vorgenommen werden (s.Bild 2.1.3).

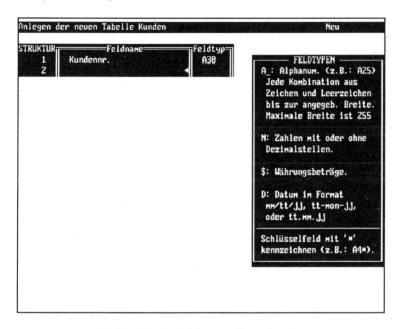

Bild 2.1.3: Definition von Datenbanken

Im rechten Bildschirmbereich der Arbeitsfläche befindet sich ein Informationsfenster mit Eingabehinweisen und der linke Bildschirmbereich steht als Definitionsfläche zur Verfügung. In den ersten beiden Bildschirmzeilen stehen Informationen bzw. erscheinen hier beim Beenden der Definition wieder die Menüzeilen. Das Eingabeformular für die Felddefinitionen selbst weist drei Bestandteile auf, die Strukturnumerierung, die Feldbezeichnung und den Feldtypen.

Wir wollen nun den ersten Eintrag vornehmen. Laut unserer Planung soll die Kundennummer als erstes Feld am äußersten linken Rand der Tabelle erscheinen. Durch die Eingabe an erster Stelle erreichen wir dies. Beachten Sie, daß die Numerierung durch Paradox selbständig vorgenommen wird. Wir brauchen an dieser Stelle also nur die Feldbezeichnung angeben. Wir tasten *Kundennr.* ein und quittieren mit [Return].

Damit gelangen wir automatisch mit dem Textcursor in das Feld für die Datentypfestlegung. Da hier ein numerisches Feld definiert werden soll, drücken wir nur die Taste *N* (numerisch). Sie haben sicherlich gemerkt, daß *Kundennr.* automatisch mit einem Großbuchstaben begonnen wurde, was die Eingabe sehr erleichtert. Der Bildschirm sieht nun so aus, wie es in Bild 2.1.4 abgedruckt ist.

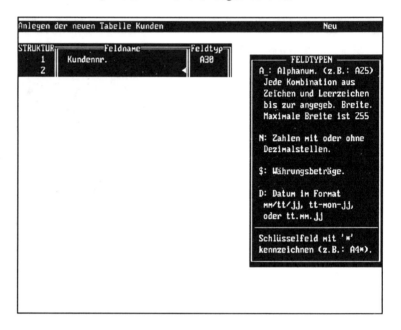

Bild 2.1.4: Definition des ersten Datenfeldes

Im zweiten Schritt geben wir nun die Definition des Namens ein. Da es sich hierbei um ein alphanumerisches Feld mit maximal 30 Zeichen Länge handeln soll, müssen wir als Feldtyp die Bezeichnung *A30* verwenden.

Ebenso verfahren wir mit den übrigen Felddefinitionen. Die Feldnamen haben wir zum Teil, entgegen der ersten Planung, leicht gekürzt. Abschließend stellt sich der Bildschirm mit sämtlichen Definitionen wie in Bild 2.1.5 dar. Um diesen Tabellenaufbau unter unserem Namen *KUNDEN* zu speichern, müssen wir zunächst über die Funktionstaste [F10] zum Menü zurückkehren. Beachten Sie dabei, daß Sie, auch wenn aktuell kein Menü sondern eine Informationszeile am oberen Bildschirmrand ausgegeben wird, ein Menü aktivieren können.

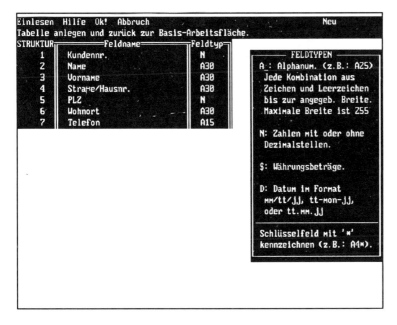

```
Einlesen  Hilfe  Ok!  Abbruch                              Neu
Tabelle anlegen und zurück zur Basis-Arbeitsfläche.
STRUKTUR━━━━━━━Feldname━━━━━━━Feldtyp━━
    1    │ Kundennr.          │ N        ┌──── FELDTYPEN ────
    2    │ Name               │ A30      A_: Alphanum. (z.B.: A25)
    3    │ Vorname            │ A30       Jede Kombination aus
    4    │ Straße/Hausnr.     │ A30       Zeichen und Leerzeichen
    5    │ PLZ                │ N         bis zur angegeb. Breite.
    6    │ Wohnort            │ A30       Maximale Breite ist 255
    7    │ Telefon            │ A15
                                         N: Zahlen mit oder ohne
                                         Dezimalstellen.

                                         $: Währungsbeträge.

                                         D: Datum im Format
                                         mm/tt/jj, tt-mon-jj,
                                         oder tt.mm.jj

                                         Schlüsselfeld mit 'x'
                                         kennzeichnen (z.B.: A4x).
```

Bild 2.1.5: Definition der Tabelle KUNDEN

In dem nun erscheinenden Menü können wir festlegen, ob die Informationen über den Menüpunkt *Ok!* gespeichert werden, oder ob die eingegebene Tabellendefinition über den Menüpunkt *Abbruch* verloren gehen soll. In der Regel werden Sie Ihre Eingaben an dieser Stelle mit *Ok!* quittieren. In unserem Fall wird die Information in der Datei *KUNDEN.DB* gespeichert.

Um sich zu vergewissern, daß die Tabelle tatsächlich erstellt wurde, können Sie über den Hauptmenüpunkt *Zeige* und anschließendem doppelten Betätigen der [Return]-Taste eine Auswahl vorhandener Tabellennamen erhalten, die sich im aktuellen Verzeichnis befinden. An dieser Stelle muß nun auch der Eintrag *KUNDEN* vorhanden sein.

Falls sich während der Definitionsphase Fragen ergeben, kann über die Funktionstaste [F1] unmittelbar eine kontext-sensitive Hilfe abgerufen werden. Der Bildschirm dieser Hilfe ist in Bild 2.1.6 dargestellt. Von diesem Bildschirm aus können Sie sich über die Menüsteuerung weitere Informationen zu der Datenbankdefinition anzeigen lassen.

Hilfe-
bildschirm

Bild 2.1.6: Hilfebildschirm zur Datenbankdefinition

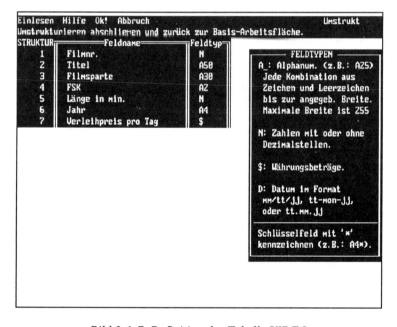

Bild 2.1.7: Definition der Tabelle VIDEO

Nachdem wir die Kundenverwaltung definiert haben, werden wir nun die Videofilmverwaltung erstellen. Auch diese Datenbank ist prinzipiell eigenständig nutzbar. Als Dateinamen wählen wir diesmal *VIDEO*, nachdem wir wieder den Hauptmenüpunkt *Neu* angewählt haben. Auch hier haben wir wieder einen beschreibenden Dateinamen verwendet, der uns eine spätere leichte Identifizierung der Datenbank erlaubt.

Videofilm-verwaltung

Bei den Eingaben orientieren wir uns wieder an unsere Planung der Datenstruktur (s.Seite 49). Nachdem sämtliche Eingaben gemacht sind, stellt sich der Bildschirm wie in Bild 2.1.7 dar. Gespeichert wird auch diese Tabelle wieder über die Funktionstaste [F10] und den Menüpunkt *Ok!*.

An dieser Stelle müssen wir nun noch die Verleihverwaltung ein-richten. Die gesamten Daten sind nach unseren Vorüberlegungen nicht mehr notwendig. Eine spätere Datenbankverknüpfung soll sowohl über die Kunden- als auch über die Filmnummer möglich sein. Daher können wir auf spezielle Kunden- und Filminformationen in dieser Tabelle verzichten.

Verleih-verwaltung

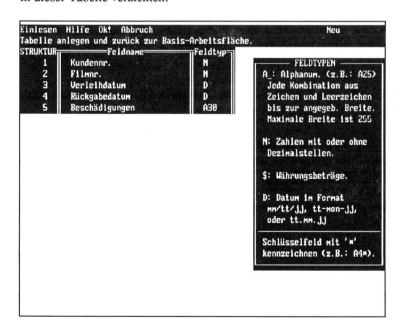

Bild 2.1.8: Definition der Tabelle VERLEIH

Wie bereits in den ersten beiden Tabellen, nehmen wir auch für die Verleihverwaltung die Eingabe der Strukturierungsdaten vor. Es ergibt sich eine Bildschirmdarstellung wie in Bild 2.1.8 dargestellt.

Damit haben Sie die normale Datenbankdefinition bereits kennengelernt. Die einzelnen Felddefinitionen ermöglichen später spezielle Auswertungen, wie sie bei einem einzelnen Datenfeld nur schwieriger zu realisieren wären. Um Ihnen an dieser Stelle noch einmal einen kurzen Überblick zu geben, folgt nun noch einmal eine kurze Zusammenfassung.

Zusammenfassung Datenbankdefinition:

1. Konzept des Projektes entwickeln

2. Aufbau der Tabellen planen

3. Tabellen über Hauptmenü NEU erstellen

    a) Namen angeben

    b) Feldnamen und Feldtypen definieren

    c) zurück zum Menü mit [F10]

    d) Definition über Menüpunkt Ok! abspeichern

4. Dateneingabe oder Programm beenden

Spezialitäten   Bevor wir uns nun der Bearbeitungsphase zuwenden, wollen wir hier zunächst einige Sonderfunktionen vorstellen, die es ermöglichen, Datenstrukturen im nachhinein zu ändern bzw. bereits vorhandene Strukturen in neue Tabellen zu übernehmen. Es wäre z.B. auch möglich, eine bereits vorhandene Tabellendefinition zunächst in eine neue Tabelle zu kopieren und im zweiten Schritt erforderliche Änderungen vorzunehmen.

Wollen Sie eine neue Datenbank erstellen und Sie haben bereits eine identische oder ähnliche Tabellenstruktur definiert, so können Sie sich über eine interne Kopierfunktion von Paradox eine Menge Tipparbeit ersparen. Dazu brauchen Sie bei der Neudefinition lediglich einen neuen Tabellennamen angeben und **ohne** Definition von Datenfeldern über die Funktionstaste [F10] in das Menü zurückkehren. Hier erscheint nun der Menüpunkt *Einlesen*, der die Übernahme einer vorhandenen Dateistruktur erlaubt. Sie müssen lediglich den Namen dieser zu übernehmenden Tabelle kennen.

Kopieren

Um das zu veranschaulichen, wollen wir an dieser Stelle aufzeigen, wie eine Kopie der Tabellenstruktur *VERLEIH* möglich ist. Die neue Tabelle soll dabei den Namen *VERLEIH2* erhalten. Ausgehend vom Hauptmenü wählen wir wieder den Menüeintrag *Neu*. Anschließend geben wir den neuen Tabellennamen in das bereitgestellte Eingabefeld ein und quittieren diese Eingabe mit [Return] (s.Bild 2.1.9).

Beispiel

```
Tabelle: verleih                                    Neu
Namen der Tabelle eingeben, von der die Struktur kopiert wird, ↵ für Liste.
STRUKTUR        Feldname          Feldtyp
     1                                      ┌──── FELDTYPEN ────
                                            A_: Alphanum. (z.B.: A25)
                                              Jede Kombination aus
                                              Zeichen und Leerzeichen
                                              bis zur angegeb. Breite.
                                              Maximale Breite ist 255

                                            N: Zahlen mit oder ohne
                                              Dezimalstellen.

                                            $: Währungsbeträge.

                                            D: Datum im Format
                                              mm/tt/jj, tt-mon-jj,
                                              oder tt.mm.jj

                                            Schlüsselfeld mit '*'
                                            kennzeichnen (z.B.: A4*).
```

Bild 2.1.9: Eingabe einer zu kopierenden Tabellenstruktur

Daraufhin erscheint der Definitionsbildschirm, den wir unmittelbar mit der Taste [F10] wieder verlassen, um in das Menü zurückzukehren. Hier wählen wir nun den Menüpunkt *Einlesen* aus und geben den Namen *VERLEIH* ein.

Hierin ist die zu kopierende Dateistruktur enthalten. Nachdem wir
den Namen abgeschickt haben, erscheint die Datenbankdefinition für
die Tabelle *VERLEIH2* unmittelbar auf dem Bildschirm (s. Bild
2.1.10). Diese Struktur kann nun unmittelbar bearbeitet werden.
Über die Taste [Einfg] können Sie an der aktuellen Textcursor-
position ein neues Datenfeld hinzufügen und über die Taste [Entf] ein
altes Datenfeld entfernen. Auch Änderungen an Feldbezeichnungen
oder Typdefinitionen sind möglich.

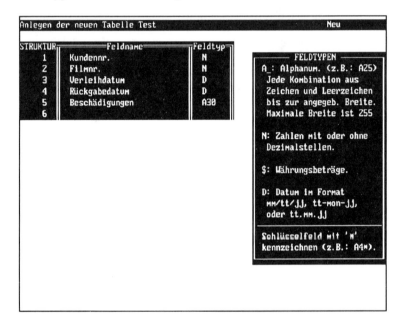

Bild 2.1.10: kopierte Datenstruktur aus der Tabelle VERLEIH

Wir wollen an dieser Stelle keine Änderungen an der Dateistruktur
vornehmen und speichern die Tabellendefinition über [F10] und den
Menüpunkt *Ok!*. Eine Kurzzusammenfassung der Kopierfunktion
befindet sich in der nachfolgenden Liste.

Zusammenfassung Kopieren einer Dateistruktur:

1. Hauptmenüpunkt NEU anwählen

2. neuen Tabellennamen eingeben

3. Definitionsfeld über [F10] verlassen

   (keine Felddefinitionen vornehmen!)

4. Menüpunkt EINLESEN anwählen

5. Namen der zu kopierenden Tabellenstruktur eingeben

6. Tabellenstruktur eventuell bearbeiten

   ([Einfg] - Datenfeld an Cursorposition einfügen)

   ((Entf] - Datenfeld an Cursorposition löschen)

7. mit [F10] zum Menü zurückkehren

8. Struktur mit Menüeintrag OK! speichern

   (ABBRUCH löscht Definition)

Umstrukturieren Sollen Änderungen an einer Datenbank vorgenommen werden, besteht die Möglichkeit einer Umstrukturierung, d.h., Tabellen können, auch wenn bereits Datensätze eingegeben wurden, in ihrem Aufbau geändert werden. Feldweiten sind ebenso variierbar wie vorhandene Felder in ihrer Gesamtheit gelöscht werden können. Aber auch die Erweiterung von Tabellen durch Neudefinition eines Feldes ist möglich. Um diese Umstrukturierung durchzuführen, ist die Menüfolge *Dienste* --> *Umstrukturieren* aufzurufen. Der Bildschirm, der nach Eingabe eines Namens für eine umzustrukturierende Tabelle erscheint, entspricht dabei nahezu dem Definitionsbildschirm. Lediglich die Informationszeile unterscheidet sich. Die Daten können nun, wie bereits bei der Kopierfunktion beschrieben, bearbeitet werden. Ist die Neudefinition erfolgt, kehrt man mit [F10] in das Menü zurück und wählt den Menüeintrag *Ok!* an. Dabei muß die gemachte Änderung zunächst in einem weiteren Menü bestätigt werden. Erst dann erfolgt die Umstrukturierung der bereits vorhandenen Tabelle.

Bedenken Sie, daß dabei durchaus wertvolle Informationen verloren gehen können. Haben Sie ausreichend Speicherkapazitäten auf Ihrem Laufwerk frei, sollten Sie die Umstrukturierung an einer Kopie der Originaltabelle vornehmen.

Beispiel

In unserem Beispiel wollen wir nun, über die hier beschriebene Funktion, das letzte Datenfeld aus der Tabelle VERLEIH2 entfernen. Nachdem wir die Menüfolge *Dienste* --> *Umstrukturieren* aufgerufen haben, geben wir den Namen *VERLEIH2* ein. Bei der erscheinenden Tabellenstruktur entfernen wir nun mit Hilfe der Taste [Entf] das letzte Feld. Dabei muß der Textcursor beim Drücken dieser Taste in den Bereich dieses Feldes plaziert werden. Danach ergibt sich eine Datenstruktur wie in Bild 2.1.11 dargestellt.

Durch [F10] gelangen wir ins Menü und durch den Menüpunkt *Ok!* wird vor dem Abspeichern der geänderten Tabellenstruktur und der Umstrukturierung des vorhandenen Tabelleninhaltes eine Sicherheitsabfrage auf den Bildschirm gebracht (s.Bild 2.1.12). Durch den Menüpunkt *Löschen* wird in unserem Fall das Datenfeld gelöscht und durch den Menüpunkt *Hoppla!* kann in die Arbeitsfläche zurückgekehrt werden. Im letzteren Fall wird vorerst keine Umstrukturierung vorgenommen.

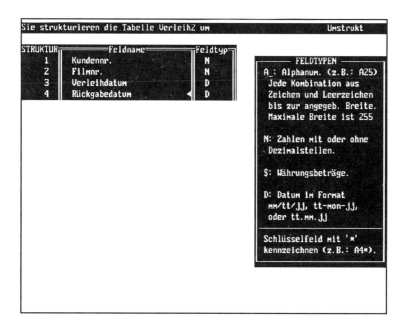

*Umstruk-
turierung*

Bild 2.1.11: geänderte Datenstruktur der Tabelle VERLEIH2

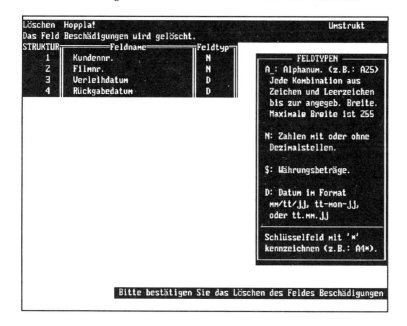

Bild 2.1.12: Sicherheitsabfrage zur gemachten Umstrukturierung

Zusammenfassung Umstrukturierung einer Tabelle:

1. Hauptmenüpunkt DIENSTE anwählen

2. Untermenüpunkt UMSTRUKTURIEREN anwählen

2. Name der umzustrukturierenden Tabelle eingeben

3. Definition der Struktur bearbeiten

   ([Einfg] - Datenfeld an Cursorposition einfügen)

   ((Entf] - Datenfeld an Cursorposition löschen)

4. mit [F10] zum Menü zurückkehren

5. Menüeintrag OK! anwählen

6. Sicherheitsabfrage betätigen (LÖSCHEN)

7. interne Umstrukturierung erfolgt

Beachten Sie, daß je nach dem Datenumfang, der in der umzustrukturierenden Tabelle enthalten ist, unterschiedlich viel Zeit für den Neuaufbau der Tabelle benötigt wird.

Damit haben Sie die Möglichkeiten kennengelernt, um Definitionen von Datenbanken vorzunehmen. In unserem nächsten Kapitel werden wir uns mit der Dateibearbeitung befassen. Wir werden zeigen, wie Daten in eine Tabelle eingegeben werden und wie diese bearbeitet werden können.

2.2 Datenbank bearbeiten

An dieser Stelle wollen wir uns, nachdem wir die Tabellen angelegt haben, mit den Eingabe- und Bearbeitungsmöglichkeiten, die Paradox bietet, beschäftigen. Dabei werden wir in diesem Kapitel ausschließlich tabellenorientiert arbeiten. Die Möglichkeiten, die die Formulardarstellungen bieten, werden wir in einem gesonderten Kapitel behandeln.

Neben dem Bildschirmaufbau bei der Tabellenbearbeitung und dem Aufbau der Tabellen selbst werden wir die Tastatursteuerung und die Darstellung mehrerer Tabellen parallel auf dem Bildschirm berücksichtigen. Im Praxisteil füllen wir anschließend unsere angelegten Datenbanken *VIDEO, KUNDEN* und *VERLEIH* mit einigen Beispieldatensätzen.

```
Sie sehen Tabelle Sample\hauptbst: Record 64 von 128            Basis

SAMPLE\HAUPTBST    Datum       Angestellter      Kunde        B.Land  Ha
       64         15.12.90     Morris            Fischer        WB    Gr
       65         15.12.90     Morris            Fischer        WB    Re
       66          6.12.89     Christiansen      Leonardo             In
       67         14.04.90     Christiansen      Leonardo             Gr
       68         24.06.90     Christiansen      Leonardo             Re
       69          2.08.90     Klinger          Leonardo             Gr
       70         20.09.90     Klinger          Leonardo             Ma
       71         23.11.90     Kammer            Leonardo             Gr
       72          7.12.90     Kammer            Anders               Re
       73          1.11.87     Morris            Chevalier            Gr
       74          5.11.88     Kammer            Chevalier            Ma
       75         15.11.89     Kammer            Chevalier            Ma
       76         25.04.90     Morris            Chevalier            Re
       77         25.04.90     Morris            Chevalier            Re
       78         25.04.90     Morris            Chevalier            Re
       79         13.11.87     Kammer            Helmers        RP    Ma
       80         15.06.88     Kammer            Helmers        RP    Ma
       81         23.01.89     Morris            Helmers        RP    In
       82         13.04.89     Kammer            Helmers        RP    Ma
       83         17.06.89     Morris            Helmers        RP    Re
       84         14.09.89     Morris            Helmers        RP    Re
       85         15.06.88     Christiansen      Hahn-Anderson  HS    Gr
```

Bild 2.2.1: Anzeige einer Beispieltabelle in Paradox

Zunächst wollen wir kurz, anhand der Beispieltabelle in Bild 2.2.1, *Tabellenaufbau* den Tabellenaufbau erläutern. Dazu müssen wir uns noch einmal der Datensatzdefinition, die wir im letzten Kapitel beschrieben haben, erinnern. Ein Datensatz setzt sich aus mehreren Datenfeldern zusammen, wobei der Feldinhalt durch einen bestimmten Feldtyp beschrieben wird. Die Summe der Datenfelder, die den Datensatz ergibt, wird in einer Paradox-Tabelle zeilenweise ausgegeben.

Dabei erscheinen die einzelnen Felder von links nach rechts in der Reihenfolge, wie sie definiert wurden. Am äußersten linken Rand werden die einzelnen Datensätze bzw. Zeilen durchnumeriert. Identische Datenfelder werden spaltenorientiert untereinander ausgegeben. Der Inhalt wird intern über die Datentypen kontrolliert. Die Feldbezeichnung wird nun als Spaltenbezeichnung in der Tabelle geführt. Am oberen Bildschirmrand befindet sich die sogenannte Statuszeile, die Aufschluß darüber gibt, welcher Datensatz durch den Textcursor als aktuell markiert wurde und wieviele Datensätze insgesamt in der aktuellen Tabelle enthalten sind. Auch der aktuelle Tabellenname wird in der Statuszeile angeführt. Befinden Sie sich in der Tabelle *TEST* im 13. von insgesamt 90 Datensätzen, so lautet die Statuszeile wie folgt:

```
Sie sehen Tabelle TEST: Record 13 von 90
```

Der Begriff *Record* ist die englische Übersetzung für Datensatz. Hier wird bei jeder Cursorbewegung und bei jedem Tabellenwechsel (mehrere Tabellen können parallel auf dem Bildschirm bearbeitet bzw. angezeigt werden) die Information aktualisiert.

Tabelle laden   Nachdem eine Tabelle definiert wurde, kann Sie unmittelbar angezeigt oder bearbeitet werden. Um eine Tabelle auf den Arbeitsbildschirm zu holen, der bereits gefüllt ist, sollte man zunächst die Taste [Alt]+[F8] betätigen. Sämtliche Informationen werden dann vom Arbeitsbildschirm gelöscht. Über den Hauptmenüeintrag *Zeige* erscheint unmittelbar ein Eingabefeld für einen Tabellennamen. An dieser Stelle haben Sie mehrere Möglichkeiten zur Auswahl. Quittieren Sie das Feld ohne Eingabe mit [Return], wird eine Auswahlliste der im aktuellen Verzeichnis vorhandenen Tabellen ausgegeben, wie z.B. in Bild 2.2.2 dargestellt. Aus dieser Liste können Sie nun eine zu bearbeitende Datenbank mit Hilfe der Cursorsteuerung und abschließendem [Return] auf den Bildschirm holen. Geben Sie stattdessen bei dem Eingabefeld lediglich einen vorhandenen Suchpfad an, so werden nach einem [Return] die Tabellen zur Auswahl angeboten, die sich genau in diesem Pfad befinden. Als letzte Möglichkeit können Sie auch direkt den kompletten Suchpfad mit Dateinamen in das Eingabefeld eintragen. Auch Laufwerksbezeichnungen sind an dieser Stelle erlaubt.

 Es sei noch einmal angeführt, daß Paradox standardmäßig die Tabellen im aktuellen Laufwerk und aktuellen Verzeichnis erwartet.

Paradox erzeugt u.U. bei der Konfiguration ein Verzeichnis mit dem Namen *SAMPLE*, in dem Beispieltabellen enthalten sind. Um zum Beipiel die Tabelle *HAUPTBST* zu laden, geben Sie im Eingabefeld *SAMPLE\HAUPTBST* an und quittieren mit [Return]. Sie erhalten einen Bildschirm wie in Bild 2.2.1 dargestellt.

```
Tabelle:  sample\                                           Basis
Buchbest  Kunden  Angestel  Hauptgrp  Post  Hauptbst  Neurecs  Produkte  Promo ▶




         Mit → und ← im Menü bewegen, anschließend mit ◀ eine Auswahl treffen.
```

Bild 2.2.2: Laden einer Beispieldatei aus der Auswahlliste

Beachten Sie, daß von großen Tabellen jeweils nur ein bestimmter Auszug auf dem Bildschirm dargestellt werden kann. Es stehen aber spezielle Tasten zur Verfügung, die ein Verschieben des Ausschnittes ermöglichen. Dieses geschieht wieder im Regelfall mit der Cursor-steuerung. Weitere Tastaturbefehle werden wir später noch gesondert aufführen.

Tabellenauszug

```
Sie sehen Tabelle Sample\hauptbst: Record 45 von 128          Basis  ▲=▼

SAMPLE\HAUPTBST    Datum       Angestellter      Kunde        B.Land  Ha
        35       18.05.90      Christiansen    Elspeth, III            Ma
        36       18.05.90      Christiansen    Elspeth, III            Gr
        37       14.09.90      Kammer          Elspeth, III            Sp
        38       14.09.90      Kammer          Elspeth, III            Gr
        39       14.09.90      Kammer          Elspeth, III            Ma
        40       14.09.90      Kammer          Elspeth, III            Re
        41        6.10.88      Kammer          Hannover        NW      Sp
        42       16.05.89      Kammer          Hannover        NW      Sp
        43       19.08.89      Klinger         Hannover        NW      Ma
        44       21.11.89      Klinger         Hannover        NW      Gr
        45        5.07.90      Morris          Hannover        NW      Gr
        46       23.11.90      Christiansen    Hannover        NW      Gr


SAMPLE\    Kd Nr.        Name       Un        Straße        PLZ
        1    1386     Abelei         F    Berbendorfer Str. 25   5014
        2    1388     Svenvald       I    Regierungssitz
        3    1784     Menekis        L    Dresdner Str. 88       6105
        4    2177     Bonnemann      S    Fabriziusstr. 73-77    2000
        5    2579     Chavez         L    Zypressenweg           7000
        6    2779     Fahd           S    Palast
        7    3128     Elspeth, III   R    1 Hanover Square
```

Bild 2.2.3: Parallelanzeige mehrerer Tabellen

Parallele
Anzeige
mehrerer
Tabellen

Bislang haben wir maximal eine Tabelle geladen, Paradox erlaubt es aber auch, mehrere Datenbanken parallel auf dem Bildschirm zu bearbeiten (s. Bild 2.2.3). Das Laden erfolgt jeweils nach dem oben beschriebenen Schema. Um zwischen den einzelnen Tabellen hin- und herzuschalten, sind zwei weitere Funktionstasten belegt. Mit [F3] gelangen Sie in die vorangehende und mit [F4] in die nachfolgende Datei. Die jeweils aktuelle Tabelle wird farblich hervorgehoben und die Statuszeile wird entsprechend aktualisiert. Um Ausschnitte mehrerer Tabellen anzeigen zu können, haben Sie die Möglichkeit, über den Hauptmenüpunkt *Bild* die Tabellengröße zu ändern. Die Größenänderung wirkt sich jedoch nur auf dem Bildschirm aus und hat keine Auswirkungen auf die Datenbankstruktur. Mit dem Untermenüpunkt *Länge* kann die parallel auf dem Bildschirm angezeigte Anzahl von Datensätzen reduziert werden (Menüfolge: [F10] *Bild* --> *Laenge*), und über den Untermenüpunkt *Breite* können einzelne Feldweiten geändert werden.

Damit haben Sie die Möglichkeiten kennengelernt, wie man Tabellen in die Arbeitsfläche lädt. Bevor wir uns nun der Bearbeitung und Dateneingabe zuwenden, wollen wir das bislang Gelernte kurz zusammenfassen.

Zusammenfassung Datenbank(en) laden:

1. evtl. Bildschirm löschen mit [Alt]+[F8]

2. Hauptmenü ZEIGE anwählen

3. Tabellennamen angeben

   a) [Return] für Listenauswahl

   b) Suchpfad eingeben, danach Listenauswahl

   c) Suchpfad komplett mit Dateinamen eintasten

4. eventuell weitere Tabellen laden (s. Pkt. 3)

5. Tabellengröße über Menüfolge Bild-->Länge bzw.

   Bild-->Breite anpassen

6. Umschaltung zwischen den Tabellen mit [F3] und [F4]

Paradox 3.5 kennt zwei unterschiedliche Eingabemöglichkeiten. *Dateneingabe-* Standardmäßig werden Dateien im sogenannten Zeige-Modus ge- *modi* öffnet und sind nicht unmittelbar editierbar. Um Änderungen in einer Tabelle vornehmen zu können, muß zunächst in den Bearbeitungs- bzw. **Edit-Modus** gewechselt werden. Auf einem Einzelplatzsystem erreicht man dies über die Funktionstaste [F9]. Der Vollständigkeit halber sei an dieser Stelle erwähnt, daß in einem Netzwerk gemein- sam genutzte Dateien über den CoEdit-Modus bearbeitet werden können. Dieser wird über die Tastenkombination [Alt]+[F9] gestar- tet.

```
Sie edit. Tabelle Sample\kunden: Record 9 von 33          Edit

 ┌───Straße──┬─PLZ──┬───Stadt───┬─B.Land─┬───Staat───┐
 │ Berbendorfer Str. 25 │ 5014 │ Kerpen        │ NW │             │ ***│
 │ Regierungssitz       │      │ Reykjavik     │    │ Island      │ ***│
 │ Dresdner Str. 88     │ 6105 │ Ober-Ramstadt │ HS │             │ ***│
 │ Fabriziusstr. 73-77  │ 2000 │ Hamburg       │ HH │             │ ***│
 │ Zypressenweg         │ 7000 │ Stuttgart     │ BW │             │ ***│
 │ Palast               │      │ Riyadh        │    │ Saudiarabien│ ***│
 │ 1 Hanover Square     │      │ London        │    │ England     │ ***│
 │ Staatsstr. 15        │ 4630 │ Bochum        │ NW │             │ ***│
 │ Berneg               │ 8580 │ Bayreuth      │ BY │             │ ***│◀
 │ Max Planck Str. 66   │ 6382 │ Friedrichsdorf│ HS │             │ ***│
 │ Malstadter Markt 3   │ 6600 │ Saarbrücken   │ SL │             │ ***│
 │ Hotel Kairo          │      │ Kairo         │    │ Ägypten     │ ***│
 │ Lanzenrieder Hof     │ 8412 │ Burglengenfeld│ BY │             │ ***│
 │ Krumme Lanke 1       │ 1000 │ Berlin        │ WB │             │ ***│
 │ 198 Via Canales      │      │ Rom           │    │ Italien     │ ***│
 │ Alte Landstraße      │ 8900 │ Augsburg      │ BY │             │ ***│
 │ Jaktstigen 42        │      │ Lidingo       │    │ Schweden    │ ***│
 │ 392 Boulevard Raspil │      │ Montpelier    │    │ Frankreich  │ ***│
 │ Ritzelstr. 82        │ 5400 │ Koblenz       │ RP │             │ ***│
 │ Hotel Orient         │      │ Jurong        │    │ Singapur    │ ***│
 │ Schillerstr. 22      │ 6301 │ Heuchelheim   │ HS │             │ ***│
 │ Alter Römer 23       │ 6000 │ Frankfurt a. M.│ HS │            │ ***│
 └──────────────────────┴──────┴───────────────┴────┴─────────────┘
```

Bild 2.2.4: Edit-Modus von Paradox

Im Edit-Modus wird das jeweils aktivierte Datenfeld durch ein klei- nes Dreieck am rechten Feldende markiert (s.Bild 2.2.4). Ferner gibt die Statuszeile Aufschluß darüber, in welchem Modus man sich be- findet und welcher Datensatz aktuell bearbeitet wird. Gemachte Änderungen muß man in einem Menü, welches über die Funktions- taste [F10] aufzurufen ist, mit *Ok!* bestätigen (s.Bild 2.2.5).

```
Bild  Widerrufen  EinPrüf  Hilfe  [Ok!]  Abbruch              Edit
Die letzte Änderung im aktuellen Bild zurücknehmen.
═════Straße══════════╦══PLZ══╦═════Stadt══════╦B.Land╦═══════Staat═══════
│ Berbendorfer Str. 25 │ 5014 │ Kerpen          │ NW   │                    │ ***
│ Regierungssitz       │      │ Reykjavik       │      │ Island             │ ***
│ Dresdner Str. 88     │ 6105 │ Ober-Ramstadt   │ HS   │                    │ ***
│ Fabriziusstr. 73-77  │ 2000 │ Hamburg         │ HH   │                    │ ***
│ Zypressenweg         │ 7000 │ Stuttgart       │ BW   │                    │ ***
│ Palast               │      │ Riyadh          │      │ Saudiarabien       │ ***
│ 1 Hanover Square     │      │ London          │      │ England            │ ***
│ Staatsstr. 15        │ 4630 │ Bochum          │ NW   │                    │ ***
│ Berneg               │ 8580 │ Bayreuth        │ BY   │                    │ ***
│ Max Planck Str. 66   │ 6382 │ Friedrichsdorf  │ HS   │                    │ ***
│ Malstadter Markt 3   │ 6600 │ Saarbrücken     │ SL   │                    │ ***
│ Hotel Kairo          │      │ Kairo           │      │ Ägypten            │ ***
│ Lanzenrieder Hof     │ 8412 │ Burglengenfeld  │ BY   │                    │ ***
│ Krumme Lanke 1       │ 1000 │ Berlin          │ WB   │                    │ ***
│ 198 Via Canales      │      │ Rom             │      │ Italien            │ ***
│ Alte Landstraße      │ 8900 │ Augsburg        │ BY   │                    │ ***
│ Jaktstigen 42        │      │ Lidingo         │      │ Schweden           │ ***
│ 392 Boulevard Raspil │      │ Montpelier      │      │ Frankreich         │ ***
│ Ritzelstr. 82        │ 5400 │ Koblenz         │ RP   │                    │ ***
│ Hotel Orient         │      │ Jurong          │      │ Singapur           │ ***
│ Schillerstr. 22      │ 6301 │ Heuchelheim     │ HS   │                    │ ***
│ Alter Römer 23       │ 6000 │ Frankfurt a. M. │ HS   │                    │ ***
```

Bild 2.2.5: Bestätigung gemachter Änderungen in der
Bearbeitungsphase

Beim Edit-Modus handelt es sich um einen reinen Bearbeitungsmodus, der in der Regel nur für kleinere Änderungen oder Eingaben
von maximal zwei Datensätzen genutzt werden soll. Hiermit besteht
die Möglichkeit, Datensätze an beliebiger Position einzufügen oder
beliebige Datensätze zu bearbeiten oder vollständig zu löschen. Für
die Eingabe größerer Datenbestände steht ein spezieller **Dateneingabemodus** zur Verfügung. Dieser wird über die Menüfolge *Dienste
--> Edit* aufgerufen. Auch in diesem Fall wird dabei nach einem
Dateinamen gefragt (s.Bild 2.2.7.). Anhand der Informationen bei
der Angabe eines Namens wird der Unterschied kaum erkennbar
(vergleiche Bild 2.2.6 und 2.2.7). Anders als im Edit-Modus werden
die neuen Datensätze als getrennter Block eingegeben, der zunächst
temporär getrennt von der gewählten Tabelle selbst angelegt wird. Es
wird also zunächst eine neue, leere Eingabetabelle erzeugt, die
dieselbe Datenstruktur aufweist wie die zu Beginn ausgewählte
Tabelle (s. Bild 2.2.8). Der abgefragte Tabellenname wird lediglich
für die Strukturierungsdaten benötigt. Erst durch Bestätigung mit
[F10] und *Ok!* wird die Eingabetabelle an das Ende der mit Namen
ausgewählten Tabelle angefügt.

```
Tabelle:  sample\hauptbst                                    Basis
Namen der zu editierenden Tabelle eingeben oder mit ◀ Liste anfordern.




        Mit → und ← im Menü bewegen, anschließend mit ◀ eine Auswahl treffen.
```

Bild 2.2.6: Datei SAMPLE\HAUPTBST im Edit-Modus öffnen

```
Tabelle:  sample\kunden                                      Basis
Namen der Tabelle eingeben, zu der Records hinzugefügt werden, ◀ für Liste.
```

Bild 2.2.7: Datei SAMPLE\KUNDEN im Dateieingabemodus öffnen

```
Dateneingabe für Tabelle Sample\kunden: Record 1 von 1        Eingabe

EINGABE══════Kd Nr.═════════Name════════Vn═══════Straße═══════PLZ═══
    1    ║      1       ║ Peter Müller    ║   ◀
```

Bild 2.2.8: Neu geöffnete Eingabetabelle im Dateneingabemodus

Sollten Sie eine Tabelle bearbeiten und nicht wissen, in welchem Modus Sie sich befinden, so achten Sie auf die rechte obere Bildschirmecke. Befinden Sie sich im Bearbeitungs- bzw. Edit-Modus, erscheint hier der Begriff *Edit*, und arbeiten Sie im Dateneingabemodus, so erscheint hier die Bezeichnung *Eingabe*.

Bevor wir uns speziellen Tastaturbefehlen zuwenden, die die Bearbeitung der Daten vereinfachen, fassen wir noch einmal kurz das Aufrufen der unterschiedlichen Eingabemodi zusammen.

Zusammenfassung Edit-Modus starten:

1. Hauptmenü ZEIGE anwählen

2. Tabelle anwählen (s.o.)

3. über [F9] Edit-Modus starten

4. Änderungen vornehmen

5. mit [F10] zum Menü

6. mit Menüpunkt OK! Änderungen bestätigen

Zusammenfassung Dateneingabe-Modus starten:

1. Hauptmenü DIENSTE anwählen

2. Untermenü EDIT anwählen

3. Tabelle angeben (s.o.)

4. neue Datensätze eingeben und bearbeiten

5. mit [F10] zum Menü

6. mit Menüpunkt OK! Neueingabe bestätigen

Nun wollen wir uns ein wenig mit den Bearbeitungsmöglichkeiten befassen. Sie sollten die nachfolgend angeführten Tastaturbefehle ruhig einmal an einer Beispieltabelle ausgiebig testen.

*Datensatz ein-
bzw. anfügen*
In einer Datei kann es durchaus sein, daß ein Datensatz an einer bestimmten Position eingefügt werden soll. Wollen Sie neue Daten innerhalb einer Tabelle dazwischenschalten, plazieren Sie den Textcursor an diese Position und drücken Sie die [INS]- bzw. [Einfg]-Taste (s. eingefügtes Feld in Bild 2.2.9). Befinden Sie sich am Tabellenende (letztes Feld im letzten Datensatz) und wollen einen neuen Datensatz anhängen, so können Sie das an dieser Stelle alternativ auch durch [Return] erreichen.

*Datensatz
löschen*
Ein Datensatz, der über den Textcursor markiert wurde, kann über die [DEL]- bzw. [Entf]-Taste gelöscht werden.

```
Sie edit. Tabelle Sample\hauptbst: Record 3 von 129        Edit
```

SAMPLE\HAUPTBST	Datum	Angestellter	Kunde	B.Land	Ha
1	21.08.87	Christiansen	Abelein	NW	Ma
2	20.10.89	Christiansen	Abelein	NW	Ma
3					
4	20.10.89	Christiansen	Abelein	NW	Ma
5	5.05.88	Morris	Meneikis	HS	In
6	15.08.88	Kammer	Meneikis	HS	Ma
7	1.12.88	Morris	Meneikis	HS	In
8	1.12.88	Morris	Meneikis	HS	Ma
9	1.03.89	Morris	Meneikis	HS	Sp
10	1.03.89	Morris	Meneikis	HS	Ma
11	1.03.89	Morris	Meneikis	HS	In
12	14.11.89	Christiansen	Meneikis	HS	Re
13	16.01.90	Christiansen	Meneikis	HS	Re
14	16.01.90	Christiansen	Meneikis	HS	In
15	6.12.88	Morris	Bonnemann	HH	Re
16	4.08.89	Morris	Bonnemann	HH	Sp
17	30.11.89	Klinger	Bonnemann	HH	Ma
18	30.11.89	Klinger	Bonnemann	HH	Re
19	6.04.90	Christiansen	Bonnemann	HH	Ma
20	16.05.90	Klinger	Bonnemann	HH	Ma
21	13.09.90	Morris	Bonnemann	HH	Sp
22	29.02.88	Lehmann	Chavez	BW	In

Bild 2.2.9: neu eingefügter Datensatz in einer Beispieldatenbank

Befinden Sie sich in einem Feld mit Inhalt, so wird der Textcursor beim Bearbeiten standardmäßig an das Ende des Feldinhaltes plaziert. Über [Backspace] könen Sie nun Zeichen für Zeichen von rechts beginnend löschen und durch neue Zeicheneingaben verändern. Alternativ ist in jedem Feld der Feld-Edit-Modus durch [Alt]+[F5] aktivierbar. In diesem Fall wird der Textcursor an den Feldanfang plaziert. Jede Änderung eines Feldinhaltes wird durch [Return] quittiert, wobei gleichzeitig der Feldmodus wieder deaktiviert wird.

Datensatz ändern

Bevor nicht sämtliche geänderten Eingaben über [F10] und den Menüpunkt *Ok!* bestätigt wurden, können die letzten Änderungen schrittweise über den Menüpunkt *Wiederrufen* rückgängig gemacht werden. Sollen sämtliche Editiervorgänge ignoriert werden, ist der Menüpunkt *Abbruch* zu wählen.

UnDo-Funktion

Normale Dateneingabe erfolgt durch die Eingabe alphanumerischer Zeichen von der Tastatur. Der Textcursor muß genau in dem Feld plaziert sein, wo die Daten abgelegt werden sollen. Die Eingabe zu einem Feld wird durch [Return] beendet und das nächste Feld wird für Eingaben aktiviert.

Dateneingabe

Suchen   Häufig kann es sein, daß ein spezieller Datensatz nicht unmittelbar
                     auffindbar ist. Über [Ctrl]+[Z] bzw. [Strg]+[Z] kann ein Suchwert
                     bzw. Suchbegriff für ein bestimmtes Feld eingegeben werden. Diese
                     Suchfunktion ist nicht zu vergleichen mit den leistungsfähigen Abfra-
                     gemöglichkeiten, die wir im nächsten Kapitel behandeln werden.

Spezialitäten   Einige automatische Formatierroutinen vereinfachen die Eingabe
                     zusätzlich. So werden bei Feldern, in die ein Währungsbetrag einge-
                     geben wird, die Nachkommastellen automatisch angefügt. Auch die
                     Datumseingabe wird auf korrekte Formatierung und Zulässigkeit
                     überprüft. Über die Tastenkombination [Ctrl]+[D] bzw. [Strg]+[D]
                     kann der Feldinhalt des vorigen Datensatzes in das aktuelle Datenfeld
                     kopiert werden. Dieses ist auch für unsere Verleihverwaltung sinn-
                     voll, da sich z.B. die Datumsangaben sehr häufig wiederholen.

   Abschließend wollen wir, bevor wir uns dem Praxisteil zuwenden,
                     die wichtigsten Tastaturkommandos für die Tabellenbearbeitung
                     anführen.

Cursorsteuerung in Tabellen:

[Pos1] oder [Home]   erster Datensatz, erste Zeile
" mit [Ctrl] oder [Strg]   erstes Datenfeld
[Ende] oder [End]   letzter Datensatz, letzte Zeile
" mit [Ctrl] oder [Strg]   letztes Datenfeld
[Pfeil links]   ein Feld nach links
" mit [Ctrl] oder [Strg]   ein Bildschirm nach links
[Pfeil rechts]   ein Feld nach rechts
" mit [Ctrl] oder [Strg]   ein Bildschirm nach rechts
[Bild hoch] bzw. [PgUp]   ein Bild nach oben
[Bild runter] bzw. [PgDn]   ein Bild nach unten

Tabellenwechsel:

[F3]   vorherige Tabelle aktivieren
[F4]   nachfolgende Tabelle aktivieren

Bearbeitungstasten Edit-Modus:

alphanumerische Zeichen	Eingabe
[Backspace]	jeweils letztes Zeichen löschen
" mit [Ctrl] oder [Strg]	Feld löschen
[Del] oder [Entf]	Datensatz löschen
[Ins] oder [Einfg]	Datensatz einfügen
[Return] oder [Ins]	Datensatz am Tabellenende anhängen
[Ctrl]/[Strg]+[Z]	Zoom- bzw. Suchfunktion
[Ctrl]/[Strg]+[D]	vorherigen Feldinhalt übernehmen
[Space] im Datumsfeld	aktuelles Systemdatum einfügen

Damit sind alle wichtigen Steuerkommandos genannt. Im folgenden *Praxis*
Praxisteil werden wir mit diesem Wissen die Beispieldatensätze für
unser Datenbankprojekt eingeben. Im Anschluß daran werden wir
alle drei benötigten Bildschirme auf der Arbeitsfläche plazieren.

Um die Dateneingabe nicht zu umfangreich werden zu lassen, haben
wir nur eine kleine Anzahl von Beispieldatensätzen zusammengestellt, die später die Demonstration der erweiterten Datenbankfunktionen ermöglichen sollen. Die Daten sind bereits tabellenorientiert in der Reihenfolge der Eingabe aufbereitet und nachfolgend
in mehreren Tabellen abgedruckt.

Kundendaten:

Nr.	Name	Vorname	Straße/Hausnr.	PLZ	Wohnort	Telefon
1	Meier	Paul	Am Stift 13	8000	München 1	32344
2	Wilfried	Peter	Glockengasse 10	8000	München 4	24442
3	Neumann	Andrea	Heinrichstr. 14	8000	München 7	45454
4	Bogas	Petra	Grafenstr. 27	8000	München 8	33344

Daten zu Videofilmen:

Nr.	Filmtitel	Filmsparte	FSK	min.	Jahr	DM/Tag
1	Ein Mädchen vom Lande	Literatur	12	104	1955	6,00
2	Highway zur Hölle	Action	18	91	1991	8,00
3	Lucky Luke	Komödie	12	95	1991	8,00
4	Highway-Chaoten	Komödie	12	86	1990	6,00
5	Schmiere	Musik	12	106	1978	7,00
6	Lawrence von Arabien	Klassiker	12	195	1962	7,00
7	Blut für Dracula	Horror	16	85	1965	4,00
8	Die Hölle von Okinawa	Kriegsfilm	16	109	1951	4,00
9	Grease II	Musik	12	109	1982	5,00
10	Greystoke	Abenteuer	12	132	1983	6,00

Grunddaten zum Verleih:

Kundennr.	Filmnr.	Verleihdatum	Rückgabedatum	Beschädigungen
1	1	20.06.91	21.06.91	-
2	3	20.06.91	21.06.91	-
3	3	21.06.91	24.06.91	Band gerissen
2	5	21.06.91	23.06.91	-
5	10	21.06.91	22.06.91	-
4	4	22.06.91	24.06.91	-

Eingabe der Kundendaten

Zunächst wollen wir die Kundendaten über den Edit-Modus in die Tabelle *KUNDEN* eintragen. Ausgehend vom Hauptmenü wählen wir zunächst den Menüeintrag Zeige und erhalten ein Eingabefeld für den Namen der zu bearbeitenden Datei. Da wir im aktuellen Verzeichnis bereits die benötigten Datenbanken angelegt haben, können wir mit [Return] eine Auswahlliste anzeigen lassen (2.Bildschirmzeile), aus der wir nun die Tabelle *KUNDEN* auswählen können (s.Bild 2.2.10).

```
Tabelle:                                                           Basis
Video  Verleih  Verleih2  Kunden
```

Bild 2.2.10: Auswahl der Tabelle KUNDEN

Wie bereits durch den Hauptmenüeintrag *Zeige* ersichtlich wird, befinden wir uns im Zeige- bzw. reinem Anzeigemodus, wenn nun die leere Tabelle auf dem Bildschirm erscheint. Änderungen sind nicht möglich. Versuchen Sie es dennoch, erscheint im unteren Bildschirmbereich die Meldung, daß Sie zunächst in den Edit-Modus wechseln müssen. Dieses erreichen Sie, indem Sie nun die Funktionstaste [F9] drücken.

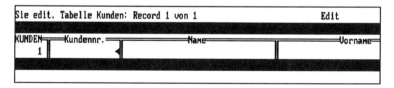

Bild 2.2.11: Leere Tabelle KUNDEN im Edit-Modus

Beachten Sie, daß ein kleines Dreieck ◄ das aktive Eingabefeld markiert. Nun können Sie unmittelbar die Datensätze eingeben. Auch wenn der Cursor jedesmal am Feldende positioniert wird, können Sie direkt die Feldinhalte eingeben. Die abschließende Formatierung wird automatisch von Paradox vorgenommen.

Nachdem wir den Namen *Meier* eingegeben haben, drücken wir
[Return] und gelangen so in das nächste Feld. So verfahren wir auch
mit den nächsten Daten, bis wir den ersten Datensatz vollständig eingegeben haben. Da die Tabelle nicht in ihrer Gesamtheit auf der
Arbeitsfläche ausgegeben werden kann, wird sie bei der Eingabe
automatisch nach links verschoben (s. Bild 2.2.12).

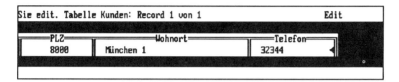

Bild 2.2.12: verschobene Tabelle KUNDEN

Sie werden sehen, daß, wenn Sie beim letzten Datenfeld *Telefon* die
[Return]-Taste betätigen, ein neuer Datensatz erzeugt wird (s. Bild
2.2.13). In der Statuszeile am oberen Bildschirmrand wird jederzeit
angezeigt, welchen Datensatz Sie aktiv bearbeiten. Bereits eingegebene Felder können über die genannten Tastaturbefehle auch nachträglich wieder geändert werden.

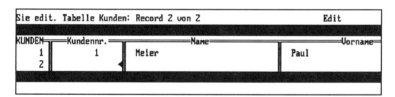

Bild 2.2.13: neu erzeugter Datensatz durch [Return]

Auch die restlichen drei Datensätze geben wir auf diese Art und
Weise ein. Dabei können wir uns jedoch in den Feldern *PLZ* und
Wohnort die Arbeit ein wenig erleichtern, indem wir jeweils den
vorangehenden Feldinhalt übernehmen. Sie werden erkennen, daß
sämtliche Postleitzahlen identisch sind. Beim Wohnort stimmt die
Bezeichnung nur begrenzt überein. Die letzten Ziffern lassen sich
jedoch recht schnell mit [Backspace] löschen und durch die geforderte
Zahl ersetzen. Haben wir sämtliche Datensätze eingegeben, ergibt
sich ein Bildschirm wie in Bild 2.2.14 dargestellt.

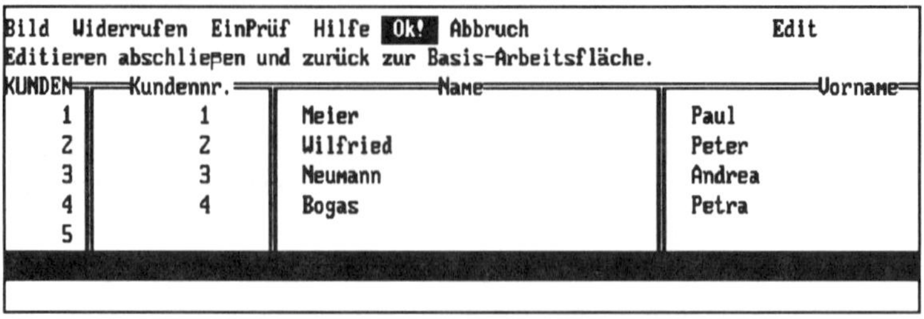

```
Bild  Widerrufen  EinPrüf  Hilfe  Ok!  Abbruch                    Edit
Editieren abschließen und zurück zur Basis-Arbeitsfläche.
KUNDEN      Kundennr.                      Name                    Vorname
    1  │    1  │        Meier              │      Paul
    2  │    2  │        Wilfried           │      Peter
    3  │    3  │        Neumann            │      Andrea
    4  │    4  │        Bogas              │      Petra
    5  │
```

Bild 2.2.14: Tabelle KUNDEN

Über die Funktionstaste [F10] gelangen wir zurück in das Hauptmenü und beenden gleichzeitig den Bearbeitungsmodus. Wenn wir in dem erscheinenden Menü den Begriff *Ok!* anwählen, werden die Änderungen bzw. in unserem Fall die neu eingegebenen Datensätze in der Tabelle *KUNDEN* gespeichert. Wollen Sie die Datensätze nicht in die Datenbank übernehmen, ist der Menüpunkt Abbruch anzusteuern und durch [Return] zu quittieren. In diesem Fall gehen sämtliche geänderten Daten verloren.

Eingabe der Videofilmdaten

Nun wollen wir über den Dateneingabemodus von Paradox die Datensätze für die Tabelle *VIDEO* speichern. Dabei lassen wir die Datei *KUNDEN* aktiviert, so daß sie bei der neuen Tabellenanwahl auf dem Bildschirm verbleibt (s. Bild 2.2.15). Erinnern Sie sich, daß über [Alt]+[F8] der komplette Arbeitsbildschirm und somit alle Tabellen, und über die Funktionstaste [F8] die jeweils aktuelle Tabelle vom Bildschirm gelöscht werden kann.

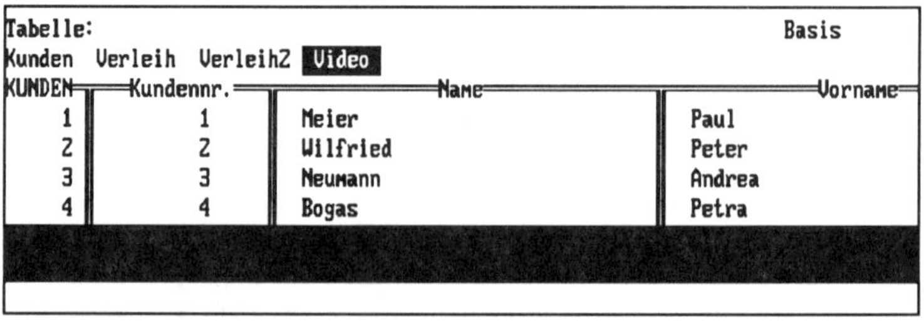

```
Tabelle:                                                          Basis
Kunden  Verleih  Verleih2  Video
KUNDEN      Kundennr.                      Name                    Vorname
    1  │    1  │        Meier              │      Paul
    2  │    2  │        Wilfried           │      Peter
    3  │    3  │        Neumann            │      Andrea
    4  │    4  │        Bogas              │      Petra
```

Bild 2.2.15: Laden der Tabelle VIDEO im Dateneingabemodus

Haben wir die Tabelle *VIDEO* angewählt, so erscheint eine leere Eingabetabelle für die Datensätze. Auch wenn bereits Informationen in der Datenbank vorliegen, wird im Dateieingabemodus stets eine neue Tabelle geöffnet (s. Bild 2.2.16).

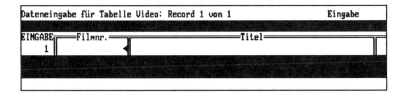

```
Dateneingabe für Tabelle Video: Record 1 von 1            Eingabe

EINGABE╤═══Filmnr.═══╤═══════════════════Titel═══════════════╤═
    1 ║          ◄                                           ║
```

Bild 2.2.16: Die Eingabetabelle im Dateneingabemodus

Nun können wir die Datensätze wie bereits bei den Kundendaten eintragen. Anschließend kehren wir über die Funktionstaste [F10] in das
Menü zurück und speichern die Tabelle mit *Ok!*. Abschließend ergibt
sich ein Bildschirm wie in Bild 2.2.17 dargestellt.

```
Sie sehen Tabelle Video: Record 1 von 10                  Basis

KUNDEN╤═══Kundennr.═════╤═══════════Name═══════════╤═══════Vorname═══
   1 ║      1         │ Meier                     │ Paul
   2 ║      2         │ Wilfried                  │ Peter
   3 ║      3         │ Neumann                   │ Andrea
   4 ║      4         │ Bogas                     │ Petra


VIDEO╤═══Filmnr.═══╤════════════════Titel════════════════
   1 ║      1     │ Ein Mädchen vom Lande
   2 ║      2     │ Highway zur Hölle
   3 ║      3     │ Lucky Luke
   4 ║      4     │ Highway-Chaoten
   5 ║      5     │ Schmiere
   6 ║      6     │ Laurence von Arabien
   7 ║      7     │ Blut für Dracula
   8 ║      8     │ Die Hölle von Okinawa
   9 ║      9     │ Grease II
  10 ║     10     │ Greystoke
```

Bild 2.2.17: Aktivierte Tabelle VIDEO

Nun werden die Auswirkungen erkennbar, die sich dadurch ergeben,
daß die Tabelle *KUNDEN* nicht deaktiviert wurde. Sowohl die
Tabelle *KUNDEN* als auch die Tabelle *VIDEO* stehen parallel auf der
Arbeitsfläche. Die zuletzt bearbeitete Tabelle *VIDEO* ist dabei aktiv
geschaltet, wie durch die Informationszeile erkennbar ist.

Eingabe der
Verleihdaten

Zu guter Letzt wollen wir die Datensätze für die Verleihverwaltung eingeben. Welchen Eingabemodus Sie wählen, sei an dieser Stelle Ihnen selbst überlassen. Wir verwenden erneut die Menüfolge *Dienste --> Dateneingabe.* Anschließend wählen wir die Tabelle *VERLEIH* aus, geben die Datensätze ein und speichern sie über die Funktionstaste [F10] und den Menüpunkt *Ok!.* Auf dem Bildschirm erscheinen nun alle drei Tabellen parallel, da wir vor der Eingabe die Arbeitsfläche erneut nicht gelöscht haben (s. Bild 2.2.18).

```
Sie sehen Tabelle Verleih: Record 1 von 6                        Basis  ═

KUNDEN══╤══Kundennr.═══════╤═══════════════Name═══════════════╤══════Vorname═══


VIDEO═══╤══Filmnr.═╤═══════════════Titel══════════
   1    │    1     │ Ein Mädchen vom Lande
   2    │    2     │ Highway zur Hölle
   3    │    3     │ Lucky Luke
   4    │    4     │ Highway-Chaoten
   5    │    5     │ Schmiere
   6    │    6     │ Laurence von Arabien
   7    │    7     │ Blut für Dracula
   8    │    8     │ Die Hölle von Okinawa
   9    │    9     │ Grease II
  18    │   18     │ Greystoke


VERLEIH═╤══Kundennr.═══╤══════Filmnr.═══╤══Verleihdatum═╤═Rückgabedatum═╤═════B
   1    │     1        │      1         │   20.06.91    │   21.06 91    │  -
   2    │     2        │      3         │   20.06.91    │   21.06.91    │  -
   3    │     3        │      3         │   21.06.91    │   24.06.91    │ Band ger
   4    │     2        │      5         │   21.06.91    │   23.06.91    │  -
   5    │     5        │     18         │   21.06.91    │   22.06.91    │  -
   6    │     4        │      4         │   22.06.91    │   24.06.91    │  -
```

Bild 2.2.18: Parallele Anzeige der Tabellen KUNDEN, VIDEO und
VERLEIH

Bildschirm-
anpassung

An dieser Stelle sehen Sie nun, daß die Arbeitsfläche begrenzt ist und nur noch Teile der Tabellen sichtbar sind. Bei der Tabelle *KUNDEN* ist nur die Kopfzeile mit den Datenfeldbezeichnungen erkennbar. Paradox bietet allerdings die Möglichkeit, die Größe des Ausschnittes einer Tabelle auf dem Bildschirm frei zu definieren. In unserem Fall wollen wir nur noch 6 Einträge der Datenbank *VIDEO* anzeigen lassen, um mehr Platz für die Kundendatei bereitzustellen. Dazu wechseln wir nun über die Funktionstaste [F3] in die Tabelle *VIDEO* und rufen anschließend mit [F10] das Hauptmenü auf. Sie sehen durch die farbige Bildschirmdarstellung, daß nun *VIDEO* aktiviert und *VERLEIH* deaktiviert wurde.

Nun wählen wir die Menüfolge *Bild --> Länge*. Danach wird ein Blockcursor erkennbar, der an das Tabellenende von *VIDEO* plaziert wurde. Bewegen Sie diesen über die Cursorsteuerung nach oben, wird die Tabellenlänge reduziert. Das machen Sie soweit, bis nur noch 6 Einträge dargestellt werden (s. Bild 2.2.19).

```
Mit ↑ die Tabelle um eine Zeile verkleinern, mit ↓ vergrößern...    Basis  ▲═
Beenden mit ◄┘.
KUNDEN╤═Kundennr.═╤══════════════Name══════════╤═══════════════Vorname═


VIDEO═══╤═Filmnr.═╤══════════════════════════Titel══════════
    1   ║    1    │ Ein Mädchen vom Lande
    2   ║    2    │ Highway zur Hölle
    3   ║    3    │ Lucky Luke
    4   ║    4    │ Highway-Chaoten
    5   ║    5    │ Schmiere
    6   ║    6    │ Laurence von Arabien


VERLEIH═╤═Kundennr.═╤═══════Filmnr.═══╤═Verleihdatum╤Rückgabedatum╤══════B
    1   ║    1      │    1    │ 20.06.91  │ 21.06.91  ║   -
    2   ║    2      │    3    │ 20.06.91  │ 21.06.91  ║   -
    3   ║    3      │    3    │ 21.06.91  │ 24.06.91  ║ Band ger
    4   ║    2      │    5    │ 21.06.91  │ 23.06.91  ║   -
    5   ║    5      │   10    │ 21.06.91  │ 22.06.91  ║   -
    6   ║    4      │    4    │ 22.06.91  │ 24.06.91  ║   -
```

Bild 2.2.19: Bildgröße der Tabelle VIDEO verändern

Drücken Sie nun die [Return]-Taste und anschließend die Funktionstaste [F3], so wechseln Sie in die Tabelle *KUNDEN* und sehen die neue Bildschirmdarstellung. Sie erkennen, daß wichtige Informationen in mehreren Dateien durchaus parallel auf dem Bildschirm darstellbar sind. Ebenso ist ein schneller Wechsel zwischen mehreren Datenbanken möglich. Dieses läßt sich für eine Parallelbearbeitung nutzen.

Nehmen wir an, Sie arbeiten in der Verleihtabelle und geben neue Datensätze ein. Eine Filmnummer möchten Sie z.B. auf das zugehörige Freigabealter überprüfen. Da Sie sich in der Datenbank *VERLEIH* befinden, wechseln Sie nun über [F3] in die Datei *VIDEO*. Danach plazieren Sie den Textcursor auf die Spalte mit den Filmnummern. Gehen wir einmal davon aus, daß Sie den Film mit der Nummer 9 suchen wollen.

*Parallel-
bearbeitung*

Über die Tastenkombination [Ctrl]+[Z] bzw. [Strg]+[Z] läßt sich ein Eingabefenster öffnen, in das der Suchwert, in unserem Fall die Nummer 9, eingegeben werden kann (s.Bild 2.2.20).

```
Wert:  9                                                    Edit  ▲═
Wert oder Maske eingeben, nach der gesucht wird.
KUNDEN════Kundennr.═══════════════Name═══════════════════════Vorname═
     2  │     2    │ Wilfried                    │ Peter
     3  │     3    │ Neumann                     │ Andrea
     4  │     4    │ Bogas                       │ Petra
▂▂▂▂▂▂▂▂▂▂▂▂▂▂▂▂▂▂▂▂▂▂▂▂▂▂▂▂▂▂▂▂▂▂▂▂▂▂▂▂▂▂▂▂▂▂▂▂▂▂▂▂▂▂▂▂▂▂▂▂
VIDEO═════Filmnr.══════════════════════Titel═══════════
     1  │     1    │ Ein Mädchen vom Lande
     2  │     2    │ Highway zur Hölle
     3  │     3    │ Lucky Luke
     4  │     4    │ Highway-Chaoten
     5  │     5    │ Schmiere
     6  │     6    │ Laurence von Arabien
▂▂▂▂▂▂▂▂▂▂▂▂▂▂▂▂▂▂▂▂▂▂▂▂▂▂▂▂▂▂▂▂▂▂▂▂▂▂▂▂▂▂▂▂▂▂▂▂▂▂▂▂▂▂▂▂▂▂▂▂
VERLEIH══Kundennr.════════Filmnr.═════Verleihdatum═Rückgabedatum═══════B
     6  │     4    │       4    │ 22.06.91   │ 24.06.91    │  -
     7  │          │            │            │            │
```

Bild 2.2.20: Suchwerteingabe für Zoom-Funktion

Wird eine Übereinstimmung gefunden, wird der Textcursor im Edit-Modus in diesen Datensatz plaziert (s. Bild 2.2.21). Damit haben Sie unmittelbar die Möglichkleit, den Datensatz zu ändern. Um den Edit-Modus zu verlassen und anschließend wieder in die Datenbank *VERLEIH* zurückzukehren, müssen Sie zunächst die Taste [F10] und anschließend den Menüeintrag *Ok!* anwählen.

Um sich mit der Tastatursteuerung und den Editiermöglichkeiten vertraut zu machen, sollten sie ausgiebig mit einer Beispieltabelle herumspielen. Je mehr Tastaturbefehle Sie von Paradox auswendig kennen, um so schneller werden Sie in Zukunft mit diesem Datenbanksystem arbeiten können. Spielen Sie unseren Praxisteil durch, auch wenn Sie meinen, beim Lesen bereits alles verstanden zu haben, denn erst die Übung macht den Meister.

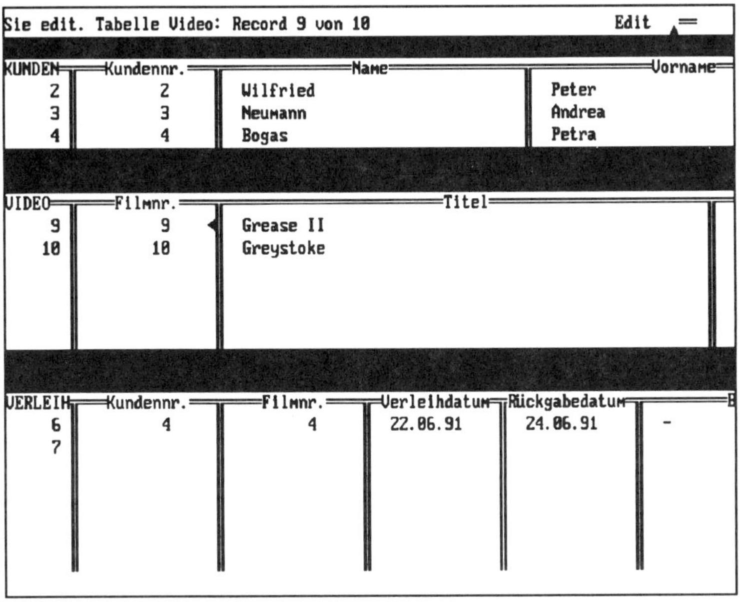

```
Sie edit. Tabelle Video: Record 9 von 10              Edit   =

KUNDEN     Kundennr.                    Name                        Vorname
    2          2      Wilfried                      Peter
    3          3      Neumann                       Andrea
    4          4      Bogas                         Petra


VIDEO      Filmnr.                      Titel
    9          9   ◄ Grease II
   10         10      Greystoke




VERLEIH    Kundennr.         Filmnr.      Verleihdatum Rückgabedatum            E
    6          4                 4        22.06.91     24.06.91        -
    7
```

Bild 2.2.21: Gefundener Eintrag durch die Zoom-Funktion

Damit haben Sie die Bearbeitungsmöglichkeiten von Paradox
kennengelernt und gleichzeitig Dateien mit Daten gefüllt, die wir im
nächsten Kapitel weiterverwenden wollen. Dort beschäftigen wir uns
mit der Datenbankabfrage, worunter umfangreiche Such- und Aus-
wertungsmöglichkeiten zu verstehen sind.

2.3 Datenbankabfrage

Nachdem wir mittlerweile gelernt haben, wie Datenbanken erstellt
und Daten eingegeben und geändert werden können, wollen wir uns
in diesem Kapitel mit der wichtigsten Funktion einer Datenbank
beschäftigen, der Datenbankabfrage.

Begriff   Hinter dem komplexen Begriff Datenbankabfrage verbirgt sich weit
mehr als das einfache Suchen und Auffinden von Daten, wie man es
vielleicht zunächst vermuten würde. Neben dem einfachen Auswählen bzw. Auffinden besteht die Möglichkeit, Datenfelder neu zu
gruppieren, zu kombinieren oder als Auszug in eine neue Datenbank
zu kopieren. Datenbanken können über Abfragen verknüpft und
Berechungen können ausgeführt werden. Wie bereits angedeutet,
stehen diese Möglichkeiten sowohl bei einer einzelnen als auch bei
mehreren Tabellen parallel zur Verfügung. Im letzteren Fall spricht
man auch von der Datenbankverknüpfung, mit der wir uns im Kapitel
2.8 noch einmal gesondert beschäftigen wollen. Um den Einstieg zu
erleichtern, werden wir die Datenbankabfragen in diesem Kapitel
jeweils nur an einer einzigen Tabelle durchführen und erläutern.

Datenbanken beinhalten u.U. unvorstellbare Mengen von Datensätzen (bei Paradox bis zu 2 Milliarden je Datenbank), die ein
manuelles Auffinden und Auswerten der Daten unmöglich macht. Je
effektiver also die Abfragemöglichkeiten eines Datenbanksystems
sind, desto besser ist auch die Datenbank selbst. Eine einfache Bedienung ist eine weitere Grundvoraussetzung für den Einsatz. Viele Programme beinhalten zwar leistungsfähige Funktionen, diese werden
durch den Anwender jedoch nur selten bzw. gar nicht genutzt, weil
die Beschreibung zu schlecht, die Handhabung zu schwierig oder die
Ausführungsgeschwindigkeit zu minimal ist. Paradox kann hier in
allen Bereichen überzeugen und nach diesem Kapitel sollten Sie in
der Lage sein, einzelne Tabellen nach beliebigen Bedingungen
abzufragen.

Bevor wir uns allerdings dem Praxisteil zuwenden, wollen wir einige
Grundlagen an Beispieltabellen demonstrieren. In der Regel verwen-
den wir dabei die Datenbank *PRODUKTE*, die im Verzeichnis
\PDOX35\SAMPLE enthalten ist. Der Inhalt dieser Tabelle ist in Bild
2.3.1 abgedruckt, so daß Sie die richtige Tabellenanwahl in unseren
Demonstrationen überprüfen können

```
Sie sehen Tabelle Sample\produkte: Record 1 von 8          Basis
══════════════════════════════════════════════════════════════
SAMPLE\P╤═Lager Nr.═╤══════Beschreibung══════╤═Anzahl═╤═══Preis═══╕
    1   ║   130    ║  VW-Käfer Landaulet     ║    3   ║ 38.495,00 │
    2   ║   234    ║  Laserschreiber         ║  125   ║  2.995,00 │
    3   ║   235    ║  Diamantene Badewanne    ║    1   ║980.000,00 │
    4   ║   244    ║  Nerz-Taschentücher (13)║   13   ║ 12.995,00 │
    5   ║   422    ║  Platin-Schnupftabaksdose║   88   ║124.995,00 │
    6   ║   519    ║  Haushaltsroboter       ║   50   ║149.995,00 │
    7   ║   558    ║  Digitale Antikarmbanduhr║  266   ║  4.995,00 │
    8   ║   890    ║  Pantherpärchen         ║    3   ║375.000,00 │
```

Bild 2.3.1: Datenbank SAMPLE

Um die Abfragen in Paradox durchführen zu können, müssen Sie sich im Hauptmenü bzw. Basismenü befinden. Dort ist der Menüpunkt *Abfrage* enthalten, den Sie über die Cursorsteuerung anwählen und mit [Return] quittieren müssen (s. Bild 2.3.2).

Abfrage

```
Zeige  Abfrage  Report  Neu  Dienste  Bild  Form  Tools  Makros  Hilfe  Ende
Abfrageformular für eine Tabelle holen.
```

Bild 2.3.2: Abfrage beginnen

Im zweiten Schritt müssen Sie nun angeben, welche Tabelle Sie abfragen bzw. welche Daten Sie genauer untersuchen wollen. Diese Information wird zum einen benötigt, um den Bezug zur auszuwertenden Tabelle herzustellen, zum anderen werden die Strukturdaten dieser Datenbank zur Erstellung eines Abfrageformulars benötigt. Das Abfrageformular selbst werden wir später noch genauer kennenlernen. Dazu müssen Sie lediglich einen Tabellennamen, in unserem Fall *SAMPLE\PRODUKTE*, in das Eingabefeld eintasten und mit der Taste [Return] bestätigen (s. Bild 2.3.3).

```
Tabelle:                                                  Basis
Namen der abzufragenden Tabelle eingeben oder mit ◁ Liste anfordern.
```

Bild 2.3.3: Abfragetabelle angeben

Nach der letzten Eingabe gelangen Sie automatisch auf den Abfragebildschirm, der im Aufbau dem Bildschirm zum Bearbeiten und Anzeigen von Tabellen entspricht (s.Bild 2.3.4). Die Tabelle allerdings, die auf dem Bildschirm erscheint, ist immer leer und zum Eingeben von Datensätzen nicht geeignet!

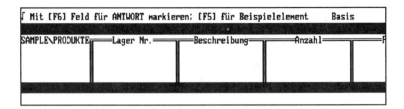

Bild 2.3.4: Abfragebildschirm mit Abfrageformular

*Abfrage-
formular*

Der Tabellenname in der oberen linken Ecke des Abfrageformulars entspricht dem Namen, den Sie angegeben haben. Auch die Datenstruktur stimmt mit der gewählten Datenbank überein. Die Spalten dienen nun jedoch nicht mehr zum Aufnehmen von Datenfeldinhalten, sondern zur Eingabe der Abfragebedingungen, die jeweils für das entsprechende Feld gelten. Bevor wir uns mit schwierigeren Abfragen befassen, wollen wir im ersten Schritt Auszüge von Tabellen erzeugen.

*Tabellen-
auszüge*

Um einzelne Spalten einer Tabelle zu übernehmen, müssen wir die entsprechenden Felder mit der Funktionstaste [F6] markieren. Dazu ist zunächst der Textcursor in die betreffende Spalte zu bewegen und erst anschließend [F6] zu drücken. Im ausgewählten Feld erscheint das Wurzelzeichen √, welches die Markierung anzeigt. Durch nochmaliges Drücken der [F6]-Taste kann die Markierung wieder entfernt werden. Markieren wir in der Tabelle *PRODUKTE* die Felder *Lager Nr.* und *Beschreibung*, so ergibt sich ein Bildschirm, wie in Bild 2.3.5 dargestellt.

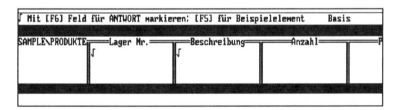

Bild 2.3.5: Spalten für Übernahme markieren

Alternativ können auch alle Felder in das Ergebnis übernommen werden. Dazu muß jedoch nicht jedes Feld einzeln mit [F6] markiert werden. Einfacher ist es, wenn man den Textcursor in der äußerst linken Spalte plaziert und anschließend die Markiertaste drückt. Danach sind sämtliche Zeichen mit dem Wurzelzeichen markiert (s. Bild 2.3.6).

Bild 2.3.6: Gesamtmarkierung mit [F6] in linker Spalte

Nun haben wir bereits zwei mögliche Abfragen vorgestellt, wobei die erste einen Tabellenauszug ergibt und die zweite eine Tabellenkopie. Dazu ist allerdings zunächst die Abfrage zu starten. Dies geschieht durch Betätigung der Funktionstaste [F2]. Anschließend erscheint das Ergebnis in einer weiteren Tabelle auf dem Bildschirm.

Abfrage durchführen

Dieses Ergebnis in Tabellenform wird als Antworttabelle bezeichnet und enthält lediglich die Datensätze und Datenfelder, die durch die Abfragebedingungen festgelegt wurden.

Antworttabelle

Die Ergebnisse, die sich in unseren beiden Beispielen ergeben, sind in Bild 2.3.7 (Tabellenauszug) und 2.3.8 (Tabellenkopie) enthalten.

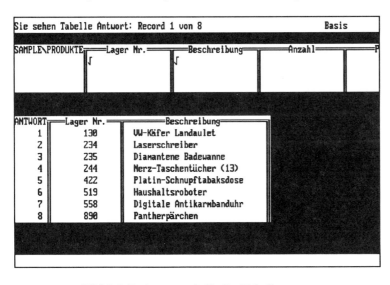

Bild 2.3.7: Antworttabelle für Tabellenausug

```
Sie sehen Tabelle Antwort: Record 1 von 8                    Basis

SAMPLE\PRODUKTE═══Lager Nr.═══════Beschreibung═══════Anzahl═══════P
                 √                √             √              √


ANTWORT═══Lager Nr.═══════════Beschreibung═══════════Anzahl═══════Pr
     1       130      VW-Käfer Landaulet                 3       ******
     2       234      Laserschreiber                   125       ******
     3       235      Diamantene Badewanne               1       ******
     4       244      Nerz-Taschentücher (13)           13       ******
     5       422      Platin-Schnupftabaksdose          88       ******
     6       519      Haushaltsroboter                  50       ******
     7       558      Digitale Antikarmbanduhr         266       ******
     8       890      Pantherpärchen                     3       ******
```

Bild 2.3.8: Antworttabelle für Tabellenkopie

Temporäre Antwort in Tabelle speichern

Wie Sie sehen, erhält die Antworttabelle in beiden Fällen den gleichen Namen *ANTWORT*. Diese Bezeichnung wird für jede Ergebnistabelle verwendet. Es kann also immer nur eine Antworttabelle im Speicher gehalten werden. Die Antworttabelle ist zudem temporär, d.h. sie wird beim Beenden von Paradox gelöscht. Soll die Tabelle in einer Datei gespeichert werden, so ist die Antworttabelle zunächst mit einem anderen Namen zu versehen. Dazu müssen Sie über die Taste [F10] zum Hauptmenü zurückkehren und anschließend über die Menüfolge *Tools --> Umbenennen* die Funktion zum Ändern von Namen aufrufen. Wählen Sie hier Tabelle und aus der anschließend erscheinenden Auswahlliste den Namen *ANTWORT* aus. Im zweiten Schritt vergeben Sie an die Antworttabelle den Namen. Nun können Sie die Tabelle wie jede andere eigenständige Datenbank verwenden. Auch beim Beenden von Paradox bleiben die ermittelten Ergebnisse nun erhalten.

Abfrage-kriterien und Auswahl-bedingungen

Nachdem wir das Prinzip der Abfrage an den wohl einfachsten Beispielen demonstriert haben, wollen wir nun die Abfrage um bestimmte Kriterien und Bedingungen erweitern. Im Normalfall werden spezielle Daten einer Tabelle benötigt, die in unsortierter Folge vorliegen. So kann es für eine Adreßdatei zum Beispiel sinnvoll sein, nur die Personen zu ermitteln, die am aktuellen Datum Geburtstag haben. Im nächsten Schritt ist die Abfrage schließlich so zu erweitern, daß mehrere Bedingungen abgefragt werden. Um bei der Adreßverwaltung zu bleiben, wollen wir hier ein anschauliches Beispiel erwähnen.

Nehmen Sie an, Sie unternehmen in nächster Zeit eine Dienstreise, dürfen allerdings aus internen Firmengründen mit Angehörigen der eigenen Firma nicht zusammentreffen. Andererseits wollen Sie aber wissen, welche Bekannten Sie sonst bei dieser Gelegenheit besuchen könnten. Daher ergeben sich zwei Abfragekriterien. Zum einen müssen alle Leute gesucht werden, die in der Stadt wohnen, zum anderen dürfen die ermittelten Personen nicht in der besagten Firma arbeiten. Diese Abfrage setzt voraus, daß neben dem Wohnort auch ein Datenfeld für die Firma existiert, bei der die entsprechende Person beschäftigt ist. Weitere Beispiele werden nachfolgend noch ausführlich in Verbindung mit Paradox besprochen.

Wir wollen an dieser Stelle zunächst ein einfaches Beispiel zur Handhabung der Einzelabfrage anführen. Dabei ist zu berücksichtigen, daß jede Spalte eine Abfrageanweisung enthalten kann, die sich widerum aus speziellen Werten, Operatoren und Beispielelementen zusammensetzt. Die einzelnen Befehlsworte und Operatoren werden wir in einer gesonderten Tabelle vor dem Praxisteil anführen. Nehmen wir zunächst an, wir wollen in der Tabelle *PRODUKTE* lediglich die Lagernummern mit einem Wert größer als 299 aufgelistet haben. Als Ausgabefelder benötigen wir nur die Lagernummer selbst und die noch vorhandene Stückanzahl. Um dies zu erreichen, markieren wir zunächst die Felder *Anzahl* und *Lager Nr.* mit [F6]. In das Feld *Anzahl* tragen wir anschließend zusätzlich die Bedingung *>300* ein. Um diesen Wert eintasten zu können, braucht sich der Textcursor lediglich im entsprechenden Feld zu befinden. Die Tastatursteuerung entspricht den normalen Befehlen, die wir bereits bei der Tabellenbearbeitung kennengelernt haben.

Einzelabfrage

Anschließend können wir die Abfrage durchführen lassen. Das Ergebnis ist in Bild 2.3.9 erkennbar. Nun befinden sich zwei Tabellen, nämlich *PRODUKTE* und *ANTWORT* auf dem Bildschirm. Mit den Funktionstasten [F3] und [F4] können Sie beliebig zwischen den Tabellen wechseln. So ist es schnell möglich, im Abfrageformular Kriterien abzuändern und mit [F2] unmittelbar die neue Antworttabelle zu generieren. Auf diese Art und Weise können sie Abfragen spielerisch überprüfen und anpassen.

Spielen mit Abfragen

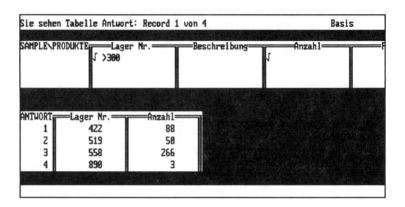

Bild 2.3.9: Ergebnis Einzelabfrage

Die Anworttabelle selbst kann über die Funktionstaste [F8] wieder geschlossen werden. Alle Tabellen werden über die Tastenkombination [Alt]+[F8] vom Bildschirm entfernt.

Mehrfach-bedingungen

An dieser Stelle wollen wir nun die Abfragekriterien erhöhen, wie bereits zu Beginn am Beispiel der Adreßdatenbank erläutert. Nur Datensätze, die sämtliche angegebenen Bedingungen erfüllen, werden in die Antworttabelle übernommen. Je mehr Kriterien angegeben werden, desto spezieller wird das Ergebnis ausfallen. Auch die Gefahr, gar keine übereinstimmenden Datensätze mehr aufzufinden, erhöht sich mit jedem weiteren Kriterium. Die Mehrfachbedingungen selbst können sowohl innerhalb eines einzelnen Feldes als auch in verschiedenen Datenfeldern eingegeben werden. Hierzu wollen wir jeweils ein kleines Beispiel anführen.

Datensatz-orientierte Mehrfach-abfrage

Bei der datensatzorientierten Mehrfachabfrage werden Auswahlbedingungen in mehrere Datenfelder eingetragen. Sämtliche Bedingungen müssen erfüllt sein, damit der jeweilige Datensatz in die Antworttabelle übernommen wird. Als Beispiel sollen aus der Tabelle *PRODUKTE* die Lagernummern mit einem Wert größer 2000 und einer Stückanzahl von weniger als 51 ermittelt werden. Dazu markieren wir zunächst wieder die Felder *Lager Nr.* und *Anzahl*. In das Anzahlfeld tragen wir nun die Bedingung < =50 und in das Lagernummerfeld das Auswahlkriterium >200 ein. Nach Betätigung von [F2] erhalten wir die Antworttabelle, die in Bild 2.3.10 dargestellt ist.

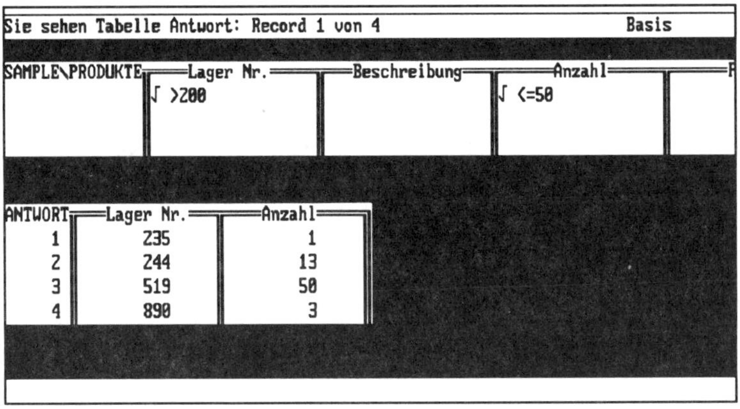

```
Sie sehen Tabelle Antwort: Record 1 von 4                    Basis

SAMPLE\PRODUKTE⸻Lager Nr.⸻⸻Beschreibung⸻⸻Anzahl⸻⸻⸻⸻F
              √ >200                            √ <=50



ANTWORT⸻Lager Nr.⸻⸻Anzahl⸻
    1       235        1
    2       244       13
    3       519       50
    4       890        3
```

Bild 2.3.10: datensatzorientierte Mehrfachabfrage

Genauso, wie Auswahlkriterien parallel in unterschiedliche Spalten eingegeben werden dürfen, sind auch mehrere Bedingungen innerhalb eines einzelnen Feldes zulässig. Mehrere Bedingungen in einem einzelnen Feld sind dabei durch Kommata zu trennen. Soll entweder das eine oder das andere Kriterium erfüllt sein, so sind die Bedingungen in dem Feld statt durch ein Komma durch ein *oder* zu verbinden.

Feldorientierte Mehrfach- abfrage

Nehmen wir an, diesmal wollen wir in der Tabelle *PRODUKTE* (Markierung unverändert) die Lagernummern ermitteln, die einen Wert größer 200 und kleiner 800 haben, und von denen weniger als 101 Stück auf Lager sind. In diesem Fall ergibt sich für das Anzahlfeld die Bedingung $<=100$ und für das Lagernummernfeld die Bedingung $>200, <800$.

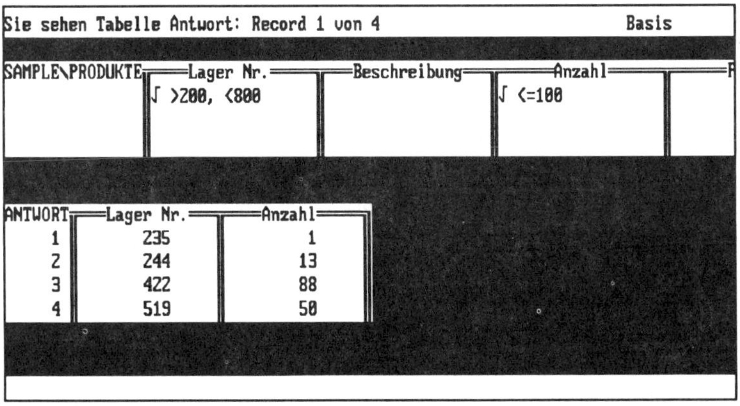

"und"- Verknüpfung

```
Sie sehen Tabelle Antwort: Record 1 von 4                    Basis

SAMPLE\PRODUKTE⸻Lager Nr.⸻⸻⸻Beschreibung⸻⸻Anzahl⸻⸻⸻⸻F
              √ >200, <800                      √ <=100



ANTWORT⸻Lager Nr.⸻⸻Anzahl⸻
    1       235        1
    2       244       13
    3       422       88
    4       519       50
```

Bild 2.3.11: feldorientierte Mehrfachabfrage mit "und"-Verknüfung

Das Ergebnis des letzten Beispiels ist in Bild 2.3.11 enthalten und wird wieder mit der Funktionstaste [F2] erstellt.

"oder"-
Verknüpfung

In unserem nächsten Beispiel soll die *oder*-Verknüpfung vorgestellt werden. Wir wollen diesmal die Lagernummer 235, 244 oder 422 ermitteln. Daraus ergibt sich die Bedingung *235 oder 244 oder 422*, die in das Feld *Lager Nr.* in der Abfragetabelle eingetragen werden muß. Das Ergebnis ist in Bild 2.3.12 enthalten.

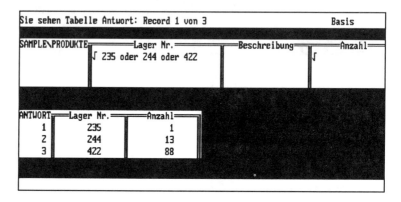

Bild 2.3.12: feldorientierte Mehrfachabfrage mit "oder"-
Verknüpfung

Schlüsselwörter Durch Kombination der hier vorgestellten Abfragebedingungen sind Ihnen nunmehr kaum noch Grenzen gesetzt. Zusätzlich bietet Paradox aber auch noch spezielle Befehlswörter an, die neben dem Auswerten der Bedingungen eine parallele Bearbeitung erlaubt. So können z.B. mit den Bedingungen Datensätze unter der Verwendung von Schlüsselwörtern aus der Antworttabelle entfernt, eingefügt, gelöscht, gefunden   oder geändert werden (s. Tabelle der Operatoren).

In unserem Beispiel wollen wir in der Tabelle *PRODUKTE* alle Lagerposten mit Stückzahlen kleiner 100 entfernen lassen. Die Bedingung für das Anzahlfeld ist mit < 100 anzugeben. Um zu erreichen, daß diese Datensätze nicht in die Antworttabelle übernommen, sondern im Gegensatz dazu entfernt werden, tragen wir in die äußerst linke Spalte das Schlüsselwort *loeschen* ein. Nach der Abfrage ([F2]), enthält die Anworttabelle sämtliche Datensätze, die aus der Abfragetabelle entfernt wurden. Die Tabelle erhält den temporären Namen *ENTFERNT* (s.Bild 2.3.13).

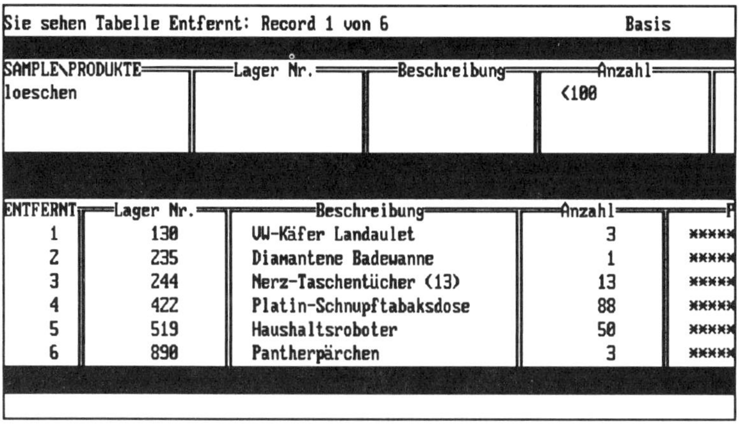

```
Sie sehen Tabelle Entfernt: Record 1 von 6              Basis

SAMPLE\PRODUKTE════════Lager Nr.════════Beschreibung═══════Anzahl═══════
loeschen                                                 <100




ENTFERNT═══Lager Nr.═══════════Beschreibung═════════════Anzahl══════════P
   1          130       VW-Käfer Landaulet                3        *****
   2          235       Diamantene Badewanne              1        *****
   3          244       Nerz-Taschentücher (13)          13        *****
   4          422       Platin-Schnupftabaksdose         88        *****
   5          519       Haushaltsroboter                 50        *****
   6          890       Pantherpärchen                    3        *****
```

Bild 2.3.13: Schlüsselwort LÖSCHEN

Über das Schlüsselwort *finden* können Datensätze gesucht werden.
Falls die Anzahl in der Produktdatei >100 und die Lagernummer
kleiner 750 als Bedingungen vorgegeben werden, so erhalten wir das
Ergebnis des Bildes 2.3.14.

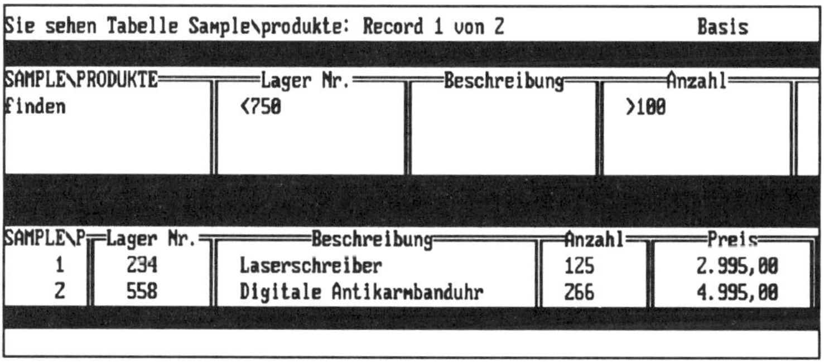

```
Sie sehen Tabelle Sample\produkte: Record 1 von 2        Basis

SAMPLE\PRODUKTE════════Lager Nr.════════Beschreibung═══════Anzahl═══════
finden                  <750                               >100




SAMPLE\P═Lager Nr.═══════════Beschreibung═════════Anzahl═════════Preis═══
   1        234       Laserschreiber               125         2.995,00
   2        558       Digitale Antikarmbanduhr     266         4.995,00
```

Bild 2.3.14: Schlüsselwort FINDEN

Über das Schlüsselwort *AendernZu* können Datenfelder auch geändert
werden. In unserem Beispiel wollen wir die Beschreibung
"Laserschreiber" durch den Begriff "Laserdrucker" ersetzen. Dazu ist
es nun erforderlich, mit einem Beispielelement zu arbeiten. Gehen
Sie also wie folgt vor: Plazieren Sie den Textcursor in das Feld
Beschreibung. Drücken Sie anschließend [F5] und geben den Begriff
"Laserschreiber" ein (Beispielelement). Danach geben Sie ein
Komma und den Befehl *AendernZu Laserdrucker* ein. Drücken Sie
nun [F2], erhalten Sie die Datensätze in der alten Form, die durch die
Abfrage geändert wurden (s. Bild 2.3.15). Dabei erhält die Tabelle
den temporären Dateinamen *ALT*.

In der Bildschirmausgabe (Bild 2.3.15) wurden die Auswahlkriterien
für die Lagernummer und Anzahl aus dem letzten Beispiel übernommen.

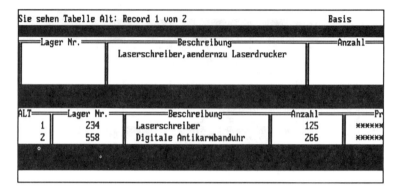

Bild 2.3.15: Schlüsselwort AendernZu

Rechnen

Das letzte Schlüsselwort, welches wir vorstellen wollen, ermöglicht
die Berechnung von Daten, wobei eine neue Tabellenspalte in der
Antworttabelle generiert wird. Über das spezielle Wort *als* kann dieser Tabelle ein Name gegeben werden. Unterläßt man das, so
erscheint als Spaltenbezeichnung die Berechnungsformel. Auch hier
ist die Arbeit mit den sogenannten Beispielelementen unbedingt notwendig. Werden variable Werte nicht als Beispielelement gekennzeichnet, erfolgt die ursprüngliche Interpretation als Vergleichswert.
In diesem Fall sind Berechnungen und Änderungen allerdings nicht
mehr zulässig. Aus diesem Grunde wollen wir noch einmal die Vorgehensweise an einem kleinen Beispiel demonstrieren.

In der Antworttabelle wollen wir die Preissteigerung von 10 Prozent
berücksichtigen. Mathematisch ergibt sich die Formel:
NeuerPreis=AlterPreis*1,10. Um diese Formel in Paradox eingeben
zu können, positionieren wir den Cursor zunächst in das Preisfeld
(z.B. in der Tabelle *PRODUKTE*). Nachdem wir das Feld mit [F6]
markiert haben, drücken wir [F5] und tasten *preis* ein. Damit erreichen wir, daß für die folgende Formel diese Bezeichnung weiterver-
wendet wird, und daß sie je nach Datensatznummer mit dem entsprechenden Wert bei der Auswertung gefüllt wird, also variabel ist.
Nun geben Sie zunächst ein Komma, dann das Schlüsselwort *rechne*
ein. Im letzten Schritt können Sie nun die Formel mit [F5] *preis **
1,10 eingeben unnd mit [F2] die Antwort anfordern (s.Bild 2.3.16).

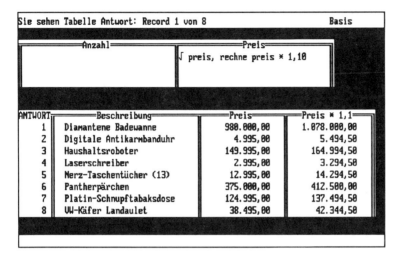

```
Sie sehen Tabelle Antwort: Record 1 von 8                    Basis

┌──────────────Anzahl──────────────┬──────────────Preis──────────────┐
│                                   │ √ preis, rechne preis × 1,10     │
│                                   │                                  │
│                                   │                                  │
│                                   │                                  │
└───────────────────────────────────────────────────────────────────┘

ANTWORT┬──────────Beschreibung──────────┬──────Preis──────┬─────Preis × 1,1─────┐
   1   ║ Diamantene Badewanne          ║   980.000,00    ║   1.078.000,00     │
   2   ║ Digitale Antikarmbanduhr      ║     4.995,00    ║       5.494,50     │
   3   ║ Haushaltsroboter              ║   149.995,00    ║     164.994,50     │
   4   ║ Laserschreiber                ║     2.995,00    ║       3.294,50     │
   5   ║ Nerz-Taschentücher (13)       ║    12.995,00    ║      14.294,50     │
   6   ║ Pantherpärchen                ║   375.000,00    ║     412.500,00     │
   7   ║ Platin-Schnupftabaksdose      ║   124.995,00    ║     137.494,50     │
   8   ║ VW-Käfer Landaulet            ║    38.495,00    ║      42.344,50     │
```

Bild 2.3.16: Schlüsselwort RECHNE

Beispielelemente werden bei der Eingabe farblich hervorgehoben. Ist dies nicht der Fall, interpretiert Paradox die Eingabe als Vergleichswert. Abfragen, die Sie dann trotz scheinbar korrekter Schreibweise durchführen, ergeben dann eine Fehlermeldung.

Bislang haben wir Spalten, die in die Anworttabelle übernommen werden sollten, mit [F6] markiert. Nehmen wir stattdessen die Tastenkombination [Ctrl]+[F6] bzw. [Strg]+[F6], so wird die Ausgabetabelle entsprechend der so markierten Spalte nicht mehr aufsteigend (standard), sondern absteigend generiert. Wollen wir Duplikate aus der Abfragetabelle in die Anworttabelle übernehmen, so müssen wir stattdessen die Markierfunktion [Alt]+[F6] verwenden. Bei der einfachen Markierung mit [F6] werden sämtliche doppelt vorhandenen Datensätze nicht mit in die Antworttabelle übernommen. In Bild 2.3.17 ist ein Beispiel enthalten, in der die Tabelle KUNDEN nach der Kundennummer absteigend sortiert in die Antworttabelle übernommen wird.

Alternative Markierung

```
┌ Mit [F6] Feld für ANTWORT markieren; [F5] für Beispielelement    Basis  =▼

SAMPLE\KUNDEN┬────Kd Nr.────┬────────Name────────┬────Un────┬────────Str
             ┌▼             ┌              ┌              ┌

ANTWORT┬────Kd Nr.────┬────────Name────────┬──Un──┬────────Straße────────┬──PLZ─┐
   1  │   9650  │ O'Hara      │ C │ Flugplatz 1          │ 3550
   2  │   9226  │ Simpson     │ H │ Menzelstr. 32        │ 4100
   3  │   9004  │ Rainer      │ T │ Brunnenhof 5         │ 5180
   4  │   8996  │ Smith       │ J │ Hotel Americain      │
   5  │   8776  │ Weidner     │ R │ Sankt Isabella 15    │ 6000
   6  │   8585  │ Sampson     │ L │ Knopfer Gasse 31     │ 2300
   7  │   7700  │ Connors     │ S │ 27 Portfolio Drive   │
   8  │   7640  │ Raymond     │ S │ 398 Centre Street    │
   9  │   7558  │ Yee         │ L │ Violienenmarkt       │ 2800
  10  │   7008  │ Simmel      │ R │ Rohracherstr. 47     │ 6900
  11  │   6954  │ Major       │ K │ 48 Winding Way       │ 3353
  12  │   6666  │ Mattheus    │ J │ Alter Römer 23       │ 6000
  13  │   6125  │ Hahn-Anderson│ D │ Schillerstr. 22      │ 6301
  14  │   5855  │ Chin        │ F │ Hotel Orient         │
  15  │   5720  │ Helmers     │ D │ Ritzelstr. 82        │ 5400
  16  │   5341  │ Chevalier   │ R │ 392 Boulevard Raspil │
```

Bild 2.3.17: alternative Markierfunktion

Bevor wir uns nun einigen speziellen Anwendungsbeispielen zuwenden, wollen wir zunächst eine Tabelle mit den Operatoren und Schlüsselwörtern anführen, die Ihnen als Nachschlagewerk für eigene Abfrageformulierungen dienen kann.

Steuerungskommandos:

[F6]	Feld in Antworttabelle übernehmen
[Alt]+[F6]	Felder einschließlich Duplikate
[Strg]+[F6]	Feld absteigend sortiert übernehmen
[F5]	Beispielelement markieren

Reservierte Worte/Schlüsselwörter:

G	Gruppe von Mengenoperatoren
rechne	neues Feld berechnen
einfuegen	neue Felder (bestimmte Werten) einfügen
loeschen	bestimmte Datensätze löschen
aendernzu	Werte in Datensätzen ändern
finden	Datensätze suchen
menge	Datensätze als Vergleichsmenge definieren

Arithmetische Operatoren:

+ - * /	einfache arithm. Operatoren
( )	Gliedern einer Gruppe von Operatoren

Vergleichsoperatoren:

= > < >= <=	Vergleichswerte festlegen

Platzhalter:

..	beliebige alphanumerische Zeichen
@	ein einzelnes Zeichen

Spezielle Operatoren:

wie	ähnlich Groß-/Kleinschreibung ignorieren
nicht	ungleich
leer	kein Wert
heute	aktuelles Datum
oder	feldinternes oder
,	feldinternes und
als	Spaltenbezeichnung für Antworttabelle
!	alle Datenfelder in Feld anzeigen, unabhängig von Übereinstimmungen

Zusammenfassungsoperatoren:

mittel	Mittelwert
anzahl	Anzahl der Werte
max	größter Wert
min	kleinster Wert
summe	Summe
alle	Berechnung mit allen Werten einer Gruppe, auch Duplikaten
eindeutig	Berechnung nur mit eindeutigen Werten einer Gruppe

Mengenvergleichsoperatoren:

nur	nur Datensätze anzeigen, die mit Elementen der Vergleichsmenge übereinstimmen
kein	nur Datensätze anzeigen, die mit keinem Element der Vergleichsmenge übereinstimmen
jeder	Datensätze anzeigen, die mit allen Elementen der Vergleichsmenge übereinstimmen
exakt	dto., aber nur mit diesen

Zu guter Letzt folgt wieder eine kurze Zusammenfassung, die die wesentlichen Schritte der Abfragefunktion bei einer einzelnen Tabelle enthält.

Zusammenfassung Datenbankabfrage:

1. Arbeitsfläche mit [Alt] + [F8] löschen

2. Hauptmenü ABFRAGE anwählen

3. Abfragetabelle angeben

4. Abfrageformular mit Bedingungen ausfüllen

5. mit [F2] Abfrage durchführen

6. evtl. mit [F3] Rücksprung zum 4.Punkt

7. Antworttabelle evtl. Speichern
   a) [F10] Hauptmenü
   b) TOOLS wählen
   c) UMBENENNEN wählen
   d) ANTWORT als alten Namen
   e) neuen Namen eingeben

8. [Alt] + [F8], zurück ins Hauptmenü [F10]

An dieser Stelle wollen wir nun einige Anwendungsbeispiele für die
Datenbankabfrage anhand der Videothekenverwaltung, die wir
bereits im letzten Kapitel erstellt haben, durchsprechen. Dabei werden wir jeweils zunächst die Aufgabe, dann den Lösungsansatz und
abschließend die Bildschirmgrafik mit der endgültigen Lösung vorstellen. Versuchen Sie, die Aufgabe zunächst eigenständig zu lösen.
Kommen Sie damit nicht voran, können Sie sich mit dem Lösungsansatz befassen. Erst wenn Ihnen der Sachverhalt immer noch nicht
klar ist, sollten Sie sich die Lösung anschauen. Ansonsten kann Ihnen
die jeweils angegebene Lösung als Vergleichsmöglichkeit dienen.

Praxis
1.Beispiel

Nehmen wir an, Sie wollen spezielle Filmtips für einen Kunden
ermitteln. Die bevorzugten Filmsparten sind Komödie und Action,
das Alter des Kunden ist 16 Jahre, der Film darf nur 7,-DM kosten
und es sollte sich um einen aktuellen Film handeln.

Sämtliche Angaben dieser Aufgabe sind eindeutig, mit Ausnahme des
aktuellen Filmes. In der Datenbank *VIDEO* haben wir Informationen
über das Herstellungsjahr, die wir hierfür nutzen können. Bis zur
Videoverwertung vergehen in der Regel 6 bis 12 Monate, so daß
Filme mit einem Herstellungsjahr des Vorjahres noch hochaktuell
sind. Das Herstellungsjahr muß also größer gleich 1990 sein, da wir
uns im Jahr 1991 befinden. Die Informationen, die in der Antworttabelle enthalten sein müssen, sind die Filmnummer (zum Aufsuchen
des Filmes im Lager) und der Filmtitel (für den Kunden), die wir
zunächst mit [F6] markieren. In einem ersten Schritt werden wir alle
Filmtitel ermitteln, die zu den Filmsparten Action und Komödie
zählen. Dazu tragen wir in die Spalte *Filmsparte* die Bedingung
Komödie oder Action ein. Mit [F2] erhalten wir nunmehr eine Auswahl von drei Filmen, die zunächst einmal in die nähere Auswahl
gelangen (s.Bild 3.2.18).

Danach kehren wir mit der Funktionstaste [F3] in das Abfrageformular zurück und ergänzen die nächste Bedingung im Feld *FSK*.
Da der Kunde 16 Jahre ist, muß die Altersfreigabe der FSK damit
< =16 sein. Anschließend drücken wir erneut die Funktionstaste
[F2] und erhalten in der Antworttabelle lediglich noch zwei Filme,
die den verwendeten Kriterien entsprechen (s.Bild 3.2.19).

```
┌─────────────────────────────────────────────────────────────────────┐
│Sie sehen Tabelle Antwort: Record 1 von 3                       Basis  │
├─────────────────────────────────────────────────────────────────────┤
│  ┌════Filmnr.════┬═══════Titel═══════┬═════Filmsparte═════┬═══FSK════ │
│  │               │                   │ Komödie oder Action │          │
│  ││              ││                   │                    │          │
│  │               │                   │                    │          │
│  │               │                   │                    │          │
│                                                                       │
│ ┌ANTWORT══┬═════Filmnr.═════════════════════════Titel══════════════┐ │
│ │    1    │    2    │ Highway zur Hölle                            │ │
│ │    2    │    3    │ Lucky Luke                                   │ │
│ │    3    │    4    │ Highway-Chaoten                              │ │
│                                                                       │
└─────────────────────────────────────────────────────────────────────┘
```

Bild 3.2.18: Auswertung Filmsparte

```
┌─────────────────────────────────────────────────────────────────────┐
│Sie sehen Tabelle Antwort: Record 1 von 2                       Basis  │
├─────────────────────────────────────────────────────────────────────┤
│  ┌════Titel════┬═════Filmsparte══════┬═══FSK═══┬═Länge in min.═      │
│  │             │ Komödie oder Action │  <=16   │                     │
│  ││            ││                     │         │                     │
│  │             │                     │         │                     │
│  │             │                     │         │                     │
│                                                                       │
│ ┌ANTWORT══┬═════Filmnr.═════════════════════════Titel══════════════┐ │
│ │    1    │    3    │ Lucky Luke                                   │ │
│ │    2    │    4    │ Highway-Chaoten                              │ │
│                                                                       │
└─────────────────────────────────────────────────────────────────────┘
```

Bild 3.2.19: Auswertung Filmsparte und Alter

Nun können wir mit [F3] zum Abfrageformular zurückkehren und
den Preis eintragen. Die Bedingung ist in diesem Fall < = 7 für die
Tabellenspalte *Verleihpreis pro Tag*. Wenn wir nun die Taste [F2]
betätigen, verfügen wir lediglich noch über einen Film, den wir dem
Kunden bereits vorschlagen könnten, auch wenn der Film nicht mehr
aktuell wäre. Sie sehen das Ergebnis dieser Abfrage in Bild 3.2.20.

Der Einsatz dieser Abfragemöglichkeiten, das wird an diesem einfachen Beispiel bereits deutlich, ist insbesondere dann sinnvoll, wenn
es sich um unüberschaubare Datenmengen handelt. Dennoch wollen
wir diese Übung zum Ende führen und auch noch das letzte Abfrage-
kriterium einbauen.

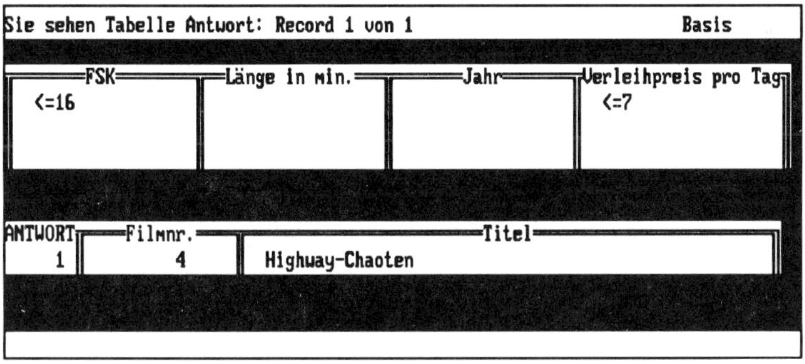

```
Sie sehen Tabelle Antwort: Record 1 von 1                    Basis

        FSK            Länge in min.          Jahr        Verleihpreis pro Tag
     <=16                                                   <=7




  ANTWORT     Filmnr.                            Titel
      1          4        Highway-Chaoten

```

Bild 2.3.20: Auswertung Filmsparte, Alter und Preis

Mit der Funktionstaste [F3] gelangen wir erneut in das Abfrageformular. Im Feld *Jahr* tragen wir nun die Bedingung $>=1990$ ein
und rufen die Antworttabelle mit [F2] ab. Da sich die Antworttabelle
nicht ändert, haben wir somit das Endergebnis der geforderten
Abfrage vorliegen. Nur ein Film entspricht allen Bedingungen, die
für den entsprechenden Kunden erfüllt sein müssen (s.Bild 2.3.21).

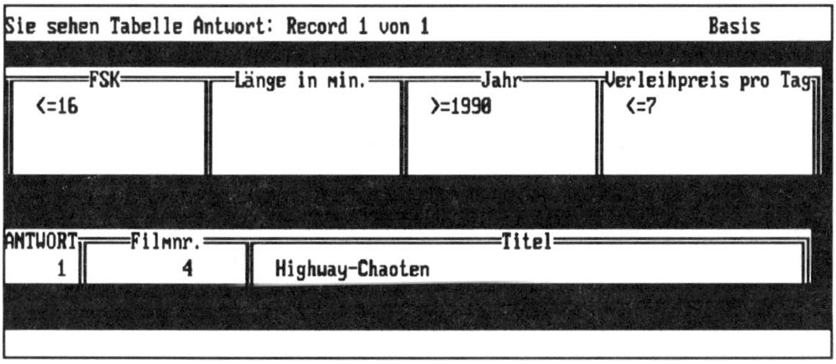

```
Sie sehen Tabelle Antwort: Record 1 von 1                    Basis

        FSK            Länge in min.          Jahr        Verleihpreis pro Tag
     <=16                               >=1990              <=7




  ANTWORT     Filmnr.                            Titel
      1          4        Highway-Chaoten

```

Bild 2.3.21: Auswertung Filmsparte, Alter, Preis und Jahr

In diesem ersten praxisorientierten Beispiel haben wir exemplarisch
die spielerische Entwicklung einer Datenbankabfrage aufgezeigt.
Einige weitere kurze Beispiele wollen wir nun abschließend in einer
kürzeren Form behandeln.

2.Beispiel   In der Verleihverwaltung sollen die Filmnummern ermittelt werden, die ausgeliehen sind und bislang noch nicht zurückgegeben wurden.

Zunächst muß ein entscheidendes Kriterium gefunden werden. Wir wissen, daß das Verleihdatum vor dem heutigen Datum liegen muß. Damit können wir die Abfrage allerdings nicht durchführen. Andererseits wissen wir aber auch, daß die Eintragung des Rückgabedatums nur bei der tatsächlichen Rückgabe erfolgen kann. Demnach muß das Feld Rückgabedatum *leer* sein, was gleichzeitig auch die Bedingung ist. Führen wir diese Abfrage an unserer Tabelle *VERLEIH* durch, so stellen wir korrekterweise fest, daß derzeit kein Film verliehen ist (s. Bild 2.3.23).

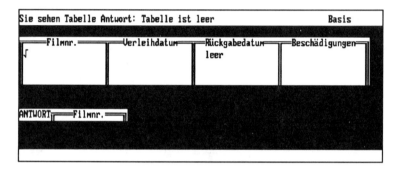

Bild 2.3.23: verliehene Filme ermitteln

3.Beispiel   Nun wollen wir alle Filme heraussuchen, die irgendwann einmal beschädigt wurden, aber noch im Verleihprogramm sind.

Hier ist die Tabelle *VIDEO* zu verwenden, in der wir zunächst die Spalten Filmnummer und Beschädigung mit [F6] markieren. Standardmäßig haben wir ein "-" eingegeben, um aufzuzeigen, daß keine Beschädigung aufgetreten ist. Im Abfrageformular würde das Zeichen allerdings fälschlicherweise als arithmetischer Operator interpretiert werden. Da wir uns in einem alphanumerischen Feld befinden, können wir die Abfrage über Platzhalter realisieren. Wir wissen nämlich, daß die Eingabe bei keiner Beschädigung leer ist bzw. höchstens aus einem Zeichen besteht. Als Bedingung ergibt sich somit *leer oder nicht* @.Das Ergebnis dieser Abfrage ist in Bild 2.3.23 enthalten.

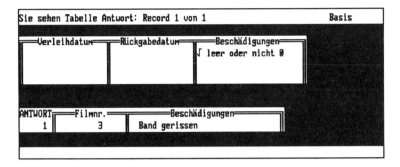

Bild 2.3.23: Diskettenbeschädigungen ermitteln

In dieser Übung wollen wir die mittlere Laufzeit der Filme ermitteln.   *4. Beispiel*

Die Lösung dieses Problems ist dank Paradox recht einfach. Die
Daten entnehmen wir der Tabelle *VIDEO*. In die Spalte *Länge in min.*
des Abfrageformulars brauchen wir lediglich die Bedingung *rechne*
mittel eintragen und schon erhalten wir mit [F2] das Ergebnis dieser
Aufgabe (s. Bild 2.3.24).

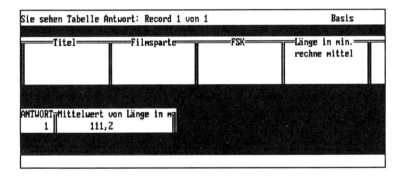

Bild 2.3.24: mittlere Laufzeit der Spielfilme ermitteln

Zusätzlich zur mittleren Laufzeit wollen wir nun auch noch die   *5. Beispiel*
längste und kürzeste Spielfilmlänge heraussuchen.

Um diese Aufgabe zu lösen, ist die Formel *rechne mittel* aus der
vorigen Übung nur in die Bedingung *rechne mittel, rechne max,*
rechne min abzuwandeln und die Ergebnistabelle mit [F2] abzurufen
(s. Bild 2.3.25).

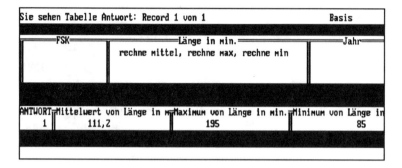

Bild 2.3.25: Spielfilmauswertung

Sollten Sie einmal mit irgend einer Abfrage nicht klar kommen, so
erinnern Sie sich, daß auch hierzu Hilfsinformationen über die Funktionstaste [F1] abrufbar sind (s.Bild 2.3.29).

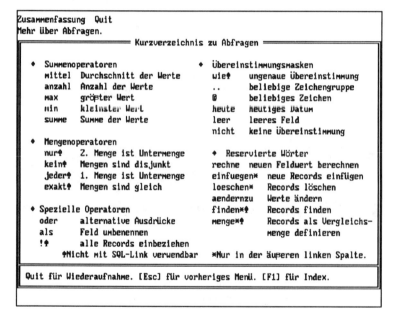

Bild 2.3.29: Hilfsinformationen zur Datenbankabfrage

Damit wollen wir das Thema Datenbankabfrage zunächst beenden.
Sie werden feststellen, daß es sich hierbei um eines der wichtigsten
und umfangreichsten Kapitel im ganzen Buch handelt. Eine Fortsetzung des Themas Abfrage findet sich im Kapitel 2.8, wenn die
Verknüpfung mehrerer Tabellen das Thema sein wird. Zunächst werden wir uns im nächsten Kapitel mit der Indexverwaltung und den
Sortiermöglichkeiten von Paradox beschäftigen.

2.4 Indexverwaltung und Sortieren

In diesem Kapitel wollen wir uns mit den Möglichkeiten befassen, die einen geordneten Tabellenaufbau gestatten. Für manche Anwendungen kann es durchaus sinnvoll sein, die Datensätze nicht in der Reihenfolge ihrer Eingabe, sondern nach bestimmten Ordnungskriterien abzuspeichern. So ist es zum Beispiel sinnvoll, Adressen nach Namen alphabetisch zu orden. Die Posten einer Lagerverwaltung würde man stattdessen nach den Lagernummern in aufsteigender Reihenfolge in einer Datei abspeichern.

Die interne Realisierung ist auf unterschiedliche Art und Weise möglich. Zum einen kann die Originaldatei durch eine spezielle Sortierfunktion in den gewünschten Aufbau überführt werden, zum anderen ist die Indexverwaltung eine weitere Möglichkeit, um Daten zu sortieren. *Informationen*

Im ersten Fall wird die Originaldatei in einer Vielzahl von Arbeitsschritten direkt sortiert, d.h. die Ursprungsdatei geht verloren und die sortierte Datei liegt mit den ursprünglichen, nun aber sortierten Datensätzen unter dem bereits bekannten Dateinamen vor. Diese Arbeiten nehmen in der Regel sehr viel Zeit in Anspruch, da sämtliche Daten verschoben werden müssen. Bei der Indexverwaltung hingegen werden nur Teilinformationen, in der Regel in einer Indexdatei (auch temporäre Indexverwaltungen sind denkbar) sortiert gehalten, die Originaldatei ist weiterhin unsortiert. Der Zugriff auf die einzelnen Datensätze erfolgt allerdings über den Index, so daß der Eindruck einer sortierten Datenbank entsteht. Der Index selbst kann sowohl ständig als auch über spezielle Funktionen sortiert werden.

Paradox stellt eine Vielzahl von Funktionen bereit, die die Sortierung von Daten ermöglichen. Diese sind sehr einfach zu handhaben und zeichnen sich durch recht hohe Ausführungsgeschwindigkeiten aus. Die Indexverwaltung selbst ändert jedoch maximal zulässige Werte für die Datensatzgröße, so daß u.U. eine Indizierung umfangreicher Datenbanken nicht mehr möglich ist. *Sortieren mit Paradox*

Auch bei Paradox liegen standardmäßig sämtliche Datensätze in einer Tabelle in der Reihenfolge ihrer Eingabe vor. Da die Eingabe der Einfachheit halber unsortiert erfolgt, muß also auch die Tabelle in einem unsortierten Format vorliegen.

Um unsortierte Datenbanken sortieren zu können, muß ein spezielles Sortierfeld definiert werden. Bei der bereits erwähnten Adreß-verwaltung ist das Namensfeld gleichzeitig das Sortierfeld. Nach der Sortierung steht der Name Müller vor Paulus, Paulus vor Schmidt usw. In vielen Fällen ergibt sich allerdings hierdurch eine nur unzureichende Sortierung. Abhilfe bietet die Sortierung über zwei Felder. In diesem Fall ist ein Primärindex, der bevorzugt und ein Sekundärindex, der mit geringerer Priorität behandelt wird, zu definieren. Nehmen wir wieder die Adreßverwaltung als Beispiel: Sicherlich können Sie nachvollziehen, daß insbesondere die Namen Müller, Meier und Schmidt recht häufig in einer Adreßdatei vorhanden sein können. Eine alleinige Sortierung über das Namensfeld würde diese Namen zwar in Gruppen sortieren, mehr aber nicht. Definieren Sie nun die Vornamen als Sekundärindex, so werden bei gleichen Namen die Vornamen als Sortierkriterium genutzt. Danach steht Anton Meier vor Bert Meier vor Heinz Meier usw.

 Während der Sortierung selbst, das können Sie bereits an diesem Beispiel erkennen, ist immer nur ein Sortierkriterium aktiv. Erst wenn das erste Kriterium keine Sortierung ermöglicht, wird das zweite verwendet. U.U. kann es also durchaus sinnvoll sein, mehr als zwei Sortierfelder zu nutzen.

Abfragen und
Sortieren

Eine Möglichkeit der Sortierung haben wir bereits im Bereich der Datenabfrage kennengelernt. Hier hatten Sie die Möglichkeit, Datensätze für die Antworttabelle entweder in absteigender oder aufsteigender Form zu übernehmen. Dazu war lediglich die entsprechende Spaltenmarkierung zu verwenden. Auf eine erneute Erläuterung dieser Funktion wollen wir an dieser Stelle verzichten, Informationen entnehmen Sie bitte dem Kapitel 2.3.

Sortieren

Die reguläre Sortierfunktion von Paradox arbeitet ohne Index und ist über das Basismenü ansteuerbar. Jede Tabelle, die mit dieser Funktion sortiert wird, liegt anschließend komplett in der neuen sortierten Form vor. Die ursprüngliche Sortierfolge geht u.U. verloren. Die Ergebnisse der Sortierung können sowohl in der ursprünglichen als auch in einer neuen Datei abgespeichert werden.

Wir wollen die einzelnen Arbeitsschritte der Sortierfunktion in einzelnen Schritten kurz erläutern.

Zunächst gehen Sie in das Hauptmenü von Paradox, welches Sie bereits aus den letzten Kapiteln her kennen, und markieren den Menüeintrag *Dienste* (s. Bild 2.4.1).

```
Zeige Abfrage Report Neu  Dienste  Bild Form Tools Makros Hilfe Ende
Tabelle sortieren, editieren, umstrukturieren oder Records neu eingeben.
```

Bild 2.4.1: Anwahl DIENSTE

Nach dem Quittieren mit der [Return]-Taste können Sie nun den Untermenüpunkt *Sort* markieren (s. Bild 2.4.2) und auswählen.

```
Sort  Edit CoEdit Dateneingabe Multieingabe Umstrukturieren     Basis
Sortieren der Records einer Tabelle.
```

Bild 2.4.2: Anwahl SORT

Zu Demonstrationszwecken wollen wir an dieser Stelle wieder eine zu Paradox gehörende Beispieltabelle verwenden, die sich im Verzeichnis *\PDOX35\SAMPLE* befindet und den Namen *KUNDEN* trägt. In das sich nun öffnende Tabellenabfragefeld geben wir den Namen *SAMPLE\KUNDEN* ein und drücken die Rückführtaste (s.Bild 2.4.3).

```
Tabelle: sample\kunden                                          Basis
Namen der zu sortierenden Tabelle eingeben oder mit ◄┘ Liste anfordern.
```

Bild 2.4.3: Auswahl der zu sortierenden Tabelle

Im nächsten Schritt werden Sie nun gefragt, ob die Sortierung **intern** oder **extern** erfolgen soll. Bei einer internen Sortierung entspricht die Quelldatei der Zieldatei, d.h. die ursprüngliche Sortierung der Originaldatenbank geht verloren. Wählen Sie stattdessen extern, so wird das Ergebnis der Sortierung in eine neue Tabelle abgespeichert. Sie verfügen also über zwei Tabellen, die die identischen Datensätze lediglich in einer anderen Reihenfolge enthalten.

Beachten Sie allerdings, daß jede Tabelle, die Sie neu anlegen, Speicher auf der Festplatte benötigt, der u.U. sehr schnell knapp wird. Überlegen Sie also genau, ob Sie die ursprüngliche Sortierfolge tatsächlich noch einmal benötigen.

Zur Demonstration gehen wir davon aus, daß wir die externe Sortierung gewählt haben. In diesem Fall erscheint wieder die Abfrage eines neuen Tabellennamens (s.Bild 2.4.4). Versuchen Sie, wenn möglich einen aussagekräftigen Namen zu vergeben, um den Bezug zur ursprünglichen Datenbank schneller wieder herstellen zu können.

```
Tabelle:  test                                                 Basis
Namen der neu sortierten Tabelle eingeben.
```

Bild 2.4.4: Externe Tabelle benennen

Nehmen wir an, wir haben hier den Tabellennamen *TEST* verwendet und anschließend die Eingabe mit [Return] bestätigt. In diesem Fall erscheint ein leeres Sortierformular. In dieses Formular können wir nun die Reihenfolge der Sortierkriterien und deren Anzahl angeben (s.Bild 2.4.5).

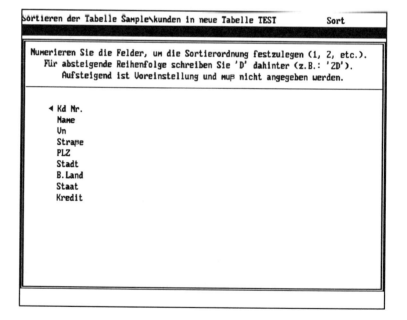

Bild 2.4.5: leeres Sortierformular KUNDEN

Der Aufbau des Sortierformulars ergibt sich durch die Tabellenstruktur der angewählten Datenbank. Sämtliche Felder, die definiert
sind, erscheinen nun in einer Liste.

Um die Datenbank nach einem einzelnen Feld zu sortieren, brauchen
wir vor das Sortierfeld lediglich eine 1 einzutragen. Die Sortierung
erfolgt in diesem Fall in aufsteigender Reihenfolge (s. Tabelle 2.4.1).

Sortierung
nach einem
Feld

Datenfeld:	**Beispielsortierfolge:**
numerisch	1, 2 , 3 , 5, 57, 590, 356,...
alphabetisch	Anton, Bert, Gustaf, Karl,...
Datum	1.12.84, 30.04.87, 21.07.91,...

Tabelle 2.4.1: aufsteigende Sortierfolge (standard)

Verwenden wir stattdessen die "1", gefolgt unmittelbar von einem
"D" (also "1D" ohne Leerzeichen), so erfolgt die Sortierung in
absteigender Reihenfolge (s. Tabelle 2.4.2).

Datenfeld:	**Beispielsortierfolge:**
numerisch	..., 356, 590, 57, 5, 3, 2, 1
alphabetisch	..., Karl, Gustaf, Bert, Anton
Datum	..., 21.07.91, 30.04.87, 1.12.84

Tabelle 2.4.2: absteigende Sortierfolge (Option D)

Beachten Sie, daß nur ein Datenfeld mit der "1" bzw. der "1D"
gekennzeichnet werden darf, ansonsten wird die Sortierfunktion
abgebrochen. Das zu wählende Feld kann über die Cursorsteuerung
angewählt werden.

Nehmen wir an, wir wollen in der Tabelle *KUNDEN* das Datenfeld
Name als Sortierkriterium kennzeichnen. Die Sortierung selbst soll in
aufsteigender Form erfolgen. In diesem Fall bewegen wir den Textcursor auf das Datenfeld *Name* und schreiben hiervor eine "1" (s.Bild
2.4.6).

Sortierfeld

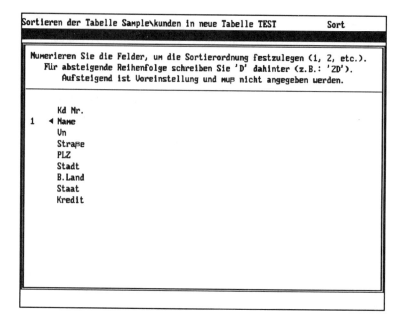

```
Sortieren der Tabelle Sample\kunden in neue Tabelle TEST          Sort
┌────────────────────────────────────────────────────────────────────────┐
│                                                                          │
│  Numerieren Sie die Felder, um die Sortierordnung festzulegen (1, 2, etc.). │
│    Für absteigende Reihenfolge schreiben Sie 'D' dahinter (z.B.: '2D').   │
│     Aufsteigend ist Voreinstellung und muß nicht angegeben werden.        │
│                                                                          │
│                                                                          │
│              Kd Nr.                                                      │
│       1   ◄ Name                                                         │
│              Vn                                                          │
│              Straße                                                      │
│              PLZ                                                         │
│              Stadt                                                       │
│              B.Land                                                      │
│              Staat                                                       │
│              Kredit                                                      │
│                                                                          │
└────────────────────────────────────────────────────────────────────────┘
```

Bild 2.4.6: Sortierfeld kennzeichnen

Sortier-
ergebnis

```
Sie sehen Tabelle Test: Record 1 von 33                         Basis
╔═══════╤═══════════╤════════════════╤═════╤═══════════════════╤══════╗
║TEST   │  Kd Nr.   │     Name       │ Vn  │      Straße       │ PLZ  ║
╟───────┼───────────┼────────────────┼─────┼───────────────────┼──────╢
║   1   │   1386    │ Abelei         │  F  │ Berbendorfer Str. 25 │ 5014 ║
║   2   │   4884    │ Anders         │  B  │ Jaktstigen 42     │      ║
║   3   │   2177    │ Bonnemann      │  S  │ Fabriziusstr. 73-77 │ 2000 ║
║   4   │   2579    │ Chavez         │  L  │ Zypressenweg      │ 7000 ║
║   5   │   5341    │ Chevalier      │  R  │ 392 Boulevard Raspil │      ║
║   6   │   5855    │ Chin           │  F  │ Hotel Orient      │      ║
║   7   │   7700    │ Connors        │  S  │ 27 Portfolio Drive │      ║
║   8   │   3128    │ Elspeth, III   │  R  │ 1 Hanover Square  │      ║
║   9   │   2779    │ Fahd           │  S  │ Palast            │      ║
║  10   │   4335    │ Farouk         │  K  │ Hotel Kairo       │      ║
║  11   │   4485    │ Fischer        │  R  │ Krumme Lanke 1    │ 1000 ║
║  12   │   6125    │ Hahn-Anderson  │  D  │ Schillerstr. 22   │ 6301 ║
║  13   │   3266    │ Hannover       │  A  │ Staatsstr. 15     │ 4630 ║
║  14   │   4700    │ Harrisch       │  J  │ Alte Landstraße   │ 8900 ║
║  15   │   5720    │ Helmers        │  D  │ Ritzelstr. 82     │ 5400 ║
║  16   │   4589    │ Leonardo       │  D  │ 198 Via Canales   │      ║
║  17   │   6954    │ Major          │  K  │ 48 Winding Way    │ 3353 ║
║  18   │   3271    │ Massey         │  C  │ Bernegger Str. 53 │ 8580 ║
║  19   │   4277    │ Matthäus       │  R  │ Malstadter Markt 3 │ 6600 ║
║  20   │   6666    │ Mattheus       │  J  │ Alter Römer 23    │ 6000 ║
║  21   │   1784    │ Meneikis       │  L  │ Dresdner Str. 88  │ 6105 ║
║  22   │   3771    │ Montag         │  L  │ Max Planck Str. 66 │ 6382 ║
╚═══════╧═══════════╧════════════════╧═════╧═══════════════════╧══════╝
```

Bild 2.4.7: Sortierergebnis

Durch die Funktionstaste [F2] wird nun die Sortierung gestartet. Das
Ergebnis ist in Bild 2.4.7 dargestellt. Um Ihnen einen direkten Vergleich zur Ursprungstabelle zu ermöglichen, ist zudem in Bild 2.4.8
die Datei in der ursprünglichen Form angezeigt.

Sie sehen Tabelle Sample\kunden: Record 1 von 33					Basis
SAMPLE	Kd Nr.	Name	Vn	Straße	PLZ
1	1386	Abelei	F	Berbendorfer Str. 25	5014
2	1388	Svenvald	I	Regierungssitz	
3	1784	Meneikis	L	Dresdner Str. 88	6105
4	2177	Bonnemann	S	Fabriziusstr. 73-77	2000
5	2579	Chavez	L	Zypressenveg	7000
6	2779	Fahd	S	Palast	
7	3128	Elspeth, III	R	1 Hanover Square	
8	3266	Hannover	A	Staatsstr. 15	4630
9	3271	Massey	C	Bernegger Str. 53	8580
10	3771	Montag	L	Max Planck Str. 66	6382
11	4277	Matthäus	R	Malstadter Markt 3	6600
12	4335	Farouk	K	Hotel Kairo	
13	4480	Schöbbel	P	Lanzenrieder Hof	8412
14	4485	Fischer	R	Krumme Lanke 1	1000
15	4589	Leonardo	D	198 Via Canales	
16	4700	Harrisch	J	Alte Landstraße	8900
17	4884	Anders	B	Jaktstigen 42	
18	5341	Chevalier	R	392 Boulevard Raspil	
19	5720	Helmers	D	Ritzelstr. 82	5400
20	5855	Chin	F	Hotel Orient	
21	6125	Hahn-Anderson	D	Schillerstr. 22	6301
22	6666	Mattheus	J	Alter Römer 23	6000

Bild 2.4.8: unsortierte Tabelle

Damit haben Sie die Sortierung nach einem einzelnen Sortierfeld
bereits kennengelernt.

Sortierung nach mehreren Feldern

Wie bereits zu Beginn dieses Kapitels erläutert, kann es unter
Umständen sinnvoll sein, nach mehreren Kriterien zu sortieren. Dazu
sind unterschiedliche Felder in der Folge ihrer Priorität anzugeben.
Gehen wir davon aus, wir haben die Sortierfunktion, wie im vorangegangenen Beispiel aufgerufen und befinden uns wieder im Sortierformular. Hier können wir nun die Felder in der Reihenfolge der
Priorität angeben. **Dabei sei noch einmal erwähnt, daß jede Priori-
tätsstufe nur einmal vergeben werden darf.**

Nach der Eingabe gestaltet sich der Bildschirm so, wie in Bild 2.4.9
dargestellt. Alternativ dazu kann bei jeder Stufe mit einem D die
absteigende Sortierung angewählt werden.

Wir definieren in diesem Beispiel die nachfolgend aufgeführten Prioritätsstufen:

1. Priorität: Staat

2. Priorität: Bundesland

3. Priorität: Stadt

Das Sortierformular mit den notwendigen Eingaben ist in Bild 2.4.9 zu sehen. Nun können wir mit der Funktionstaste [F2] die Sortierung starten, die je nach Größe der zu sortierenden Tabelle unterschiedlich viel Zeit in Anspruch nimmt.

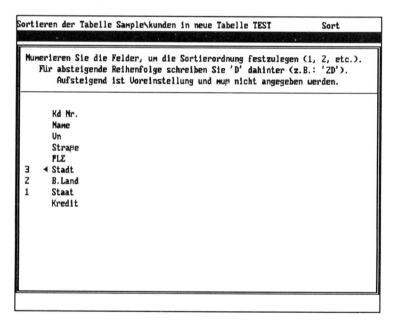

Bild 2.4.9: Sortierung nach mehreren Feldern

Bevor wir nun eine kurze Zusammenfassung der Sortierfunktion geben, soll zunächst ein Ausschnitt der sortierten Kundendatei gezeigt werden. Leere Felder werden immer an den Tabellenanfang gestellt, ansonsten läßt sich die Sortierung anhand des Tabellenausschnittes sehr gut nachvollziehen (s. Bild 2.4.10).

```
Sie sehen Tabelle Test: Record 31 von 33                    Basis

Un     Straße              PLZ      Stadt           B.Land    Staat
 L   Max Planck Str. 66   6382   Friedrichsdorf      HS
 D   Schillerstr. 22      6301   Heuchelheim         HS
 C   Flugplatz 1          3550   Marburg             HS
 L   Dresdner Str. 88     6105   Ober-Ramstadt       HS
 K   48 Winding Way       3353   Bad Gandersheim     NS
 A   Staatsstr. 15        4630   Bochum              NW
 H   Menzelstr. 32        4100   Duisburg            NW
 T   Brunnenhof 5         5180   Eschweiler          NW
 F   Berbendorfer Str. 25 5014   Kerpen              NW
 D   Ritzelstr. 82        5400   Koblenz             RP
 L   Knopfer Gasse 31     2300   Kiel                SH
 R   Malstadter Markt 3   6600   Saarbrücken         SL
 R   Krumme Lanke 1       1000   Berlin              WB
 K   Hotel Kairo                 Kairo                       Ägypten
 R   1 Hanover Square            London                      England
 R   392 Boulevard Raspil        Montpelier                  Frankreich
 J   Hotel Americain            Paris                        Frankreich
 I   Regierungssitz             Reykjavik                    Island
 D   198 Via Canales            Rom                          Italien
 S   398 Centre Street          Winnipeg                     Kanada
 S   Palast                     Riyadh                       Saudiarabien
 B   Jaktstigen 42              Lidingo                      Schweden
```

Bild 2.4.10: Tabellenauszug der Sortierung über mehrere Felder

Zusammenfassung Sortieren:

1. Wechsel ins Hauptmenü [F10]

2. [Alt]+[F8] Bildschirm löschen

3. Hauptmenü DIENSTE anwählen

4. Untermenü SORT ansteuern

5. zu sortierende Tabelle angeben

6. Festlegung intern/extern
   a) falls extern: neuer Tabellenname

7. Sortierformular ausfüllen
   a) ein bzw. mehrere Kriterien

8. mit [F2] Sortierung starten

9. [Alt]+[F8] Bildschirm löschen

Index-
verwaltung

Eine weitere Möglichkeit der Sortierung wird über die Indexverwaltung ermöglicht. Dazu müssen nur Schlüsselfelder bei der Strukturdefinition definiert werden. In diesem Fall werden Tabellen direkt nach der Dateneingabe in der sortierten Form automatisch gespeichert. Die Sortierfunktion verläuft in einem solchen Fall im Hintergrund und erfordert vom Nutzer keine weiteren Funktionsaufrufe oder Benutzereingaben. Die bereits erwähnten Schlüsselfelder können jederzeit in eine Datei über das Umstrukturierungsmenü hinzugefügt oder wieder entfernt werden. Über den Index selbst können andere Datenbankfunktionen beschleunigt werden.

Zwar ist die Indexsortierung sehr leicht zu handhaben, dafür ergeben sich Nachteile durch strenge Regeln in der Indexanlage. Besonders negativ wirkt sich aus, daß bei indizierten Datenbanken nur noch eine Datensatzlänge von maximal 1350 Bytes, gegenüber 4000 Bytes bei nicht-indizierten Datenbanken, möglich ist. Das erste Tabellenfeld muß jeweils gleichzeitig das Schlüsselfeld sein. Sind mehrere Schlüsselfelder notwendig, müssen diese zuerst, vor allen Nicht-Schlüsselfeldern definiert sein und somit am linken Tabellenrand stehen. Dies ist auch bei späterer Umstrukturierung zu berücksichtigen.

Ein besonderer Vorteil der Indexverwaltung liegt darin, daß die Eingabe von Duplikaten (bezogen auf die Schlüsselfelder) nicht mehr möglich ist. Haben Sie in einer Adreßverwaltung z.B. ausschließlich das Feld Namen indiziert, so ist Müller, Meier und Schmidt in der gesamten Tabelle nur einmal eintragbar. Indizieren Sie zusätzlich das Feld Vornamen, so ist jede Namenskombination in der Tabelle nur einmal möglich, z.B. Hans Müller, Peter Müller usw. In diesem Fall dürfen Sie allerdings nicht den Peter Müller aus zwei unterschiedlichen Städten in die Tabelle aufnehmen. Die Reihenfolge der Schlüsselfelder in der Definition der Strukturdaten entscheidet bei mehreren Schlüsselfeldern über die Reihenfolge der Priorität. Das zuerst definierte Schlüsselfeld hat immer die höchste Priorität.

Um während der Strukturdefinition ein Datenfeld als Schlüsselfeld zu definieren, muß an die Feldbezeichnung ein Stern (*) angehängt werden. Handelt es sich um das Datenfeld *Name*, das 30 alphanumerische Zeichen aufnehmen soll, so ergibt sich somit der Feldtyp **A30*** (vergleiche Kapitel 2.1).

Nehmen wir an, wir wollen die Datenbank *PDOX35\SAMPLE\POST* nach der Kundennummer sortieren. Dies soll im Hintergrund und nicht jedesmal neu durch die eigenständige Sortierfunktion erfolgen. Um das zu erreichen, wählen wir von der Hauptmenüebene aus die Menüfolge *Tools --> Umstrukturieren* und geben den Dateinamen *SAMPLE\POST* ein. Es erscheinen die bearbeitbaren Strukturdaten. Die Kundennummer befindet sich am Beginn der Definition und kann daher indiziert werden. Das machen wir mit der Bezeichnung N*, da es sich hier um ein numerisches Feld handelt (s.Bild 2.4.11).

```
Sie sehen Tabelle Sample\post: Record 1 von 8          Basis

SAMPLE\POST════Kd Nr.════╤══════Firma═════╤══════Titel══════╤══════Na
     1         1386      Geschwister Abelein  Präsident         Abelein
     2         2177      Humboldt-Universität Professor         Bonnema
     3         2579                                             Chavez
     4         3128      Morris Hat Makers    Royal Fitter      Elspeth
     5         3266                                             Hannove
     6         3271                                             Massey
     7         3771                                             Montag
     8         4277      Südwest Kunstartikel Eigentümer        Matthäu
```

Bild 2.4.11: Schlüsselfelddefinition

Anschließend können wir mit [F10] und *Ok!* die neue Struktur akzeptieren. Intern erfolgt nun die Umstrukturierung und Neusortierung. Eine eigenständige Ordnung der Kundennummern über den Menüpunkt Sort ist nun nicht mehr erforderlich. Außerdem brauchen wir nun nicht mehr darauf zu achten, ob wir Kundennummern doppelt vergeben, da dies intern von Paradox überwacht wird. Das Ergebnis der Indizierung, wie es sich in der Tabelle auswirkt, ist in Bild 2.4.12 zu sehen.

Wie bereits erwähnt, kann mehr als ein Index definiert werden. Hinweise hierzu haben wir zu Beginn diese Kapitels bereits in ausreichender Form gegeben, so daß wir an dieser Stelle auf eine weitere Erläuterung verzichten wollen.

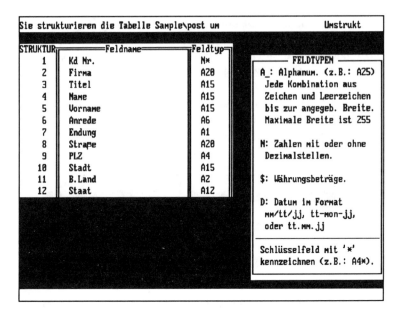

Bild 2.4.12: Tabellenausgabe der nach Kundennumnern indizierten Datei POST

Bevor wir uns nun wieder dem Praxisteil zuwenden, ist hier die Indexverwaltung noch einmal kurz zusammengefaßt.

Zusmmenfassung Indexverwaltung

1. ins Hauptmenü mit [F10]

2. evtl. [Alt]+[F8] Bildschirm löschen

3. Schlüsselfelder/Indexfelder definieren

   a) bei Dateineudefinition: Neu/Tabelle

   weiter bei Punkt 4

   b) bei Dateiumstrukturierung:

   Dienste/Umstrukturiere/Tabelle

   weiter bei Punkt 4

4. Schlüsselfelder mit * markieren (Feldtyp: z.B. A2*)

   1.Datenfeld=Primärindex

   2.Datenfeld evtl. Sekundärindex usw.

5. [F10], Ok! ins Hauptmenü

Wir wollen nun die Videofilmverwaltung, die wir im Kapitel 2.1   *Praxis*
erstellt haben, so abändern, daß die Filme automatisch nach der
Filmnummer sortiert werden. Dazu ist zunächst eine Umstrukturierung der Tabelle *VIDEO* erforderlich.

Zunächst löschen wir über die Tastenkombination [Alt]+[F8] den
Arbeitsbildschirm und wechseln mit [F10] zum Basismenü. Dort
wählen wird den Eintrag *Dienste* an (s. Bild 2.4.13).

```
Zeige  Abfrage  Report  Neu  Dienste  Bild  Form  Tools  Makros  Hilfe  Ende
Tabelle sortieren, editieren, umstrukturieren oder Records neu eingeben.
```

Bild 2.4.13: Hauptmenüanwahl DIENSTE

```
Sort  Edit  CoEdit  Dateneingabe  Multieingabe  Umstrukturieren    Basis
In der Struktur einer Tabelle Feldnamen und -typen zufügen, löschen, ändern.
```

Bild 2.4.14: Untermenüanwahl UMSTRUKTURIEREN

```
Tabelle:                                                    Basis
Namen der umzustrukturierenden Tabelle eingeben oder mit ◄┘ Liste anfordern.
```

Bild 2.4.15: Eingabefeld Tabellenname

```
Tabelle:                                                    Basis
Video  Verleih  Verleih2  Status  Kunden  Test
```

Bild 2.4.16: Auswahlliste Tabellen

Nachdem wir den Menüpunkt *Umstrukturieren* angesteuert haben,
erscheint ein Tabelleneingabefeld, das wir mit [Return] quittieren.
Nun erhalten wir eine Auswahlliste der Tabellen, die sich im aktuellen Laufwerk und Verzeichnis befinden. Aus dieser Vorschlagsliste
wählen wir nun die Tabelle *VIDEO* aus und drücken erneut die
[Return]-Taste (s. Bilder oben).

Das Sortierformular, welches auf dem Bildschirm erscheint, können
wir nun ausfüllen. Um die Filmnummer als Index zu markieren, ist
der Feldtyp von *N* in *N** abzuändern. Dies ist möglich, da die Filmnummer in dieser Tabelle als erstes Datenfeld markiert wurde (s.Bild
2.4.14).

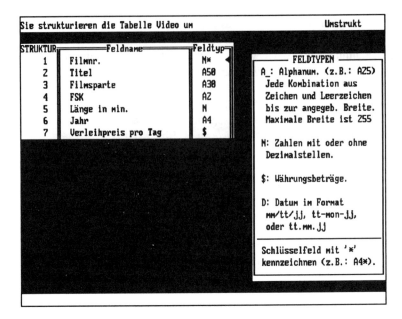

Bild 2.4.17: Schlüsselfeldmarkierung

Wechseln wir nun wieder in das Hauptmenü und lassen uns durch den Menüpunkt *Zeige* die Tabelle anzeigen, so ergibt sich scheinbar keine Änderung (s.Bild 2.4.18). Dies ist auch normal, da wir die Datensätze bereits in sortierter Reihenfolge eingegeben haben. Aus diesem Grunde wollen wir nun die Leistungsfähigkeit der Funktion unter Beweis stellen.

```
Sie sehen Tabelle Video: Record 1 von 10                          Basis

VIDEO====Filmnr.==========================================Titel====
    1        1        Ein Mädchen vom Lande
    2        2        Highway zur Hölle
    3        3        Lucky Luke
    4        4        Highway-Chaoten
    5        5        Schmiere
    6        6        Laurence von Arabien
    7        7        Blut für Dracula
    8        8        Die Hölle von Okinawa
    9        9        Grease II
   10       10        Greystoke
```

Bild 2.4.18: indizierte Tabelle Video

Wir drücken die Funktionstaste [F9], um in den Edit-Modus zu gelangen, bewegen den Textcursor auf den Spielfilm mit der Nummer 5 (Schmiere) und löschen den Datensatz abschließend mit der Taste [Del] bzw. [Entf]. Nun erhalten wir einen Bildschirm, wie er in Bild 2.419 dargestellt ist.

```
Sie edit. Tabelle Video: Record 5 von 9                    Edit

VIDEO      Filmnr.                          Titel
   1          1       Ein Mädchen vom Lande
   2          2       Highway zur Hölle
   3          3       Lucky Luke
   4          4       Highway-Chaoten
   5          6       Laurence von Arabien
   6          7       Blut für Dracula
   7          8       Die Hölle von Okinawa
   8          9       Grease II
   9         10       Greystoke
```

Bild 2.4.19: Löschen Datensatz Nr.5

Nun bewegen wir den Textcursor an das Tabellenende (Datensatz Nr.10) und geben den zuvor gelöschten Datensatz wieder ein (s.Bild 2.4.20).

```
Sie edit. Tabelle Video: Record 10 von 10                  Edit

VIDEO      Filmnr.                          Titel
   1          1       Ein Mädchen vom Lande
   2          2       Highway zur Hölle
   3          3       Lucky Luke
   4          4       Highway-Chaoten
   5          6       Laurence von Arabien
   6          7       Blut für Dracula
   7          8       Die Hölle von Okinawa
   8          9       Grease II
   9         10       Greystoke
  10          5       Schmie
```

Bild 2.4.20: An 10.Position gelöschten Datensatz wieder eingeben

Mit [F10] und anschließendem Ok! quittieren wir nun die gemachten Änderungen. Werfen Sie nun einen Blick auf die Tabelle, so werden Sie feststellen, das die Tabelle trotz der Änderung die korrekte Sortierung nach Filmnummern aufweist (s.Bild 2.4.21).

```
Sie sehen Tabelle Video: Record 1 von 10                    Basis

VIDEO════Filmnr.══════════════════════════════════Titel══════
   1  │   1   │ Ein Mädchen vom Lande
   2  │   2   │ Highway zur Hölle
   3  │   3   │ Lucky Luke
   4  │   4   │ Highway-Chaoten
   5  │   5   │ Schmiere
   6  │   6   │ Laurence von Arabien
   7  │   7   │ Blut für Dracula
   8  │   8   │ Die Hölle von Okinawa
   9  │   9   │ Grease II
  10  │  10   │ Greystoke
```

Bild 2.4.21: Tabelle VIDEO nach Eingabe

In unserem zweiten Beispiel wollen wir nun die Filmverwaltung über
die Sortierfunktion geordnet nach Filmsparten und Filmtiteln ausgeben lassen. Die Filmsparte soll dabei als Hauptsortierkriterium verwendet werden. Ein zweites Sortierkriterium ist sinnvoll, da innerhalb einer Sparte in der Regel eine Vielzahl von Filmen enthalten ist.
Dazu wählen wir die Menüfolge *Dienste --> Sort* und geben anschließend die Tabelle *VIDEO* an (s.u.).

```
Zeige Abfrage Report Neu Dienste Bild Form Tools Makros Hilfe Ende
Tabelle sortieren, editieren, umstrukturieren oder Records neu eingeben.
```

Bild 2.4.22: Hauptmenüanwahl DIENSTE

```
Sort Edit CoEdit Dateneingabe Multieingabe Umstrukturieren     Basis
Sortieren der Records einer Tabelle.
```

Bild 2.4.23: Menüauswahl SORT

```
Tabelle:                                                     Basis
Video Verleih Struktur Verleih2 Status Kunden Test
```

Bild 2.4.24: Tabellenanwahl VIDEO

Nachdem wir die Sortiertabelle eingegeben haben, wählen wir die
externe Sortierung aus, d.h. wir wollen eine sortierte Kopie unserer
Arbeitsdatei erzeugen. Die sortierte Datei soll den Namen *VIDEO2*
erhalten (s. Bild 2.4.25). Damit haben wir einen direkten Bezug zur
Originaldatei über die Bezeichnung hergestellt.

```
Tabelle: video2                                    Basis
Namen der neu sortierten Tabelle eingeben.
```

Bild 2.4.25: neuen Tabellennamen eingeben

Nun erscheint ein Sortierformular auf dem Bildschirm. Das Primärkriterium für die Sortierung kennzeichnen wir nun mit einer "1" und das Sekundärkriterium mit einer "2". Dazu ist mit der Cursorsteuerung lediglich das entsprechende Feld anzusteuern und die Zahl einzugeben. Die Sortierung soll aufsteigend erfolgen, so daß wir an dieser Stelle keine weiteren Eingaben vornehmen müssen (s.Bild 2.4.26).

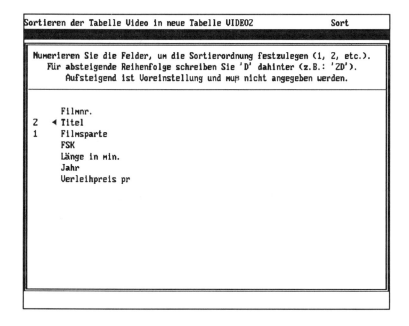

```
Sortieren der Tabelle Video in neue Tabelle VIDEO2         Sort


   Numerieren Sie die Felder, um die Sortierordnung festzulegen (1, 2, etc.).
     Für absteigende Reihenfolge schreiben Sie 'D' dahinter (z.B.: '2D').
      Aufsteigend ist Voreinstellung und muß nicht angegeben werden.


          Filmnr.
     2  ◄ Titel
     1    Filmsparte
          FSK
          Länge in min.
          Jahr
          Verleihpreis pr
```

Bild 2.4.26: Sortierformular

Nun können wir mit der Funktionstaste [F2] die Sortierung beginnen. Das Ergebnis ist auf Bild 2.4.27 erkennbar. Die Bildschirmspalten wurden für unsere nachfolgende Bildschirmdarstellung über die Menüfolge *Bild --> Breite* (s. Hauptmenü) angepaßt.

```
Sie sehen Tabelle Video2: Record 1 von 10                    Basis

VIDEO2══Filmnr.══════════Titel═══════════Filmsparte══FSK═Länge in m═Jahr═
    1 ║ 10    │ Greystoke            │ Abenteuer  │ 12 │ 132 ║ 1983
    2 ║  2    │ Highway zur Hölle    │ Action     │ 18 │  91 ║ 1991
    3 ║  7    │ Blut für Dracula     │ Horror     │ 16 │  85 ║ 1965
    4 ║  6    │ Laurence von Arabien │ Klassiker  │ 12 │ 195 ║ 1962
    5 ║  4    │ Highway-Chaoten      │ Komödie    │ 12 │  86 ║ 1990
    6 ║  3    │ Lucky Luke           │ Komödie    │ 12 │  95 ║ 1991
    7 ║  8    │ Die Hölle von Okinawa│ Kriegsfilm │ 16 │ 109 ║ 1951
    8 ║  1    │ Ein Mädchen vom Lande│ Literatur  │ 12 │ 104 ║ 1955
    9 ║  9    │ Grease II            │ Musik      │ 12 │ 109 ║ 1982
   10 ║  5    │ Schmiere             │ Musik      │ 12 │ 106 ║ 1978
```

Bild 2.4.27: Ergebnis der Sortierung

In einem letzten Arbeitsgang wollen wir nun die Sortierung so abändern, daß die Filmsparte, anders als im vorangegangenen Beispiel, in absteigender Reihenfolge sortiert wird. An der Reihenfolge der Filmtitel selbst soll keine Änderung erfolgen. Aus diesem Grund wiederholen wir den obigen Arbeitsgang und führen eine neue Sortierung durch. Auch diesmal lassen wir die Ergebnisse in eine externe Datei, diesmal mit dem Namen *VIDEO3*, speichern. Im Anschluß erstellen wir wieder unser Sortierformular, in dem wir die "1" lediglich durch "1D" ersetzen (s.Bild 2.4.28).

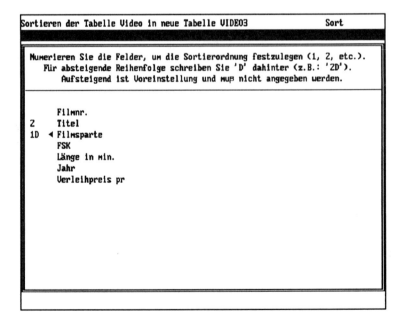

Bild 2.4.28: alternatives Sortierformular

```
Sie sehen Tabelle Video3: Record 1 von 10                   Basis  =
```

VIDEO2	Filmnr.	Titel	Filmsparte	FSK	Länge in m	Jahr
2	2	Highway zur Hölle	Action	18	91	1991
3	7	Blut für Dracula	Horror	16	85	1965
4	6	Laurence von Arabien	Klassiker	12	195	1962
5	4	Highway-Chaoten	Komödie	12	86	1990
6	3	Lucky Luke	Komödie	12	95	1991
7	8	Die Hölle von Okinawa	Kriegsfilm	16	109	1951
8	1	Ein Mädchen vom Lande	Literatur	12	104	1955
9	9	Grease II	Musik	12	109	1982
10	5	Schmiere	Musik	12	106	1978

VIDEO3	Filmnr.	Titel	Filmsparte	FSK	Länge in m	Jahr
1	9	Grease II	Musik	12	109	1982
2	5	Schmiere	Musik	12	106	1978
3	1	Ein Mädchen vom Lande	Literatur	12	104	1955
4	8	Die Hölle von Okinawa	Kriegsfilm	16	109	1951
5	4	Highway-Chaoten	Komödie	12	86	1990
6	3	Lucky Luke	Komödie	12	95	1991
7	6	Laurence von Arabien	Klassiker	12	195	1962
8	7	Blut für Dracula	Horror	16	85	1965
9	2	Highway zur Hölle	Action	18	91	1991
10	10	Greystoke	Abenteuer	12	132	1983

Bild 2.4.29: alternatives Sortierergebnis

Das Ergebnis, welches Sie durch Betätigung der Taste [F2] erhalten, sehen Sie im oberen Bild. Achten Sie auf die Sortierung nach dem ersten und zweiten Sortierkriterium. Sie werden feststellen, daß die Sparten absteigend sortiert sind, und daß bei Duplikaten in der Filmsparte die Filmtitel, nun in aufsteigender Reihenfolge, sortiert sind.

Nun haben Sie sämtliche Funktionen bereits kennengelernt, die Ihnen innerhalb der Paradox-Anwendungsumgebung eine Bearbeitung und Auswertung von Daten ermöglichen. In den nächsten Kapiteln werden wir uns mit speziellen Ausgabemöglichkeiten von Paradox befassen. Sie können die Datensätze aus einer Tabelle für die Bildschirmausgabe aufbereiten (Formulargestaltung), die Daten formatiert auf dem Drucker ausgeben (Reporterstellung) und Datenreihen grafisch auswerten (Grafikdarstellung).

2.5 Formularerstellung

Grundlagen

Haben wir bislang sämtliche Informationen und Daten in tabellen-orientierter Sicht betrachtet und bearbeitet, so erhalten wir über die Formulare die Möglichkeit, Daten maskenorientiert auszugeben oder auch zu editieren. Einige Formulare haben wir bereits im Umgang mit Paradox selbst des öfteren kennengelernt. Neben der Definition der Datenbankstruktur erfolgte auch die Festlegung von Sortier-feldern in einem eigenständigen Formular.

Tabellen und Formulare

Der Aufbau gestaltet sich in der Regel bei Formularen optisch ansprechender als der eintönige Tabellenaufbau. Die Daten in Tabelle und Formular sind identisch, lediglich die Darstellungsform unter-scheidet sich. Zeigen Tabellen bei größerem Umfang immer nur einen Ausschnitt von mehreren Datensätzen auf dem Bildschirm an, so können Formulare einen gesamten Datensatz überschaubar auf einer Bildschirmseite darstellen. Lange Datensätze können in einer Tabelle nie in ihrer Gesamtheit auf dem Bildschirm angezeigt werden. Um den Inhalt einer umfangreichen Datenbank sichtbar zu machen, muß die Tabelle auf der Arbeitsfläche mit Hilfe der Cursor-steuerung verschoben werden (vertikal oder horizontal).

Ein Formular selbst kann zwar über mehrere Seiten definiert werden, in der Regel ist die Ausnutzung einer einzelnen Formularseite jedoch ausreichend. Ein Formular ist, im Gegensatz zur Tabelle, horizontal durch den Bildschirm begrenzt und kann nur vertikal erweitert werden.

Merkmale

Einige Leistungsmerkmale von Formularen sollen hier kurz aufge-führt werden. So haben Sie z.B. die Möglichkeit, Daten mit Hilfe von Rahmen und Farben hervorzuheben. Auch Informationstext kann direkt in ein Formular integriert werden. Alle Felder für Vorgaben und Eingaben sind im Formular frei positionierbar. Zusätzlich können in einem Formular auch berechnete Felder eingeführt werden. Auf diese Möglichkeit müssen Sie innerhalb von Tabellen verzichten, berechnete Felder sind hier nur über die Datenbankabfrage realisierbar. Lange Felder können in einem Formular umbrochen werden, so daß sie in ihrer Gesamtheit auf den Bildschirm passen. Formulare selbst können mehrere Datensätze beinhalten (Multi-Record-Formulare) oder auch aus Informationen mehrerer Tabellen (Multi-Tabellen-Formulare) bestehen. Im letzteren Fall wird ein Formular einer anderen Tabelle in das gerade bearbeitete Formular plaziert. Wir werden uns in diesem Kapitel mit den einfachen und den Multi-Record-Formularen beschäftigen.

In einem Programm können sogenannte **Standardformulare** verwendet werden, die einen einheitlichen Aufbau aufweisen. Diese Formulare können für beliebige Tabellen verwendet werden und erfordern keine speziellen Benutzereingaben. Alternativ können bis zu 15 Formulare für eine Datenbank frei definiert werden. Die Formulardefinitionen werden in sogenannte Formulardateien abgespeichert, die den Hauptnamen der Datenbank verwenden und als Suffix ein *F* gefolgt von einer Formularnummer erhalten. Das erste *benutzerdefinierte Formular* für die Tabelle *KUNDEN* erhält z.B. den Namen *KUNDEN.F1.*

Formulartyp

Sie haben jeder Zeit die Möglichkeit, von einer Tabelle in den Formularmodus zu wechseln. Insbesondere für Dateneingaben bieten sich die Formulare an. Die Umschaltung erfolgt jeweils durch die Funktionstaste [F7]. Beim ersten Drücken dieser Taste gelangen Sie in den **Formularmodus** und bei wiederholtem Drücken kehren Sie in den **Tabellenmodus** zurück.

Wechsel zwischen Formular und Tabelle

Die Tastaturbefehle für die Formulare ähneln der Tabellensteuerung. Der Vollständigkeit halber wollen wir die Befehle hier dennoch kurz auflisten.

Bedienung

Cursorsteuerung:

[Home] oder [Pos1]   erstes Feld im Formular

[End] oder [Ende]   letztes Feld im Formular

[PgUp] oder [Bild hoch]   vorige Seite eines Datensatzes

" +[Ctrl] oder [Strg]   letzter Datensatz

[PgDn] oder [Bild runter] nächste Seite eines Datensatzes

" +[Ctrl] oder [Strg]   erster Datensatz

[Pfeil hoch]   vorangehendes Feld

[Pfeil runter]   nachfolgendes Feld

[Pfeil links]   voriges Feld

[Pfeil rechts]   nächstes Feld

Formulare   Die Anlage eines Formulars geschieht innerhalb eines Maskeneditors.
definieren   Sie zeichnen das Formular so auf den Bildschirm, wie es später in der
                     Anwendung erscheinen soll. Die Vorgehensweise der Formular-
                     definition wollen wir in diesem Kapitel noch ausführlich und
                     beispielorientiert erläutern. Der Maskeneditor selbst erscheint
                     zunächst mit einem nahezu leeren Bildschirm, verfügt allerdings über
                     eine eigene Menüstruktur. Das Hauptmenü des Formulareditors kann
                     über die Funktionstaste [F10] abgerufen werden. Den Aufbau der
                     Menüstruktur können Sie dem folgenden Menübaum entnehmen.

Menübaum

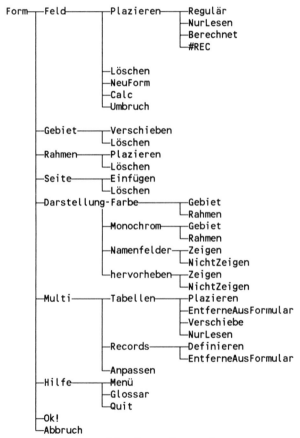

Menübaum Formualrgenerator

Eine Möglichkeit, wie Standardformulare genutzt werden können, haben wir bereits vorgestellt. Die Umschaltung erfolgte über die Funktionstaste [F7]. Um benutzerdefinierte Formulare zu laden, ist zunächst in das Hauptmenü zurückzukehren. Hier wählen Sie zunächst über den Menüpunkt *zeige* die Tabelle *SAMPLE\KUNDEN* aus, die wir auch schon in früheren Kapiteln verwendet haben. Anschließend drücken Sie erneut [F10] und markieren nun den Menüeintrag *Bild* mit der Cursorsteuerung (s. Bild 2.5.1).

Formulare benutzen

```
Zeige Abfrage Report Neu Dienste ▐Bild▌ Form Tools Makros Hilfe Ende
Bilder, Graphik gestalten; zu Feld oder Record springen; Formular wählen.
SAMPLE╲═══Kd Nr.══════╤═══Name═════╤═Un╤════Straße═════╤══PLZ═══
    1 ║ 1386        │ Abelei      │ F │ Berbendorfer Str. 25 │ 5014
    2 ║ 1388        │ Svenvald    │ I │ Regierungssitz       │
    3 ║ 1784        │ Meneikis    │ L │ Dresdner Str. 88     │ 6105
    4 ║ 2177        │ Bonnemann   │ S │ Fabriziusstr. 73-77  │ 2000
    5 ║ 2579        │ Chavez      │ L │ Zypressenweg         │ 7000
    6 ║ 2779        │ Fahd        │ S │ Palast               │
    7 ║ 3128        │ Elspeth, III│ R │ 1 Hanover Square     │
    8 ║ 3266        │ Hannover    │ A │ Staatsstr. 15        │ 4630
    9 ║ 3271        │ Massey      │ C │ Bernegger Str. 53    │ 8580
   10 ║ 3771        │ Montag      │ L │ Max Planck Str. 66   │ 6382
   11 ║ 4277        │ Matthäus    │ R │ Malstadter Markt 3   │ 6600
   12 ║ 4335        │ Farouk      │ K │ Hotel Kairo          │
   13 ║ 4480        │ Schöbbel    │ P │ Lanzenrieder Hof     │ 8412
   14 ║ 4485        │ Fischer     │ R │ Krumme Lanke 1       │ 1000
   15 ║ 4589        │ Leonardo    │ D │ 198 Via Canales      │
   16 ║ 4700        │ Harrisch    │ J │ Alte Landstraße      │ 8900
   17 ║ 4884        │ Anders      │ B │ Jaktstigen 42        │
   18 ║ 5341        │ Chevalier   │ R │ 392 Boulevard Raspil │
   19 ║ 5720        │ Helmers     │ D │ Ritzelstr. 82        │ 5400
   20 ║ 5855        │ Chin        │ F │ Hotel Orient         │
   21 ║ 6125        │ Hahn-Anderson│ D │ Schillerstr. 22     │ 6301
   22 ║ 6666        │ Mattheus    │ J │ Alter Römer 23       │ 6000
```

Bild 2.5.1: Auswahl BILD

```
Länge Breiten Format Springe Verschiebe ▐Wähle▌ Param Graph    Basis
Formular für die Darstellung des aktuellen Bildes auswählen.
SAMPLE╲═══Kd Nr.══════╤═══Name════╤═Un╤════Straße═════╤══PLZ═══
    1 ║ 1386        │ Abelei     │ F │ Berbendorfer Str. 25 │ 5014
    2 ║ 1388        │ Svenvald   │ I │ Regierungssitz       │
    3 ║ 1784        │ Meneikis   │ L │ Dresdner Str. 88     │ 6105
```

Bild 2.5.2: Auswahl WÄHLE

Nach der folgenden Anwahl des Menüpunktes *Wähle* (s.Bild 2.5.2)
haben Sie die Gelegenheit, ein Formular auszuwählen (s. Bild 2.5.3).
In unserem Beispiel stehen bereits mehrere benutzerdefinierte
Formulare zur Verfügung. Diese gehören zur Datenbank *KUNDEN*
und befinden sich ebenfalls vordefiniert im Paradox-Verzeichnis
SAMPLE.

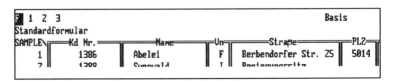

Bild 2.5.3: Formularwahl

Markieren wir nun den Buchstaben *F* für das Standardformular und
betätigen die Taste [Return], so sehen wir das Formular unmittelbar
auf dem Bildschirm (s.Bild 2.5.4).

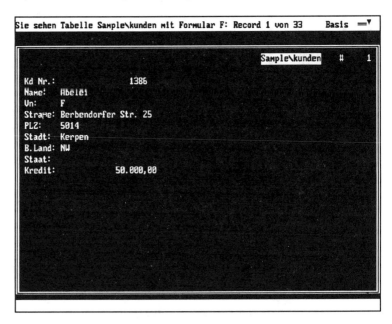

Bild 2.5.4: Standardformular KUNDEN

Formular-   Auf dem Formularbildschirm befindet sich in der ersten Zeile wieder
bildschirm   eine Statusinformation, in der wesentliche Hinweise zum Bearbei-
                       tungsmodus, der aktiv gewählten Tabelle und dem aktiven Datensatz
                       gegeben werden.

Die Ordnung der Eingabefelder auf dem Formular ist in einem Standardformular immer abhängig von der Reihenfolge der Datenfelddefinitionen. Das zweite Datenfeld steht nach dem ersten, das dritte nach dem zweiten usw. im Formular. Dabei sind sämtliche Felder untereinander positioniert. Als Feldvorgaben werden die Bezeichnungen verwendet, die bei der Strukturdefinition der Datenbank vergeben wurden. Sind Sie mit dem Aufbau dieser Formulare zufrieden, können Sie auf den Einsatz benutzerdefinierter Formulare verzichten. In Bild 2.5.5 sehen Sie im Vergleich zum Standardformular ein frei gestaltetes Formular, das Ihnen bereits einen Eindruck der Formularmöglichkeiten vermittelt.

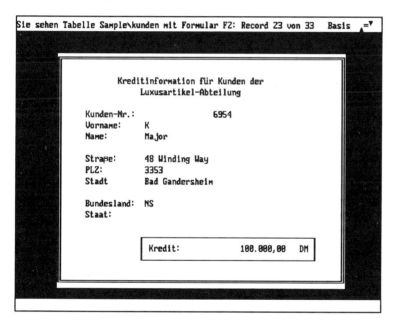

Bild 2.5.5: Beispiel eines benutzerdefinierten Formulares

An dieser Stelle wollen wir Ihnen zeigen, wie Sie ein Formular definieren. Dabei werden wir an dieser Stelle auf spezielle Gestaltungsmöglichkeiten nicht eingehen. Diese werden wir ausführlicher im Praxisteil besprechen. Bevor Sie ernsthaft mit der Formularfunktion arbeiten, sollten Sie zunächst eine Experimentierphase einlegen. Benutzen Sie eine beliebige Datenbank und erstellen Sie dazu ein Formular. Machen Sie sich mit den einzelnen Gestaltungsmöglichkeiten spielerisch vertraut. Jedes Element, was Sie einmal in einem Formular eingeführt haben, kann jederzeit wieder geändert oder entfernt werden.

Formulare definieren

Um ein Formular zu definieren, sollten Sie zunächst den Arbeitsbildschirm mit der Tastenkombination [Alt]+[F8] aufräumen und mit
[F10] in das Hauptmenü zurückkehren. Anschließend wählen Sie aus
dem Hauptmenü den Menüeintrag *Form* aus und quittieren mit
[Return] (s.Bild 2.5.6).

```
Zeige Abfrage Report Neu Dienste Bild  Form  Tools Makros Hilfe Ende
Formular entwerfen oder bearbeiten.
```

Bild 2.5.6: Hauptmenü FORM

Das nächste erscheinende Menü bietet Ihnen die Möglichkeit, ein
neues Formular zu erstellen (*entwerfen*) oder aber ein bereits vorhandenes Formular zu bearbeiten (*bearbeiten*) (s.Bild 2.5.7). Versuchen
Sie ein Formular neu zu erstellen, obwohl es bereits existiert, werden
Sie zur Sicherheit gefragt, ob Sie das Formular ersetzen möchten,
oder ob Sie die Funktion beenden möchten. Wir wählen an dieser
Stelle den Menüpunkt *Entwerfen* aus.

```
Entwerfen  Bearbeiten                                          Basis
Ein neues Formular für eine Tabelle entwerfen.
```

Bild 2.5.7: Anwahl ENTWERFEN

In einem ersten Schritt muß nun der Tabellenbezug hergestellt
werden. Jedes Formular verwendet die Strukturdefinition und die
Datensätze aus einer oder mehreren Tabellen. Wir wählen zur
Demonstration die Datei *SAMPLE\KUNDEN* (s.Bild 2.5.8).

```
Tabelle: sample\kunden                                          Basis
Namen der Tabelle für neues Formular eingeben oder mit ◄┘ Liste anfordern.
```

Bild 2.5.8: Tabellenbezug

In einem weiteren Schritt ist die zu verwendende Formularnummer
anzugeben (s.Bild 2.5.9). Bis zu 15 unterschiedliche Formulare sind
möglich. Das Standardformular, welches immer bei Betätigung der
Funktionstaste [F7] erscheint, muß nicht, kann aber definiert werden.
Liegt keine Definition für *F* vor und Sie drücken die Taste [F7], so
wird das Standardformular automatisch von Paradox generiert.

Definieren Sie Ihr Formular unter der Bezeichnung *F*, so wird es automatisch geladen, wenn Sie bei der Tabellenbearbeitung die Funktionstaste [F7] betätigen. Vergeben Sie für Ihr Formular zunächst eine Nummer, z.B. *7*, so können Sie es im nachhinein in das Standardformular umbenennen. Wählen Sie dazu im Hauptmenü den Eintrag *Tools* an und quittieren die Anwahl mit [Return]. Im folgenden Menü wählen Sie den Punkt *Umbenennen* und anschließend *Formular* aus. Nun müssen Sie in der Auswahlliste zunächst das umzubenennende Formular wählen (Auswahl der Tabelle und Angabe der Formularnummer, in unserem Fall 7) und anschließend als neuen Formularnamen das F wählen.

```
F  1  2  3  4  5  6  7  8  9  10  11  12  13  14              Basis
Standardformular
```

Bild 2.5.9: Formularnummer festlegen

Haben Sie die Formularnummer gewählt, können Sie eine Formularbeschreibung eingeben, die bei der späteren Menüanwahl der Formulare mit angezeigt wird. Dadurch haben Sie zur Formularnummer gleichzeitig eine kurze Erläuterung während der Auswahl auf dem Bildschirm. Sie sollten an dieser Stelle unbedingt einen aussagekräftigen Namen oder eine signifikante Kurzbeschreibung eingeben (s.Bild 2.5.10).

```
Formularbeschreibung:  Kundeninformationen                     Basis
Formularbeschreibung eingeben.
```

Bild 2.5.10: Formularbeschreibung

```
Sie entwerfen das Formular F5 für Sample\kunden        Form      1/1
< 7, 1>
```

Bild 2.5.11: Statuszeile Formulargenerator

Nach der letzten Eingabe erscheint ein nahezu leerer Bildschirm mit Statuszeilen in den oberen Bildschirminformationen. Hieran erkennen Sie bereits, daß Sie sich im Maskeneditor befinden, in dem Sie Ihre Formulare entwerfen können (s.Bild 2.5.11). Drücken Sie nun die Funktiontaste [F10], erhalten Sie ein Menü, aus dem Sie die Gestaltungsmerkmale für das Formular auswählen können (2.5.12). Die einzelnen Elemente können nach der Auswahl beliebig im Formular plaziert werden.

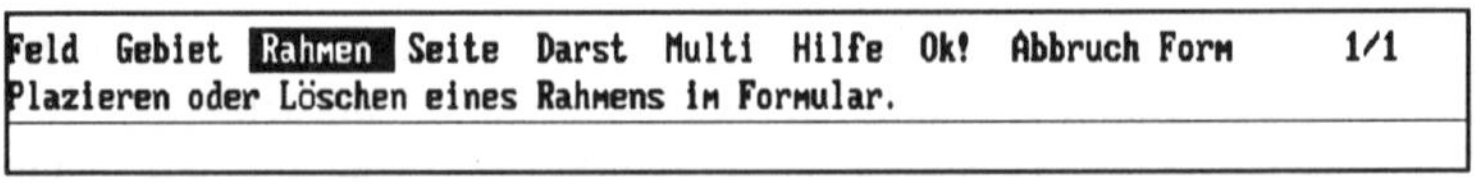

```
Feld  Gebiet  Rahmen  Seite  Darst  Multi  Hilfe  Ok!  Abbruch Form      1/1
Plazieren oder Löschen eines Rahmens im Formular.
```

Bild 2.5.12: Elementauswahl Formulargenerator

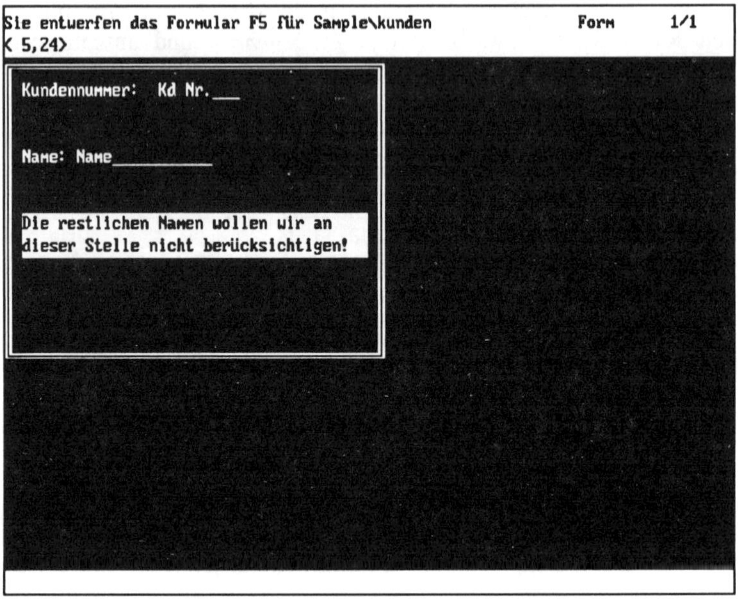

```
Sie entwerfen das Formular F5 für Sample\kunden              Form     1/1
< 5,24>

Kundennummer:  Kd Nr.___

Name: Name_____

Die restlichen Namen wollen wir an
dieser Stelle nicht berücksichtigen!
```

Bild 2.5.13: Formularmodus beenden

In Bild 2.5.13 ist ein Bildschirm abgedruckt, in dem die Formulardefinition bereits abgeschlossen ist. Mit der Funktionstaste [F10]
kehrt man nun in das Menü zurück und sichert das Formular mit *Ok!*.

Um den Einsatz des Formulars zu überprüfen, kann nun die Tabelle,
in diesem Fall *SAMPLE\KUNDEN*, geladen werden. Haben Sie die
Tabelle bereits vor der Formulardefinition angezeigt, so gelangen Sie
automatisch in den Anzeigemodus der Datenbank unter Verwendung
des definierten Formulars und können auf die weiteren Schritte
verzichten. Nachdem Sie die Tabelle aufgerufen haben, erhalten Sie
einen Bildschirm, wie in Bild 2.5.14 dargestellt.

Der direkte Wechsel von der Formulardefinition zur Formularanzeige
mit zugehörigen Datensätzen über das Menü *Zeige* ist nur direkt nach
der Definition selbst möglich. Verlassen Sie Paradox und starten es
erneut, müssen Sie Ihr Formular u.U. erst neu laden.

Ausnahme: Ihr Formular ist unter der Kennung F abgelegt, dann kann es direkt über [F7] auf den Bildschirm geholt werden!

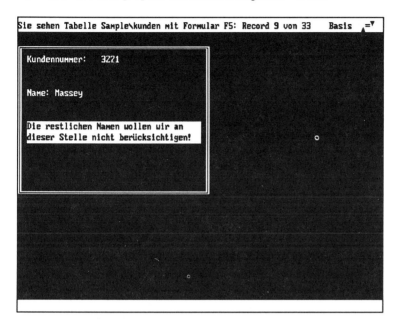

Bild 2.5.14: Formular im Eingabemodus

Im Eingabemodus eines Formulars stehen Ihnen sämtliche Editiermöglichkeiten zur Verfügung, die Sie bereits aus der Tabellenbearbeitung her kennen. Lediglich die Bildschirmdarstellung hat sich geändert.

Obgleich die Formularfunktion sehr viele Vorteile bietet, ist Sie nicht so universell wie die Tabelle nutzbar. Die Datenbankabfrage, das Hauptgebiet der Datenbankverwaltung, ist auch weiterhin ohne Verwendung des Formularmodus durchzuführen. Lediglich zur Eingabe und Anzeige kann der Formularmodus verwendet werden.

An dieser Stelle wollen wir die Formularerstellung noch einmal in wesentlichen Schritten zusammenfassen. Dabei ist zum einen die Formulardefinition und zum anderen die Formularverwendung zu berücksichtigen.

Zusammenfassung

Zusammenfassung Formulardefinition:

1. [Alt]+[F8] Bildschirm löschen

2. Anwahl Hauptmenü FORM

3. Bearbeitungsmodus festlegen

   a) Entwerfen (neues Formular)

   b) Bearbeiten (altes Formular)

4. Bezugstabelle festlegen

5. Formularbezeichnung angeben (F, 1, 2,...)

6. Formularbeschreibung für Menü eingeben

7. Formular erstellen

   - [F10] Menü Elementauswahl

8. mit [F10] und OK! beenden

Beachten Sie, daß unter dem Punkt 3 b) die Formularbearbeitung enthalten ist. Da der Ablauf nahezu identisch ist, kann auf eine gesonderte Beschreibung der Bearbeitungsphase verzichtet werden.

Zusammenfassung Formularwahl:

a) Standardformular:

1. Tabelle laden

2. mit [F7] in Formularmodus

3. mit erneutem [F7] zurück in Tabellenmodus

b) Formular allgemein:

1. Tabelle laden mit ZEIGE

1. mit [F10] ins Hauptmenü

2. Menüpunkt BILD anwählen

3. Menüpunkt WÄHLE aufrufen

4. Formularwahl (F, 1, 2,...)

5. die Tabelle ist nun formulargebunden

Zunächst wollen wir zur Übung das Standardformular zur Datei *Praxis* *KUNDEN* aufrufen. Dazu wählen wir aus dem Hauptmenü den Menüpunkt *Zeige* aus und geben den Tabellennamen *KUNDEN* ein. Durch Betätigung der Funktionstaste [F7] erscheint anschließend das gewünschte Formular auf dem Bildschirm (s.Bild 2.5.15).

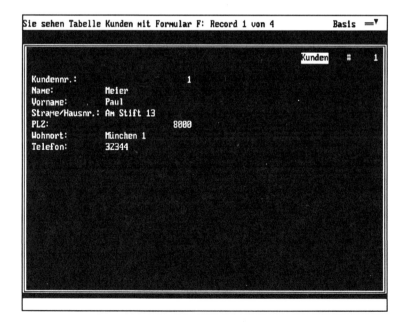

Bild 2.5.15: Standardformular KUNDEN

Soll alternativ zur Funktionstaste [F7] das Formular über die
Menüführung angezeigt werden, müssen wir zunächst in das Hauptmenü wechseln und aus dem Menü den Eintrag *Bild* auswählen
(s.Bild 2.5.16). Jetzt gelangen wir in ein Untermenü, in dem auch
der Punkt *Wähle* enthalten ist. Hinter dieser Menüanweisung ist die
Formularwahl versteckt (s. Bild 2.5.17). Die Formularbezeichnung
wählen wir nun aus einem letzten Menü (s. Bild 2.5.18). Anschließend erscheint der Inhalt der Videofilmdatei formulargebunden
auf dem Bildschirm. Der Aufbau ist dabei ähnlich zum Bild 2.5.15.

```
Zeige  Abfrage  Report  Neu  Dienste  Bild  Form  Tools  Makros  Hilfe  Ende
Bilder, Graphik gestalten; zu Feld oder Record springen; Formular wählen.
KUNDEN    Kundennr.                    Name                    Vorname
    1         1          Meier                       Paul
    2         2          Wilfried                    Peter
    3         3          Neumann                     Andrea
    4         4          Bogas                       Petra
```

Bild 2.5.16: Anwahl BILD

```
Länge  Breiten  Format  Springe  Verschiebe  Wähle  Param  Graph     Basis
Formular für die Darstellung des aktuellen Bildes auswählen.
KUNDEN    Kundennr.                    Name                    Vorname
    1         1          Meier                       Paul
    2         2          Wilfried                    Peter
```

Bild 2.5.17:Anwahl WÄHLE

```
F                                                                   Basis
Standardformular
```

Bild 2.5.18: Formularauswahl

An dieser Stelle soll nun das Erlernte anhand der Videothekenverwaltung nachvollzogen werden. Wir wollen ein spezielles Film-
formular entwerfen, in dem die Filminformationen optisch aufbereitet
sind. Danach kann die Datei vom Kunden selbst genutzt werden.
Zunächst wählen wir im Hauptmenü den Menüpunkt *Form* und
anschließend *Entwerfen* aus. In einem weiteren Schritt muß nun die
Tabelle angegeben werden, zu der das Formular erstellt werden soll.
Das ist in unserem Fall die Tabelle *VIDEO*. Da diese Datei im aktuellen Verzeichnis vorliegt, können wir mit [Return] eine Auswahlliste
anfordern, aus der wir den Namen übernehmen können. Nun beginnt
die eigentliche Formulardefinition.

Zuerst ist die Formularnummer anzugeben, unter der das Formular
verwaltet und abgespeichert werden soll. Um das Standardformular
von Paradox erzeugen zu lassen, wählen wir an dieser Stelle die
Nummer 1 (s. Bild 2.5.19).

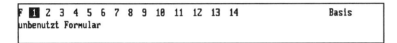

Bild 2.5.19: Formular "1" wählen

Danach können wir eine Formularbeschreibung angeben, die später
bei der *Bild-Wähle*-Funktion von Paradox verwendet wird. Wir
wählen in unserem Fall den Namen "Videofilmverwaltung" und
quittieren die Eingabe mit [Return] (s. Bild 2.5.20).

Bild 2.5.20: Formularbeschreibung VIDEO

Nun erscheint die leere Eingabemaske für Formulare auf dem Bildschirm. In der oberen Bildschirmzeile sind Informationen zur
gewählten Formularnummer und zugehörigen Tabelle enthalten. Die
obere rechte Bildschirmecke enthält die Angabe *FORM 1/1*. Diese
Kurzmeldung heißt ausführlich soviel wie: Sie bearbeiten vom
Formular die 1 von insgesamt 1 Formularseiten.

An der linken Seite der zweiten Bildschirmzeile ist eine scheinbar
ähnliche Angabe zu finden. Hier wird jedoch die aktuelle Zeilen- und
Spaltenposition des Textcursors innerhalb des Formulareditors angezeigt. Damit lassen sich Elemente sehr genau und leicht im Formular
positionieren (s. Bild 2.5.21).

Bild 2.5.21: leeres Entwurfsblatt

Nun können die Elemente im Formular plaziert werden. Falls Sie hierzu Hilfe benötigen, sollten Sie wieder mit der Funktionstaste [F1] die kontext-sensitive Hilfsfunktion aufrufen, die Ihnen Informationen zu den einzelnen Formularelementen (s.Bild 2.5.22) gibt.

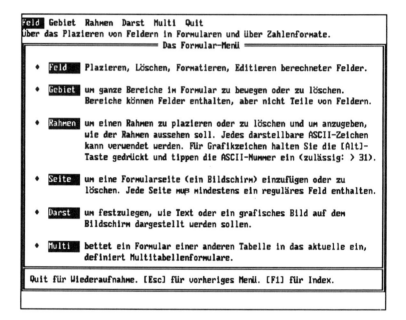

Bild 2.5.22: Hilfefunktion zu den Formularelementen

Wir wollen unser Formular zunächst mit einem doppelten Rahmen versehen und wechseln daher von der leeren Arbeitsfläche mit der Funktionstaste [F10] in das Elementmenü. Hier wählen wir nacheinander die Menüeinträge *Feld, Plazieren* und *doppelt* aus. Danach können wir mit dem Cursor zunächst die linke obere und anschließend die rechte untere Rahmenecke ansteuern und jeweils mit [Return] quittieren. Der Rahmen wird beim Zeichnen dynamisch dargestellt, so daß Sie ständig einen Eindruck von der Größe erhalten (s.Bild 2.5.23).

In einem weiteren Arbeitsschritt wollen wir die Felder, in denen später die Inhalte der Tabellenspalten eingetragen werden, definieren. Aus diesem Grund wechseln wir wieder mit [F10] in das Menü. Hier wählen wir nacheinander die Menüeinträge *Feld, plazieren* und *regulär* aus. In einer Auswahlliste werden uns nun die für die Tabelle definierten Felder angezeigt. Haben wir ein Feld angesteuert und mit [Return] quittiert, können wir es mit der Cursorsteuerung frei im Formular plazieren.

Sämtliche Felder werden nach diesem Schema in unser Formular eingebunden. Feldvorgaben werden bei dieser Funktion allerdings nicht
eingefügt (im Standardformular werden von Paradox automatisch die
Feldbezeichnungen der Strukturdefinition als Feldvorgabe übernommen) und sind gesondert zu ergänzen. Alternativ zu regulären Feldern können auch andere Typen verwendet werden. In unserem Beispiel werden wir nicht alle Feldmöglichkeiten ausnutzen, dennoch
wollen wir sie an dieser Stelle kurz erläutern.

Reguläre Felder: Datenfelder, die aus einer Tabellenspalte übernommen werden und auch bearbeitbar sind (Menü: *Regulär*).

Nurlesefelder: Wie die regulären Felder werden auch sie aus einer
Tabelle übernommen, können aber nicht bearbeitet werden. Sie wer-
den also nur angezeigt. Diese Felder sind insbesondere für (Menü:
NurLesen).

berechnete Felder: Felder, die berechnet werden und nicht in der
zugehörigen Tabelle enthalten sind (Menü: *Berechnet*).

Datensatzfeld: Feld, in dem später die aktuelle Datensatznummer
eingetragen wird (Menü: *#Rec*).

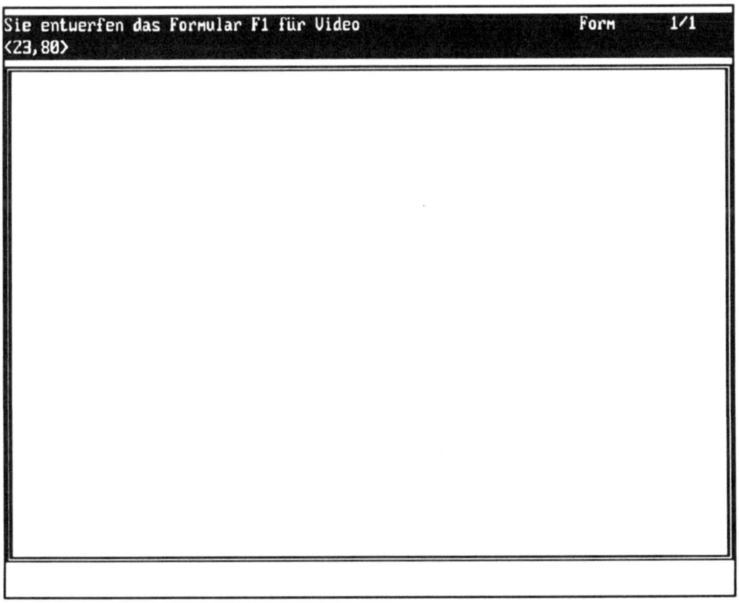

```
Sie entwerfen das Formular F1 für Video              Form      1/1
<23,80>
```

Bild 2.5.23: Rahmen zeichnen

Nachdem wir sämtliche Felder, die wir in das Formular übernehmen wollen, plaziert haben (das müssen nicht alle Felder der Tabelle und können zusätzliche berechnete Felder sein), geben wir die Feldvorgaben ein. Jeder Text kann direkt in die Maske eingetragen werden. Dazu brauchen Sie nicht in das Elementmenü zu wechseln. Nach diesen Eingaben ergibt sich bereits eine ansprechende Bildschirmmaske (s. Bild 2.5.24).

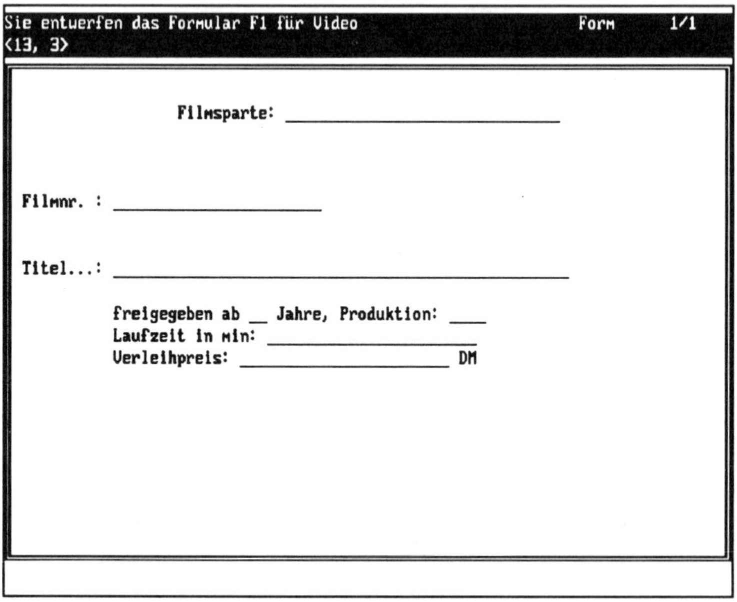

```
Sie entwerfen das Formular F1 für Video                 Form      1/1
<13, 3>


                   Filmsparte: _____


   Filmnr.  : _____


   Titel...: _____

                   freigegeben ab __ Jahre, Produktion: ____
                   Laufzeit in min: _____
                   Verleihpreis: _____ DM
```

Bild 2.5.24: Felder plazieren

In einem letzten Schritt geben wir weitere Textinformationen ein und heben Eingabefelder und wichtige Informationen durch unterschiedliche Farbgebung hervor (Menü: *Darstellung*)(s. Bild 2.5.25). Mit [F10] und der Anwahl von *Ok!* können wir nun das Formular abspeichern. In Bild 2.5.26 sehen Sie das fertige Formular im Einsatz.

```
Sie entwerfen das Formular F1 für Video                  Form    1/1
<22,77>
┌──────────────────────────────────────────────────────────────┐
│                                                                │
│              Filmsparte: ┌──────────────────────┐              │
│                          └──────────────────────┘              │
│                                                                │
│                                                                │
│    Filmnr. : ████████████████████                             │
│                                                                │
│                                                                │
│    Titel...: ██████████████████████████████████████          │
│                                                                │
│              freigegeben ab __ Jahre, Produktion: ____         │
│              Laufzeit in min: _____           │
│              Verleihpreis: _____ DM           │
│                                                                │
│                                                                │
│                                                                │
│  ┌─────────────────────────────────────────────────────────┐  │
│  │Information:  Sehr geehrter Kunde, bitte beachten Sie unsere neuesten│
│  │              Filmangebote "Schmiere" und "Highway-Chaoten"...│
│  └─────────────────────────────────────────────────────────┘  │
│  ┌─────────────────────────────────────────────────────────┐  │
│  │Achtung   :  bei drei ausgeliehenen Filmen gibt es einen Gratis!│
│  └─────────────────────────────────────────────────────────┘  │
│                                                                │
└──────────────────────────────────────────────────────────────┘
```

Bild 2.5.25: Formularoptimierung

```
Sie sehen Tabelle Video mit Formular F1: Record 8 von 10    Basis
┌──────────────────────────────────────────────────────────────┐
│                                                                │
│              Filmsparte: ┌──────────────────────┐              │
│                          │Kriegsfilm            │              │
│                          └──────────────────────┘              │
│                                                                │
│    Filmnr. : ████████████      8      ███████                 │
│                                                                │
│                                                                │
│    Titel...: Die Hölle von Okinawa ████████████████           │
│                                                                │
│              freigegeben ab 16 Jahre, Produktion: 1951         │
│              Laufzeit in min:              109                 │
│              Verleihpreis:              4,00    DM             │
│                                                                │
│                                                                │
│  ┌─────────────────────────────────────────────────────────┐  │
│  │Information:  Sehr geehrter Kunde, bitte beachten Sie unsere neuesten│
│  │              Filmangebote "Schmiere" und "Highway-Chaoten"...│
│  └─────────────────────────────────────────────────────────┘  │
│  ┌─────────────────────────────────────────────────────────┐  │
│  │Achtung   :  bei drei ausgeliehenen Filmen gibt es einen Gratis!│
│  └─────────────────────────────────────────────────────────┘  │
│                                                                │
└──────────────────────────────────────────────────────────────┘
```

Bild 2.5.26: Formular im Einsatz

Multirecord-
Formulare

In einem letzten Schritt wollen wir eine erweiterte Möglichkeit der Formulargestaltung durchsprechen. Wir wollen mehrere Datensätze einer Tabelle parallel in einem Formular ausgeben. Dies ist allerdings nur sinnvoll, wenn die Datensätze nicht zu lang bzw. wenn die verwendeten Datensätze einer Tabelle, die in der Maske erscheinen sollen, nicht zu umfangreich sind. In einem solchen Fall spricht man von Multirecord-Formularen.

Wir wollen an dieser Stelle die Verleihverwaltung verwenden, um diese Funktion zu demonstrieren. Dazu entwerfen wir zunächst ein Formular für nur einen Datensatz. Nachdem wir die Menüs *Form*, *Entwerfen* und anschließend die Datei *VERLEIH* gewählt haben, können wir das Formular eingeben (s. Bild 2.5.27). Dann kehren wir mit [F10] in das Elementmenü zurück und wählen den Eintrag *Multi* an (s. Bild 2.5.28). Der definierte Datensatz erscheint anschließend farblich hervorgehoben, um zu zeigen, daß es sich um einen Multirecord-Bereich handelt.

```
┌─────────────────────────────────────────────────────────────────────┐
│ Sie entwerfen das Formular F1 für Verleih              Form     1/1   │
│ < 6, 1>                                                               │
│                                                                       │
│  ┌─────────┐┌──────────────────────────────────────────────────────┐ │
│  │ Nummer  ││ Kunde: _____  Verleih : _____  Schäden:  │ │
│  │         ││                                                       │ │
│  │ _____  ││ Film.: _____  Rückgabe' _____  _____   │ │
│  └─────────┘└──────────────────────────────────────────────────────┘ │
└─────────────────────────────────────────────────────────────────────┘
```

Bild 2.5.27: Formularbeschreibung VERLEIH

```
┌─────────────────────────────────────────────────────────────────────┐
│ Feld Gebiet Rahmen Seite Darst Multi Hilfe Ok! Abbruch Form    1/1    │
│ Definieren oder Entfernen von Multitabellen- und Multirecordformularen.│
│  ┌─────────┐┌──────────────────────────────────────────────────────┐ │
│  │ Nummer  ││ Kunde: _____  Verleih : _____  Schäden: │ │
│  │         ││                                                       │ │
│  │ _____  ││ Film.: _____  Rückgabe: _____  _____  │ │
│  └─────────┘└──────────────────────────────────────────────────────┘ │
└─────────────────────────────────────────────────────────────────────┘
```

Bild 2.5.28: Anwahl MULTI

```
┌─────────────────────────────────────────────────────────────────────┐
│ Tabellen Records                                       Form     1/1   │
│ Einen Multirecordbereich im Formular plazieren, entfernen oder anpassen.│
└─────────────────────────────────────────────────────────────────────┘
```

Bild 2.5.29: Anwahl RECORDS

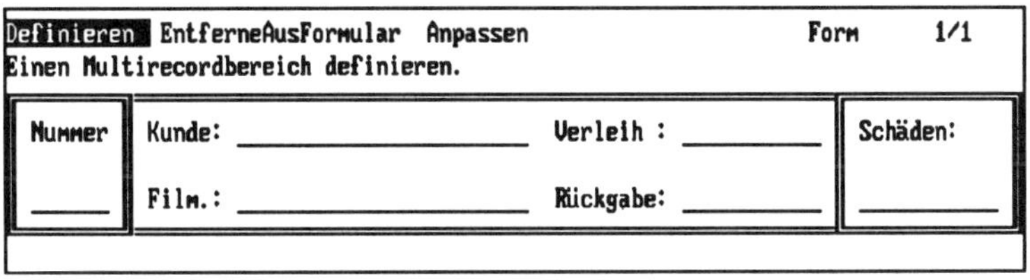

```
Definieren  EntferneAusFormular  Anpassen          Form    1/1
Einen Multirecordbereich definieren.

 Nummer  Kunde: _____    Verleih : _____   Schäden:
 _____  Film.: _____    Rückgabe: _____   _____
```

Bild 2.5.30: Anwahl DEFINIEREN

Nun muß der Multibereich im Formular kopiert werden. Dazu
steuern wir zunächst den Menüpunkt *Records* und anschließend *den
Eintrag Definieren* (s.Bild 2.5.30) an. Im Anschluß daran können wir
den hervorgehobenen Formularbereich mit Hilfe der Cursorsteuerung
verschieben und an einer neuen Position als neuen Datensatzbereich
mit [Return] einfügen (s.Bild 2.5.31).

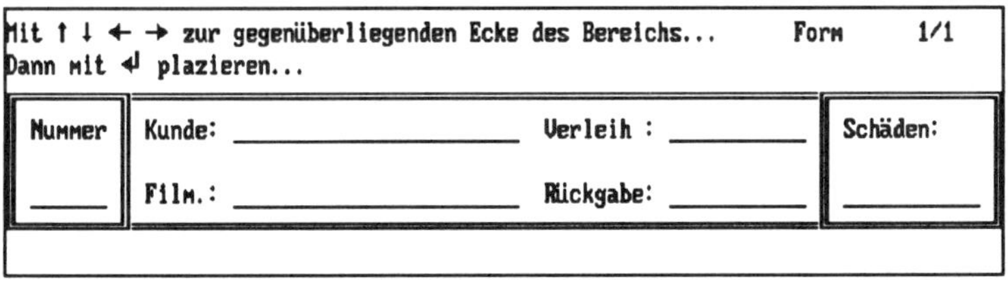

```
Mit ↑ ↓ ← → zur gegenüberliegenden Ecke des Bereichs...  Form    1/1
Dann mit ↵ plazieren...

 Nummer  Kunde: _____    Verleih : _____   Schäden:
 _____  Film.: _____    Rückgabe: _____   _____
```

Bild 2.5.31: Bereichsdefinition

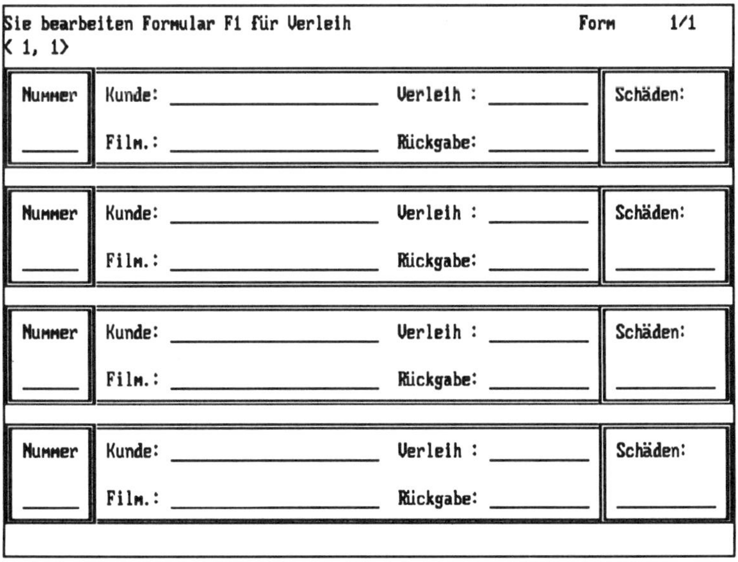

```
Sie bearbeiten Formular F1 für Verleih             Form    1/1
< 1, 1>

 Nummer  Kunde: _____    Verleih : _____   Schäden:
 _____  Film.: _____    Rückgabe: _____   _____

 Nummer  Kunde: _____    Verleih : _____   Schäden:
 _____  Film.: _____    Rückgabe: _____   _____

 Nummer  Kunde: _____    Verleih : _____   Schäden:
 _____  Film.: _____    Rückgabe: _____   _____

 Nummer  Kunde: _____    Verleih : _____   Schäden:
 _____  Film.: _____    Rückgabe: _____   _____
```

Bild 2.5.32: Ergebnis Multi-Record-Formular

Nachdem wir insgesamt vier Datenfeldbereiche in unser Formular eingefügt haben, rufen wir mit [F10] das Menü auf und speichern das Multirecord-Formular mit *Ok!*. Dann kehren wir in das Hauptmenü von Paradox zurück, wo wir den Menüpunkt *Zeige* anwählen, um unser neues Formular in der Anwendung zu betrachten. Später können Sie dieses Formular unter der während der Definition gewählten Formularnummer mit der Menüfolge *Bild --> Wähle* jederzeit laden. Auch die Speicherung als Standardformular ist möglich.

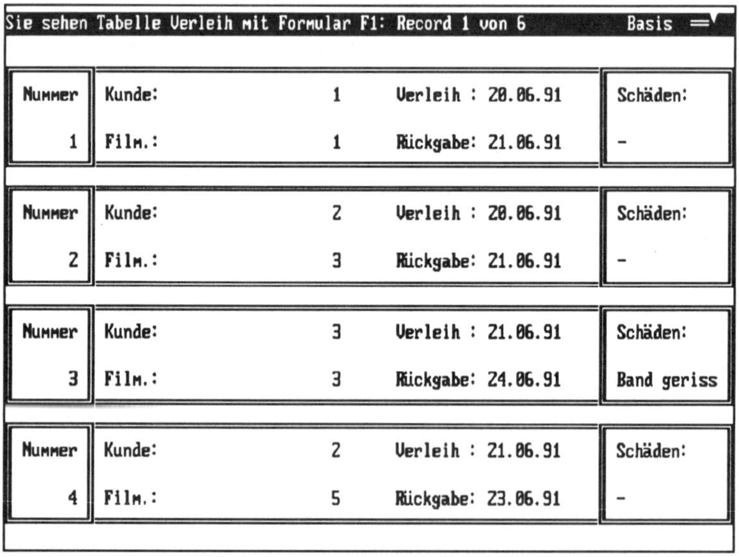

```
Sie sehen Tabelle Verleih mit Formular F1: Record 1 von 6          Basis  =

  Nummer    Kunde:          1    Verleih : 20.06.91    Schäden:
      1     Film.:          1    Rückgabe: 21.06.91    -

  Nummer    Kunde:          2    Verleih : 20.06.91    Schäden:
      2     Film.:          3    Rückgabe: 21.06.91    -

  Nummer    Kunde:          3    Verleih : 21.06.91    Schäden:
      3     Film.:          3    Rückgabe: 24.06.91    Band geriss

  Nummer    Kunde:          2    Verleih : 21.06.91    Schäden:
      4     Film.:          5    Rückgabe: 23.06.91    -
```

Bild 2.5.33: Muliti-Record-Formular im Einsatz

Damit wollen wir die Formularfunktion verlassen und uns im nächsten Kapitel mit der Druckerausgabe beschäftigen.

2.6 Reportfunktion

Obgleich viele von Ihnen mit dem Begriff *Report* bestimmte
Vorstellungen verknüpfen, wird es Ihnen sicherlich nicht leicht
fallen, die Reportfunktion zu definieren. Das Wort Report kommt aus
dem französischen und heißt übersetzt soviel wie Bericht oder
Mitteilung. Wortverwandte Begriffe wie Reportage und Reporter
sind Ihnen sicherlich ebenfalls geläufig. Bei den Datenbankreporten
handelt es sich auch um Berichte, die aber speziell aufbereitet auf
dem Drucker ausgegeben werden. In diesem Kapitel wollen wir aber
nicht nur auf die Reports selbst, sondern auch auf die
Reportgestaltung eingehen.

Grundlagen

So wie Sie mit der Formulargestaltung die Möglichkeit hatten,
Datenbankinformationen benutzerformatiert auf dem Bildschirm
auszugeben, so lassen sich mit der Reportfunktion die Daten auch
formatiert auf Papier drucken. Die Ausgabe kann sowohl in einer
Tabellenform als auch in einer Formularform erfolgen.

Paradox erlaubt es, die Druckerausgaben begrenzt zu formatieren.
Neben der Gestaltung eines Seitenkopfes und einer
Seitennumerierung können auch die Felder in einem Reportformular
frei plaziert werden. Die Informationen zu den definierten Reports
werden ähnlich wie bei der Formularverwaltung abgespeichert. Für
jeden Report, maximal 15 sind für jede Datenbank möglich, wird
gesondert eine Definitionsdatei angelegt. Der Name dieser
Reportdatei setzt sich aus dem Namen der Datenbank und einem
Suffix (Dateikürzel), welches aus einem *R* und einer Ziffer für die
Formularnummer besteht, zusammen.

Die volle Ausnutzung der aktuellen Druckertypen ist mit Paradox 3.5
noch nicht gewährleistet. Der Einsatz spezieller Schrifttypen wird nur
über Manipulation der Initialisierungssequenzen im
Konfigurationsprogramm möglich. Ein Wechsel zwischen
unterschiedlichen Schriften ist nicht möglich. Wollen Sie Ihr
Formular mit mehreren Schriften gestalten, haben Sie allerdings die
Möglichkeit, den Report nicht direkt auf dem Drucker, sondern in
eine Datei umzuleiten (Dateikennung *RPT*). Die durch die
Reportfunktion erzeugte Datei wird im reinen ASCII-Format
aufgebaut und kann daher von nahezu jeder Textverarbeitung
weiterverarbeitet werden. Alternativ können Sie den Report auch
direkt auf den Bildschirm umleiten, so daß Sie die Reportausgabe
zunächst kontrollieren, ehe Sie wertvolles Papier umsonst vergeuden.

*Ergebnis-
umleitung*

Drucker-
einstellung

Standardmäßig werden keine besonderen Steuerzeichen zum Drucker übermittelt. Dies erfolgt deshalb nicht, weil während der Installation der Standarddrucker eingestellt wird, für den keine Initialisierungsequenz angegeben ist. Es erfolgt also auch keine Umstellung auf einen bestimmten Zeichensatz (eventuell werden dann bei Ihnen keine Umlaute und Sonderzeichen gedruckt). Große Tabellen werden beim Ausdruck über mehrere Seiten nebeneinander ausgegeben, so daß der Standardreport aus optischen Gründen nicht weiter nutzbar ist. Um die Reportfunktion optimal zu nutzen, sollten Sie zunächst den Report in einem Formular definieren, anschließend in eine Datei drucken und abschließend die letzten Schritte mit Ihrer Textverarbeitung ausführen (Schrifttypen, Attribute usw.).

Instant-Report

Sie können in Paradox entweder einen Standardreport, den sogenannten Instant-Report drucken, oder aber benutzerdefinierte Reporte erzeugen. Der Instant- bzw. Sofort-Report benutzt ein Standardreportformular, welches von Paradox automatisch generiert wird. Der Benutzer kann also unmittelbar Daten ausdrucken, ohne sich zunächst mit der komplexeren Definitionsphase befassen zu müssen. Die Erstellung und die Verwaltung der Reporte erfolgt ähnlich wie bei der Formularverwaltung. Die Ausgabe des Standardreports erfolgt immer in Tabellenform.

Gesamt-
ausgabe

Um einen Sofort-Report drucken zu können, laden Sie zunächst die Tabelle, deren Daten ausgegeben werden sollen. Im Anschluß daran überprüfen Sie, ob Ihr Drucker eingeschaltet ist und sich im Online-Modus befindet. Ist dies der Fall, so drücken Sie die Tastenkombination [Alt]+[F7]. Danach wird der Report auf dem Drucker ausgegeben. Der Ausdruck enthält die Tabelle und einen Seitenkopf, in dem das aktuelle Datum, die Seitennummer und die Überschrift "Standardreport" enthalten ist. Der Report kann über mehrere Seiten gehen und umfaßt den gesamten Tabelleninhalt.

Teil-
ausgabe

Da die Reportfunktion über die zuvor genannte Tastenkombination jederzeit ausführbar ist, dürfte die Ausgabe eines Tabellenteiles keine Schwierigkeit sein. Im Kapitel 2.3 haben wir die leistungsfähige Abfragefunktion von Paradox kennengelernt, die es ermöglicht, eine temporäre Antworttabelle zu erstellen, die nur die Datensätze enthält, die unseren angegebenen Bedingungen entsprechen. Befinden wir uns mit dem Cursor in dieser Tabelle, können wir mit [Alt]+[F7] auch hiervon den Instant-Report erstellen.

Wählen wir die Möglichkeiten der freien Reportgestaltung, so haben wir umfassende Möglichkeiten, Daten zu formatieren. Daten können gruppiert, mit speziellen Vorgabefeldern, erweiterten Informationen und mit geänderten Formaten gedruckt werden. Überschriften und auch berechnete Felder sind innerhalb von Reporten möglich. Sie sehen, auch hier sind sehr viele Übereinstimmungen mit der Formularfunktion zu finden.

Report-
definition

Beachten Sie, daß Standardeinstellungen für die Reportfunktion, wie z.B. Seitenlänge, Seitenbreite, Randeinstellungen und eingestellter Drucker bereits über das Konfigurationsprogramm *CUSTOM* (s.Kapitel 1.3) voreingestellt werden können, so daß eine Anpassung innerhalb von Paradox nicht mehr notwendig ist.

Der Aufruf der Reportdefinition erfolgt über den Menüpunkt *REPORT* im Hauptmenü von Paradox. Anschließend erscheint eine Auswahl der Funktionen, die im Bereich *Report* verfügbar sind. Diese Funktionen wollen wir an dieser Stelle kurz erläutern.

Druck: Durch Anwahl dieses Menüpunktes kann eine Tabelle in einem beliebigen Format auf dem Drucker, dem Bildschirm oder in eine Datei ausgegeben werden. Sie können an dieser Stelle sowohl den Standard- als auch einen beutzerdefinierten Report auswählen. Beachten Sie, daß mit [Alt]+[F7] immer der Standardreport gedruckt wird. Sie haben aber auch die Möglichkeit, ein benutzerdefiniertes Formular direkt als Standardreport abzuspeichern oder später in ein solches umzubenennen. Achten Sie darauf, daß der Drucker für die Druckerausgabe eingeschaltet ist.

Entwerfen: Der Menüpunkt *Entwerfen* gestattet es, ein Reportformular unter einer speziellen Bezeichnung für eine beliebige Datenbank zu entwerfen. Das Standardformular erhält die Bezeichnung *R* und die benutzerdefinierten Formulare eine numerische Bezeichnung (1 bis 14). Insgesamt können bis zu 15 Reportformulare erzeugt werden. Ist das Formular, das Sie definieren wollen, bereits vorhanden, so erscheint eine Sicherheitsabfrage. Sie haben dann die Möglichkeit, entweder das Formular zu erstellen, oder aber die Definition abzubrechen.

Bearbeiten: Mit diesem Menüeintrag können bereits vorhandene Formulare bearbeitet werden. Dabei erscheint das ursprüngliche Formular im Reporteditor und ist direkt veränderbar.

Sie haben nach der Änderung die Möglichkeit zu entscheiden, ob Sie das alte Formular ersetzen wollen oder nicht. An dieser Stelle können Sie allerdings das Formular nicht mehr unter einem anderen Namen abspeichern.

Teilausgabe: Mit Hilfe der Teilausgabe können Sie bestimmte Seiten des Reports auf einem Drucker, dem Bildschirm oder in eine Datei ausgeben lassen.

ParamDruck: Mit diesem Menüpunkt können Druckerparameter festgelegt werden. Neben dem Abschicken einer Initialisierungssequenz (z.B. für Zeichentabellenfestlegung, Schriftart, Schriftattribut usw.) kann auch ein Seitenvorschub ausgelöst werden. Um diese Funktionen nutzen zu können, sind unbedingt Druckerkenntnisse erforderlich. Die Initialisierungssequenzen unterscheiden sich von Drucker zu Drucker. Informationen hierzu finden Sie deshalb nicht in den Paradox-, sondern in Ihren Druckerhandbüchern.

In der Regel werden Sie Formulare entwerfen und bearbeiten. Dabei gelangen Sie wieder in einen Maskeneditor, der das Zeichnen des Reports ermöglicht. Wie bereits bei der Formularerstellung, gelangen Sie über die Funktionstaste [F10] in ein sogenanntes Elementmenü. Hier sind die Objekte enthalten, die Sie in Ihrem Reportformular plazieren können. Nachträgliche Löschungen und Änderungen sind jederzeit möglich. Um Ihnen einen Einblick über die Menüstruktur dieser Elementauswahl zu geben, ist nachfolgend der Menübaum des Reporteditors dargestellt.

Menübaum

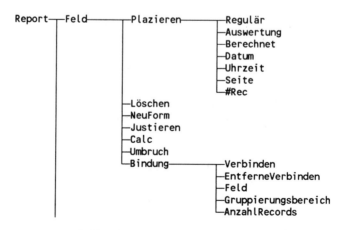

Bild 2.6.1: Menübaum Reporteditor (Beginn)

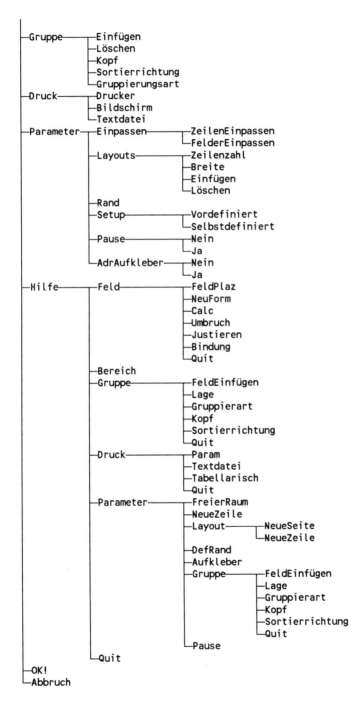

Bild 2.6.1: Menübaum Reporteditor (Ende)

Wie Sie an dem Menübaum erkennen, ist auch der Reporteditor mit
einer umfassenden Hilfefunktion ausgestattet, die Ihnen sämtliche
benötigten Informationen zur Reporterstellung liefert. Der Aufruf
erfolgt über das Menü *Hilfe* bzw. durch die Funktionstaste [F1] (s.
Bild 2.6.2).

```
Feld  Spalten  Bereich  Gruppe  Druck  Parameter  Quit
Wie man Felder in einem Report plaziert.
═════════════ Entwurf von tabellarischen Reports ═════════════

    ♦ In einem tabellarischen Report sind die Records quer über die Seite in
      Zeilen und Spalten ausgerichtet - ähnlich wie in einer Paradox-Tabelle.

    ♦ Die Spalten eines tabellarischen Reports können neu formatiert, mit
      [Ctrl][R] rotiert, gelöscht, und ihre Größe kann geändert werden.

    ♦ Jede Spalte ist eine eigenständige Einheit. Feldwerte und eingetippte
      Zeichen dürfen Spaltengrenzen nicht überschreiten.

    ♦ Sie können in einer Spalte mehr als ein Feld plazieren.

    ♦ Verwenden Sie Spalte, um in tabellarischen Reports mit Spalten
      zu arbeiten.

    ♦ Wenn Sie Instant-Report [Alt][F7] drücken, wird der Report, den Sie
      gerade gestalten, ausgedruckt. Sie können überprüfen, wie er zum
      gegenwärtigen Zeitpunkt des Gestaltungsprozesses aussieht.

Quit für Wiederaufnahme  [Esc] für vorheriges Menü. [F1] für Index.
```

Bild 2.6.2: Hilfefunktion REPORT

Um einen Bericht zu definieren, ist wie folgt vorzugehen: Zunächst
ist in das Hauptmenü zu wechseln und der Menüpunkt *Report*
anzuwählen. Danach müssen Sie angeben, ob Sie ein Formular neu
entwerfen oder lediglich ein bereits vorhandes bearbeiten wollen
(s.Bild 2.6.3).

```
Druck  Entwerfen  Bearbeiten  Teilausgabe  ParamDruck          Basis
Einen neuen Report entwerfen.
```

Bild 2.6.3: Bearbeitungsmodus wählen

Haben Sie sich z.B. für den Entwurf entschieden, müssen Sie nun die
zu verwendende Reportbezeichnung (R, 1, 2, 3,...) angeben. Ist das
angegebene Formular bereits belegt, erscheint zur Sicherheit eine
Abfrage, ob die vorhandene Datei ersetzt werden soll (s.Bild 2.6.4).

```
R █ 2  3  4  5  6  7  8  9  10  11  12  13  14              Basis
Kreditsituation nach Staaten

```

Bild 2.6.4: Festlegung der Reportbezeichnung

```
Report-Beschreibung:  Kreditsituation nach Staaten          Basis
Neue Beschreibung des Reports eingeben, oder mit ◄┘ unverändert lassen.
```

Bild 2.6.5: Angabe einer Reportbeschreibung

Nach der Formularbezeichnung kann nun eine entsprechende Beschreibung zum Report selbst eingegeben werden (s. Bild 2.6.5). Diese Beschreibung erleichtert später bei der Reportanwahl die Identifizierung, da Sie bei der Menüauswahl angezeigt wird (vgl. Formulardefinition).

Nun erscheint ein weiteres Menü mit den Einträgen *Tabellarisch* und *FreiesFormat*. Damit können wir bereits eine Reportvordefinition vornehmen, die die nachfolgende Arbeit erleichtert. Beim tabellarischen Format wird für den Maskeneditor ein tabellenorientiertes Standardformular generiert. Sämtliche Datenfelder werden dabei nebeneinander plaziert. Anders als bei Bildschirmformularen, können Reportformulare horizontal und vertikal über den Bildschirm des Reporteditors hinausgehen. Verwenden wir stattdessen ein freies Format, so erfolgt zwar wieder eine Reportvordefinition, aber diesmal sind die Felder nicht mehr nebeneinander, sondern untereinander angeordnet. Haben wir uns für einen Reportaufbau entschieden und die Anwahl mit [Return] quittiert, so erscheint das zu bearbeitende Formular auf dem Bildschirm. In Bild 2.6.5. haben wir das freie Format (Menüpunkt; *FreiesFormat*) und in Bild 2.6.6 das tabellarische Format gewählt. Sie werden den Unterschied sofort erkennen.

Bevor wir uns nun dem Praxisteil zuwenden, wollen wir zunächst die wesentlichen Schritte, die bei der Reportfunktion durchzuführen sind, kurz zusammenfassen.

Formular-
erstellung

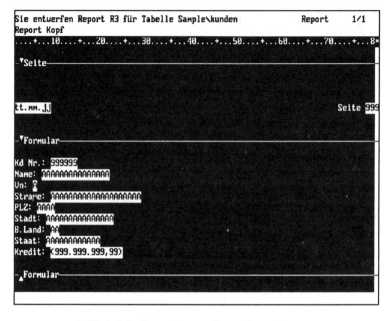

Bild 2.6.5: Formularerstellung FreiesFormat

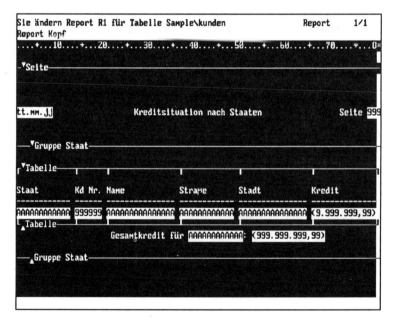

Bild 2.6.6: Formularerstellung tabellarisches Format

Zusammenfassung Reportdefinition:

1. [Alt]+[F8] Bildschirm löschen

2. Anwahl Hauptmenü REPORT

3. Bearbeitungsmodus festlegen

   a) Entwerfen (neuen Report)

   b) Bearbeiten (alten Report)

4. Bezugstabelle festlegen

5. Reportbezeichnung festlegen (R, 1, 2,...)

6. Reportbeschreibung für Menü eingeben

7. Vordefinition festlegen

   a) Tabellarisch (Datensätze nebeneinander)

   b) FreiesFormat (Datensätze untereinander)

8. vordefinierten Report bearbeiten

   -[F10] Elementauswahl

9. mit [F10] und OK! beenden

Der Ablauf bezieht sich auf den Reportentwurf, die Bearbeitungsphase (s. Punkt 3 b) ist der Vollständigkeit halber aber mit aufgenommen worden. Die Vordefinition wird für den Bearbeitungsmodus nicht mehr benötigt. Da die übrigen Arbeitsschritte identisch sind, haben wir auf eine zusätzliche Zusammenfassung der Bearbeitungsfunktion an dieser Stelle verzichtet.

Zusammenfassung Reportausgabe:

a) Standardreport / Instant-Report:

1. Tabelle laden

2. mit [Alt] + [F7] drucken

b) benutzerdefinierter Report:

1. [Alt] + [F8] Bildschirm löschen

2. Hauptmenüpunkt REPORT anwählen

3. Untermenü DRUCK anwählen

4. Tabelle auswählen

5. Reportbezeichnung wählen (R, 1, 2,...)

6. Ausgabeeinheit festlegen

   a) Drucker

   b) Bildschirm

   c) Textdatei

7. nach Punkt 6 b) eventuell Textdatei (Report) bearbeiten

   a) Paradox beenden

   b) Textverarbeitung laden

   c) Report importieren (Name.RPT)

   d) Report formatieren

   e) Ergebnis abspeichern, evtl. drucken

In unserem Praxisteil wollen wir die Reportfunktion nun kurz *Praxis*
wiederholen. Dabei werden wir die Beschreibungen nicht so
umfassend gestalten, wie in unserem letzten Kapitel, da beide
Funktionen (Formularerstellung und Reportfunktion) sehr viele
Gemeinsamkeiten aufweisen.

Zunächst wollen wir in einem kleinen Beispiel die Kundendatei
unserer Videothekenverwaltung in einem Report ausgeben. Dazu
wechseln wir zunächst in das Hauptmenü und wählen den
Menüeintrag *Zeige* an. Die Kundeninformationen erscheinen nun auf
dem Bildschirm, wie in Bild 2.6.7 dargestellt.

```
Sie sehen Tabelle Kunden: Record 1 von 4                    Basis

KUNDEN    Kundennr.                   Name                  Vorname
   1          1        Meier                    Paul
   2          2        Wilfried                 Peter
   3          3        Neumann                  Andrea
   4          4        Bogas                    Petra
```

Bild 2.6.7: Tabelle KUNDEN

Um den Report sofort auf dem Drucker auszugeben, drücken wir nun
die Tastenkombination [Alt]+[F7]. Danach wird der Report
unmittelbar abgeschickt und in der unteren rechten Ecke erscheint die
Meldung, daß der Druck erfolgt (s.Bild 2.6.8). Sollte der Drucker
nicht bereit sein, erhalten Sie auch hierüber eine entsprechende
Meldung ("Drucker nicht bereit!").

```
Sie sehen Tabelle Kunden: Record 1 von 4                    Basis

KUNDEN    Kundennr.                   Name                  Vorname
   1          1        Meier                    Paul
   2          2        Wilfried                 Peter
   3          3        Neumann                  Andrea
   4          4        Bogas                    Petra



                              Report zu Drucker senden...
```

Bild 2.6.8: Meldung Druckerausgabe

Die Tabelle erscheint auf dem Drucker in der Form, wie sie auf der
nächsten Seite abgedruckt ist. Je nach vorhandenem Drucker und
gewähltem Druckertyp kann das Aussehen variieren.

```
20.07.91              Standardreport            Seite 1


Kundennr. Name      Vorname Straße/Hausnr.  PLZ  Wohnort  Telefon
--------- --------- ------- --------------- ---- -------- -------
        1 Meier     Paul    Am Stift 13     8000 München 1 32344
        2 Wilfried  Peter   Glockengasse 10 8000 München 4 24442
        3 Neumann   Andrea  Heinrichstr.14  8000 München 7 45454
        4 Bogas     Petra   Grafenstraße 27 8000 München 8 33344
```

Ein Tabellenformat dieser Form wird standardmäßig für alle Reporte
benutzt.

In einem zweiten Beispiel wollen wir nun die Datei *KUNDEN* über
einen benutzerdefinierten Report ausgeben. Dazu wählen wir
zunächst im Hauptmenü den Punkt *Report* und quittieren die Anwahl
mit der [Return]-Taste (s.Bild 2.6.9).

```
Zeige  Abfrage  Report  Neu Dienste Bild Form Tools Makros Hilfe Ende
Einen Report ausgeben, entwerfen oder bearbeiten; Drucker einstellen.
```

Bild 2.6.9: Anwahl REPORT

Da wir das Reportformular neu entwerfen und nicht ein bereits
vorhandenes bearbeiten wollen, müssen wir anschließend den
Untermenüpunkt *Entwerfen* ansteuern (s.Bild 2.6.10).

```
Druck  Entwerfen  Bearbeiten  Teilausgabe  ParamDruck        Basis
Einen neuen Report entwerfen.
```

Bild 2.6.10: Anwahl ENTWERFEN

```
Tabelle:                                                     Basis
Namen der Tabelle für den Report eingeben, oder mit ◄┘ Liste anfordern.
```

Bild 2.6.11: Eingabeanforderung Bezugstabelle

Unsere Tabelle liegt im aktuellen Verzeichnis vor, daher quittieren
wir die Eingabeanforderung des Tabellennamens mit [Return] (s.Bild
2.6.11), um anschließend die Tabelle unmittelbar aus einer Liste
auswählen zu können. In diesem Fall ist das der Name *KUNDEN*
(Bild 2.6.12).

```
Tabelle:                                                  Basis
Video  Verleih  Video2  Verleih2  Status  Kunden  Test  Video3
```

Bild 2.6.12: Auswahlliste Tabellen

Nachdem die Bezugstabelle für die Reportfunktion bekannt ist, fehlt
noch eine bestimmte Formularbezeichnung, unter der Paradox das
Formular verwalten kann. In unserem Fall wollen wir das
Reportformular mit der Nummer "1" verwenden (s.Bild 2.6.13).

Um das Formular später bei der Menüauswahl identifizieren zu
können, kann auch eine Formularbeschreibung eingegeben werden.
Hier sollten wieder aussagekräftige Bezeichnungen verwendet
werden, wie in unserem Fall der Text "Kundendatei VIDEO" (s. Bild
2.6.14).

```
R 1 2 3 4 5 6 7 8 9 10 11 12 13 14                        Basis
unbenutzt Report
```

Bild 2.6.13: Festlegung der Reportbezeichnung

```
Report-Beschreibung:  Kundendaten VIDEO                   Basis
Report-Beschreibung eingeben
```

Bild 2.6.14: Kurzbeschreibung eines Reportformulares eingeben

Im nächsten Schritt müssen wir uns entscheiden, ob das
Reportformular tabellarisch oder frei vorformatiert werden soll. Wir
wählen in unserem Fall zunächst den Menüpunkt *Tabellarisch* aus
(s.Bild 2.6.15).

```
Tabellarisch FreiesFormat                                 Basis
Informationen in Zeilen und Spalten drucken.
```

Bild 2.6.15: Reportaufbau festlegen

Das vordefinierte Formular, welches in diesem Fall auf dem
Bildschirm erscheint, können Sie in Bild 2.6.16 betrachten.

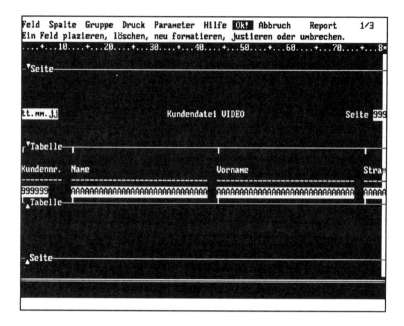

Bild 2.6.16: vordefiniertes, tabellenorientiertes Reportformular

Alternativ können wir auch mit einem freien Format arbeiten, welches dem Aufbau von Bildschirmformularen sehr nahe kommt. Dazu gehen wir wie im vorangegangenen Beispiel vor und wählen bei der Reportvordefinition den Menüeintrag *FreiesFormat* an (s.Bild 2.6.17).

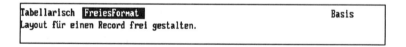

Bild 2.6.17:Anwahl FreiesFormat

Danach erscheint ein Reportformular auf dem Bildschirm, welches nun keinen Tabellenaufbau mehr aufweist (s.Bild 2.6.18). Diese Bildschirmmaske können wir nun wieder mit Hilfe des Elementmenüs bearbeiten. Die Vorgehensweise entspricht der, die wir im Kapitel 2.5 kennengelernt haben. In Bild 2.6.18 sind nach diesem Schema lediglich einige minimale Formatierungsänderungen vorgenommen worden. Bevor Sie sich die entsprechenden Bilder anschauen, sollten Sie sich zunächst eine Reportausgabe ansehen. Wie die Datenbank VIDEO in einem freien Format auf dem Drucker ausgegeben wird, sehen Sie in Listing 2.6.1).

Videofilmverwaltung 1991

31.07.91   Seite   1

Filmnr.   :   1
Titel   : Ein Mädchen vom Lande
Filmsparte   : Literatur
FSK   : 12
Länge in min.   :   104
Jahr   : 1955
Verleihpreis   :   6,00   DM / Tag

Filmnr.   :   2
Titel   : Highway zur Hölle
Filmsparte   : Action
FSK   : 18
Länge in min.   :   91
Jahr   : 1991
Verleihpreis   :   8,00   DM / Tag

Filmnr.   :   3
Titel   : Lucky Luke
Filmsparte   : Komödie
FSK   : 12
Länge in min.   :   95
Jahr   : 1991
Verleihpreis   :   8,00   DM / Tag

Filmnr.   :   4
Titel   : Highway-Chaoten
Filmsparte   : Komödie
FSK   : 12
Länge in min.   :   86
Jahr   : 1990
Verleihpreis   :   6,00   DM / Tag

Filmnr.   :   5
Titel   : Schmiere
Filmsparte   : Musik
FSK   : 12
Länge in min.   :   106
Jahr   : 1978
Verleihpreis   :   7,00   DM / Tag

Listing 2.6.1: Report VIDEO (Beginn)

Videofilmverwaltung 1991

31.07.91   Seite 2

Filmnr.   :   6
Titel   : Lawrence von Arabien
Filmsparte   : Klassiker
FSK   : 12
Länge in min.   :   195
Jahr   : 1962
Verleihpreis   :   7,00 DM / Tag

Filmnr.   :   7
Titel   : Blut für Dracula
Filmsparte   : Horror
FSK   : 16
Länge in min.   :   85
Jahr   : 1965
Verleihpreis   :   4,00 DM / Tag

Filmnr.   :   8
Titel   : Die Hölle von Okinawa
Filmsparte   : Kriegsfilm
FSK   : 16
Länge in min.   :   109
Jahr   : 1951
Verleihpreis   :   4,00 DM / Tag

Filmnr.   :   9
Titel   : Grease II
Filmsparte   : Musik
FSK   : 12
Länge in min.   :   109
Jahr   : 1982
Verleihpreis   :   5,00 DM / Tag

Filmnr.   :   10
Titel   : Greystoke
Filmsparte   : Abenteuer
FSK   : 12
Länge in min.   :   132
Jahr   : 1983
Verleihpreis   :   6,00 DM / Tag

Listing 2.6.1: Report VIDEO (Ende)

```
Sie entuerfen Report R1 für Tabelle Kunden          Report    1/1
Seite Kopf
....+...10....+...20....+...30....+...40....+...50....+...60....+...70....+...8*
 ▼Seite─────────────────────────────────────────────────────────



 tt.mm.JJ              Kundendatei VIDEO                    Seite 999


 ▼Formular────────────────────────────────────────────────────────
Kundennr.: 999999
Name: AAAAAAAAAAAAAAAAAAAAAAAAAAAAA
Vorname: AAAAAAAAAAAAAAAAAAAAAAAAAAAAAA
Straße/Hausnr.: AAAAAAAAAAAAAAAAAAAAAAAAAAAAAA
PLZ: 999999
Wohnort: AAAAAAAAAAAAAAAAAAAAAAAAAAAAA
Telefon: AAAAAAAAAAAAAAA

 ─▲Formular────────────────────────────────────────────────────────
```

Bild 2.6.18: vordefiniertes, formularorientiertes Reportformular

```
Feld  Gruppe  Druck  Parameter  Hilfe OK! Abbruch        Report Ins 1/2
Die Arbeit am Report ist abgeschlossen; speichern und zurück.
....+...10....+...20....+...30....+...40....+...50....+...60....+...70....+...8*
─▼Seite──────────────────────────────────────────────────────────



   Datum:              Kundendatei VIDEO                    Seite:
   tt.mm.JJ            (c)1991 by Müller Video GmbH         999
─▼Formular──────────────────────────────────────────────────────
      Kundennummer........: 999999
      Name................: AAAAAAAAAAAAAAAAAAAAAAAAAAAAAA
      Vorname.............: AAAAAAAAAAAAAAAAAAAAAAAAAAAAAA
      Straße/Hausnummer...: AAAAAAAAAAAAAAAAAAAAAAAAAAAAAA
      PLZ.................: 999999
      Wohnort.............: AAAAAAAAAAAAAAAAAAAAAAAAAAAAAA
      Telefon.............: AAAAAAAAAAAAAAA
─▲Formular───────────────────────────────────────────────────────
```

Bild 2.6.19: Bearbeitung Reportformular

Jetzt wollen wir noch einmal die Arbeitsschritte durchgehen, die Sie benötigen, um ein benutzerdefiniertes Formular, in diesem Fall die Datei *KUNDEN*, das nicht als Standardreport gespeichert ist, auszugeben. Dazu löschen wir zunächst den Bildschirm mit der Tastenkombination [Alt]+[F8] und wählen nacheinander die Menüeinträge *Report* und *Druck* an. Anschließend geben wir den Tabellennamen KUNDE ein und wählen unser benutzerdefiniertes Reportformular mit der Nummer "1" aus (s.Bild 2.6.20).

Bild 2.6.20: Reportausgabe

Danach müssen wir angeben, wohin der Report ausgegeben werden soll. Das ist in der Regel zwar der Drucker, kann aber zur weiteren Bearbeitung auch eine Textdatei oder zur Kontrolle auch der Bildschirm sein (s.Bild 2.6.21).

```
Drucker  Bildschirm  Textdatei                              Basis
Report drucken.
```

Bild 2.6.21: Druckerausgabe festlegen

Wählen wir an dieser Stelle die Bildschirmausgabe, so erhalten wir den Dateiinhalt, wie in Bild 2.6.21 dargestellt, auf dem Bildschirm angezeigt. Damit sämtliche Daten lesbar sind, wird nach jeder Seite eine Pause eingelegt, die mit der [Return]-Taste beendet werden kann.

Damit können wir das Kapitel Reportgenerierung beenden. Abschließend wollen wir die Funktion allerdings kurz beurteilen. Zwar gestaltet sich der Aufbau der Reportformulare dank eines integrierten Maskeneditors recht einfach, doch leider werden die Möglichkeiten der aktuellen Drucker nicht unterstützt. Schriftauszeichnungen und eine Bildschirmdarstellung nach dem WYSIWYG-Prinzip (What You See Is What You Get) sind damit wünschenswerte Erweiterungen für eine der nächsten Versionen von Paradox. WYSIWYG meint dabei, daß der Reportinhalt auf dem Bildschirm genauso erscheint, wie später auch bei der Druckerausgabe.

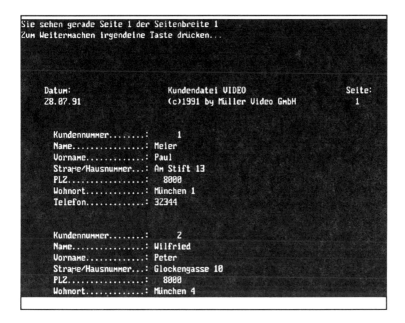

Bild 2.6.22: Bildschirmausgabe

In unserem nächsten Kapitel werden wir uns mit einem besonderen Leistungsmerkmal von Paradox befassen, welches normalerweise nur in Kalkulationsprogrammen enthalten ist, der sogenannten Geschäftsgrafik.

2.7 Grafik

In diesem Kapitel werden wir uns mit der grafischen Ausgabe-
funktion von Paradox 3.5 befassen. Daten sind mitunter nur schwer
auszuwerten oder für dritte Personen leicht verständlich zu ver-
mitteln. Hier bieten grafische Darstellungen in Form von sogenannten Geschäftsgrafiken Abhilfe.

Beschrän-
kungen

Nur numerische Werte sind mit einer Grafikfunktion auswertbar, was
auch leicht verständlich ist. Die Werte können z.B. in Kreis-, Balken-
oder Liniendiagrammen dargestellt werden. Setzt ein Kreisdiagramm
mehrere Werte untereinander in bezug, so sind bei den Balken- und
Liniendiagrammen x- und y-Koordinaten für die Darstellung erforderlich. Große Datenmengen lassen sich auch in einer grafischen
Darstellung nur schwer interpretieren, ansonsten sind Spitzenwerte
oder Ausreißer besser in einer Grafik zu erkennen. Ein Kreisdiagramm wäre mit einer großen Anzahl von Werten nicht mehr in
einzelne Kreisstücke, die die Werte repräsentieren, aufzuteilen. Eine
hohe Zahl von Wertepaaren innerhalb eines Balken- bzw. Linien-
diagrammes würde es erfordern, die Auflösung der x-Koordinate zu
reduzieren, oder aber die Grafik auf mehreren Bildschirmseiten zu
zeichnen. Im letzteren Fall hätte man allerdings keinen Überblick
über die Gesamtwerte mehr. Es kann also durchaus sinnvoll sein,
Werte in Gruppen zusammenzufassen und erst anschließend auszuwerten.

Grafiken selbst sollten so anschaulich wie möglich sein, dazu gehört
nicht nur die Auswertung von Zahlenwerten, sondern auch aussagekräftige Beschriftungen, das Einfügen von Überschriften und leicht
zu verstehende Legenden.

Programme, die die Grafikerstellung unterstützen, bieten in der
Regel die Möglichkeit der Darstellung auf dem Bildschirm und auf
dem Drucker an.

Grafiken mit
Paradox

Paradox bietet eine für Datenbanksysteme sehr seltene, integrierte
Grafikfunktion an, die insgesamt zehn unterschiedliche Grafiktypen
unterstützt. Neben der Ausgabe auf dem Bildschirm ist auch die
Druckerausgabe und die Druckerumleitung in eine Datei möglich.
Letztgenannte Datei enthält sämtliche Steuerkommandos für den
installierten Drucker und kann später getrennt von Paradox über das
Betriebssystem gedruckt werden. Hierauf werden wir später noch
einmal gesondert eingehen.

Die Grafikfunktion von Paradox orientiert sich in der Handhabung an der bereits vorgestellten Report- und Formularfunktion, so daß die Lernphase sehr gering ist. Auch hier kann sowohl über ein spezielles Kommando die Grafik direkt, oder später über die Menüführung angezeigt werden.

Instant-Grafik

Befinden wir uns in einem Formular, so können wir mit Hilfe der Tastenkombination [Ctrl]+[F7] bzw. [Strg]+[F7] die Direktgrafik auf dem Bildschirm ausgeben. Dazu muß der Textcursor sich innerhalb der Tabelle in einem numerischen Feld befinden. Für ein Kreisdiagramm wird in diesem Fall die Tabellenspalte dieses Feldes zum Zeichnen der Grafik verwendet. Wird zusätzlich eine x-Koordinate benötigt (Balken-, Liniendiagramm usw.), dann wird diese immer im ersten Feld, also in der linken Tabellenspalte erwartet. Dazu muß eine Tabelle u.U. zunächst umstrukturiert werden bzw. speziell für Grafiken ausgelegt sein. Für den Fall, daß mehrere Graphen (z.B. Linien) in ein Bild gezeichnet werden sollen, werden bis zu maximal 5 Spalten rechts vom markierten Feld zusätzlich als Werte genutzt. Die Änderungen zur Grafikdarstellung sind komfortabel innerhalb eines Dienstformulares durchzuführen.

An dieser Stelle wollen wir zunächst an einem kleinen Beispiel die Instant-Grafikfunktion demonstrieren. Dazu erstellen wir uns zunächst eine Tabelle, die zumindest über ein numerisches Feld verfügt (s.Bild 2.7.1).

```
Sie sehen Tabelle Sample: Record 1 von 6                    Basis

SAMPLE══╤═Lager Nr.═╤══════Beschreibung══════╤═Anzahl═╤═══Preis═══
   1    ║   234    │ Laserdrucker HP II       │   4    │  2.995,00
   2    ║   233    │ Matrxidrucker NEC P60    │   6    │  1.200,00
   3    ║   200    │ Matrixdrucker Star LC 200│   2    │    561,00
   4    ║   567    │ Laserdrucker Brother HL 8e│  4    │  3.842,00
   5    ║   345    │ Plotter HP 7475          │   6    │  2.895,00
   6    ║   111    │ Plotter Seconic SPL 1000 │   2    │  8.690,00
```

Bild 2.7.1: Beispieltabelle SAMPLE

Wir wählen nun mit dem Textcursor ein beliebiges Datenfeld in der Tabellenspalte *Lagernr.* an. Dabei lassen wir unberücksichtigt, daß es sich hierbei ausschließlich um ein Ordnungsfeld handelt, welches nicht sinnvoll auswertbar ist. Danach betätigen wir die Tastenkombination [Strg]+[F7] und die Bildschirmgrafik, in unserem Fall ein 3D-Balkendiagramm, erscheint auf dem Bildschirm.

Anmerkung: Die alternative Tastenkombination [Ctrl]+[F7], die für ältere Tastaturen benötigt wird, werden wir nachfolgend nicht mehr mit angeben. Die erstellte Grafik können Sie in Bild 2.7.2 betrachten.

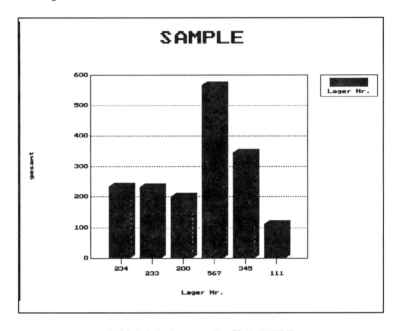

Bild 2.7.2: Instant-Grafik SAMPLE

Nun sollten wir aber zunächst kommentieren, was wir da eigentlich auf den Bildschirm geholt haben. Zwar macht sich die Grafik optisch recht gut, nur ein Ergebnis ist hiermit nicht zu erzielen, da die Lagernummer hier als Wert in der Grafik abgetragen wird, obwohl die Zahl einen reinen Ordnungscharakter hat. Dies macht deutlich, daß der Anwender genau überlegen muß, was und vor allen Dingen wie er es am besten darstellen kann. Die einzige Kontrolle, die durch die Grafikfunktion des Datenbanksystems durchgeführt werden kann, ist, zu überprüfen, ob es sich beim gewählten Feld um ein numerisches Feld handelt. Da dies hier der Fall ist, wird auch die Grafik kritiklos erzeugt. Um den verwendeten Grafiktyp für die Instant-Grafik umzustellen, müssen Sie die Menüwahl verwenden, auf die wir später noch eingehen werden.

Bevor wir uns nun den Grafikdefinitionen zuwenden, wollen wir an dieser Stelle die Instant-Grafikfunktion kurz zusammenfassen.

Zusammenfassung Instant-Grafik:

1. [Alt] + [F8] Bildschirm löschen

2. Hauptmenü ZEIGE anwählen

3. Tabelle angeben

4. Textcursor in numerisches Feld plazieren

5. [Ctrl] + [F7] bzw. [Strg] + [F7] für Grafikanzeige

An dieser Stelle wollen wir die allgemeine Grafikfunktion, die auch ein Ändern der Grafiktypen ermöglicht, vorstellen. Dabei wollen wir den Zugriff auf die Grafik selbst wieder im Instant-Modus durchführen. Um eine Umstellung des verwendeten Grafiktyps zu ermöglichen, müssen wir zunächst in das Hauptmenü zurückkehren und den Hauptmenüpunkt *Bild* anwählen (s. Bild 2.7.3).

Grafikan-passung

```
Zeige Abfrage Report Neu Dienste Bild Form Tools Makros Hilfe Ende
Bilder, Graphik gestalten; zu Feld oder Record springen; Formular wählen.
SAMPLE==Lager Nr.====Beschreibung=====Anzahl=====Preis=====
   1      234    Laserdrucker HP II           4      2.995,00
   2      233    Matrxidrucker NEC P60        6      1.200,00
   3      200    Matrixdrucker Star LC 200    2        561,00
   4      567    Laserdrucker Brother HL 8e   4      3.842,00
   5      345    Plotter HP 7475              6      2.895,00
   6      111    Plotter Seconic SPL 1000     2      8.690,00
```

Bild 2.7.3: Menüwahl BILD

Danach sind nacheinander die Menüeinträge *Graph* und *Dienste* abzurufen (s.Bild 2.7.3 und 2.7.4).

```
Länge Breiten Format Springe Verschiebe Wähle Param Graph  Basis
Graphik ändern, laden, sichern und ausgeben; Kreuztabellen erzeugen.
SAMPLE==Lager Nr.====Beschreibung=====Anzahl=====Preis=====
   1      234    Laserdrucker HP II           4      2.995,00
   2      233    Matrxidrucker NEC P60        6      1.200,00
   3      200    Matrixdrucker Star LC 200    2        561,00
   4      567    Laserdrucker Brother HL 8e   4      3.842,00
   5      345    Plotter HP 7475              6      2.895,00
   6      111    Plotter Seconic SPL 1000     2      8.690,00
```

Bild 2.7.4: Untermenüwahl GRAPH

Bild 2.7.5: Untermenüwahl DIENSTE

Im Anschluß daran erscheint das Grafikformular zur Festlegung des
Grafiktyps. Sie sehen, daß zehn unterschiedliche Definitionsmöglich-
keiten bereitstehen, die auch untereinander gemischt werden können.
Über das Eintasten der markierten Großbuchstaben können wir eine
beliebige Typbezeichnung in das Hauptfeld übernehmen. Wollen wir
ein Kreisdiagramm darstellen, so ist der Buchstabe "K" zu drücken
(s. Bild 2.7.6: *(K)reisdiagramm*). Der jeweils aktive Typ wird im
linken oberen Bildschirmbereich dargestellt. Sollen andere Bereiche
geändert werden, muß der Textcursor wieder mit Hilfe der Cursorsteuerung in das entsprechende Feld positioniert werden. Bei
Fehleingaben, es kann z.B. kein Kreisdiagramm mit einem Liniendiagramm gemischt werden, erscheint eine Fehlermeldung und die
Änderung wird nicht akzeptiert.

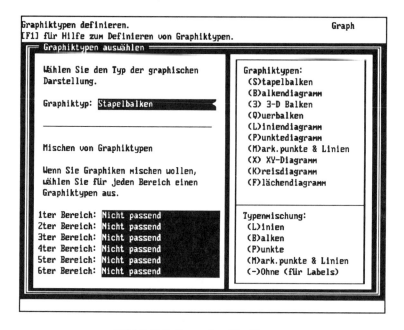

Bild 2.7.6: Formular Grafiktypen

Wir wollen in unserem Beispiel ein Kreisdiagramm erstellen und tasten hier nun ein "K" ein. Danach erscheint im Hauptfeld unmittelbar der Begriff *Kreisdiagramm*, der anzeigt, daß die gewünschte Änderung eingestellt wurde (s. Bild 2.7.7). Mit [F10] kehren wir nun in das Menü zurück und bestätigen die Änderungen mit *OK!*. Beachten Sie, daß die Tabelle *SAMPLE* immer noch geladen ist und wir sie nicht vom Bildschirm gelöscht haben. Daher gelangen wir nach Beendigung dieser Funktion zurück zu unserer Tabelle.

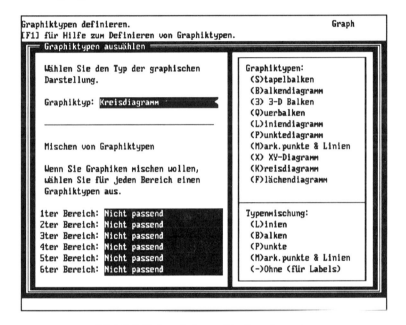

Bild 2.7.7: bearbeitetes Graiktypformular

Obwohl wir in unserem Beispiel nur den Typ der Grafik geändert haben, können Sie auf diese Art und Weise sämtliche Elemente einer Grafik festlegen (z.B. Ändern von Überschriften, Legenden, Farben und Mustern).

Wir wollen noch einmal auf den Grafikdefinitionsbildschirm zurückkommen. Ähnlich wie bei der Formular- und Reportdefinition gelangen wir auch hier mit der Funktionstaste [F10] in ein spezielles Menü zurück. Hier lassen sich sämtliche Elemente einer graphischen Darstellung ansteuern und anschließend bearbeiten.

Dazu ist es sinnvoll, die Menüstruktur zu kennen, die Sie dem folgenden Menübaum entnehmen können.

Menübaum

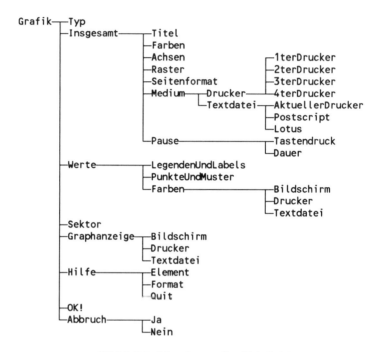

Bild 2.7.8: Menübaum Grafikdefinition

Die wichtigsten Hauptfunktionen dieses Menübaumes wollen wir an dieser Stelle kurz erläutern, damit Sie die Funktionen des Grafikmoduls kennenlernen.

Typ: Mit diesem Menüpunkt werden die Grafiktypen definiert (Balkendiagramm, Liniengrafik, usw.).

Insgesamt: Wollen Sie Titel, Farben Achsen, Raster, Druck- und Anzeigeparameter ändern, so müssen Sie die Funktionen dieses Menüs aufrufen.

Werte: Unter diesem Eintrag befinden sich die Funktionen, die ein Ändern von Beschriftungen, Füll- und Linienmustern erlauben.

Sektoren: Mit Hilfe dieser Funktion können Sektoren eines Kreisdiagrammes definiert werden.

GraphAnzeige: BeimAufruf dieser Funktion können Sie die Grafik entweder auf dem Bildschirm oder auf dem Drucker oder aber in eine Datei ausgeben lassen.

Wir wollen an unserem Beispiel keine weiteren Änderungen vornehmen und rufen die Grafik über [F10] und Anwahl des Menüpunktes *GraphAnzeige* auf (s.Bild 2.7.9). Sollte die Grafik weiter angepaßt werden, so ist das sofort möglich, da wir uns nach Betätigung der [Return]-Taste wieder unmittelbar im Grafikmenü befinden. Erst wenn die Grafik endgültig keiner Änderungen mehr bedarf, kehren wir über den Menüpunkt *OK!* zur Tabelle zurück. Hier können wir jetzt jederzeit die festgelegten Grafikelemente über [Strg]+[F7] wieder aufrufen.

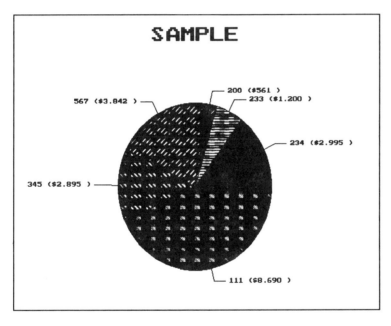

Bild 2.7.9: Grafik Kreisdiagramm

Bevor wir uns ein wenig mehr mit der Menübedienung vertraut machen, wollen wir die Grafikanpassung noch einmal kurz zusammenfassen.

Zusammenfassung Grafikanpassung:

1. [Alt]+[F8] Bildschirm löschen

2. Hauptmenüwahl ZEIGE

3. Tabelle auswählen

4. numerisches Feld mit Cursor ansteuern

5. [Strg]+[7] oder [Ctrl]+[F7] für Grafikanzeige

6. zum Ändern mit [F10] ins Hauptmenü

7. Menüfolge: Bild --> Graph --> Dienste

8. Bearbeitung im Grafikformular

   - [F10] Grafikelementmenü

9. nach Änderung [F10]

10. Menüwahl GRAPHANZEIGE
(Kontrollanzeige)

11. Grafikelementmenü

   a) evtl. weiter mit Punkt 8

   b) evtl. Änderung mit OK! quittieren

12. automatische Rückkehr in Tabelle

13. Grafikaufruf mit [Strg]+[F7]

Grafiken und
Abfragen

An dieser Stelle wollen wir die Grafikfunktion mit der Datenbank-abfrage von Paradox verknüpfen. Es sollen aus einer Tabelle nur bestimmte Werte in eine Grafik übernommen werden. Damit läßt sich die Aussagekraft einer Grafik erhöhen, wie bereits zu Beginn dieses Kapitels erläutert wurde. Im späteren Einsatz von Paradox werden Sie die Grafikfunktion in erster Linie in Verbindung mit den Abfragemöglichkeiten nutzen.

Um die Aufgabe ein wenig zu erschweren, sollen die Werte, die in einem Kreisdiagramm erscheinen sollen, zunächst aus den in der Tabelle enthaltenen Daten errechnet werden. Wir wollen aus der Datei *SAMPLE* den Gesamtwert der einzelnen Lagerposten errechnen und grafisch ausgeben.

Dazu wählen wir im Hauptmenü zunächst den Eintrag *Abfrage* und anschließend die Datei *SAMPLE* aus. In Bild 2.7.10 sehen Sie das Abfrageformular und die Datenbank parallel auf dem Bildschirm. Sollte bei Ihnen die Datei *SAMPLE* nicht mehr auf dem Monitor sichtbar sein, so laden Sie die Datei nun über [F10], *Zeige* und Angabe des Namens *SAMPLE*.

```
┌ Mit [F6] Feld für ANTWORT markieren; [F5] für Beispielelement    Basis
│
│SAMPLE══════Lager Nr.═══════════Beschreibung══════════Anzahl═══════════Preis═══
│
│
│
│
│SAMPLE══════Lager Nr.═══════════Beschreibung══════════Anzahl═══════════Preis═══
│     1      234        Laserdrucker HP II             4         2.995,00
│     2      233        Matrxidrucker NEC P60          6         1.200,00
│     3      200        Matrixdrucker Star LC 200      2           561,00
│     4      567        Laserdrucker Brother HL 8e     4         3.842,00
│     5      345        Plotter HP 7475                6         2.895,00
│     6      111        Plotter Seconic SPL 1000       2         8.690,00
│
```

Bild 2.7.10: Abfragebildschirm SAMPLE

Zuerst müssen wir uns mit der Abfrage befassen. In unserem Antwortformular wollen wir die Lagernummer, die Anzahl der Lagerposten und den Preis pro Stück übernehmen. Dazu markieren wir zunächst die Felder *Lager Nr.*, *Anzahl* und *Preis* im Abfrageformular mit der Funktionstaste [F6]. Diese Spalten sind anschließend mit einem Wurzelzeichen markiert. Danach müssen wir die Formel für die Berechnung des Gesamtwertes der Lagerposten einfügen. Diese setzt sich aus der Multiplikation von Anzahl und Einzelpreis zusammen.

Nachdem wir den Textcursor auf das Feld *Anzahl* positioniert haben, betätigen wir die Funktionstaste [F5] und geben als Beispielelement den Buchstaben "a" ein, der farblich im Formular hervorgehoben wird. Ebenso verfahren wir nun mit dem Preisfeld, wo wir den Buchstaben "p" als Beispielelement einführen.

Von einem Komma getrennt (und-Verknüpfung), geben wir abschließend das Schlüsselwort *rechne* und die Formel [F5] *a* * [F5] *p* ein. Damit sind die Bedingungen für die Abfrage formuliert und wir können die Antworttabelle mit der Funktionstaste [F2] abrufen. Sämtliche Arbeitsschritte und das Ergebnis selbst können Sie anhand von Bild 2.7.11 nachvollziehen.

```
Sie sehen Tabelle Antwort: Record 1 von 6                          Basis

SAMPLE══════Lager Nr.══════════Beschreibung══════╤══Anzahl══════════Preis══
          √                                      │√ a              │√ p, rechne a*p



SAMPLE══════Lager Nr.══════════Beschreibung══════╤══Anzahl══════════Preis══
    1       234      Laserdrucker HP II              4             2.995,00
    2       233      Matrxidrucker NEC P60           6             1.200,00
    3       200      Matrixdrucker Star LC 200       2               561,00
    4       567      Laserdrucker Brother HL 8e      4             3.842,00
    5       345      Plotter HP 7475                 6             2.895,00
    6       111      Plotter Seconic SPL 1000        2             8.690,00

ANTWORT══════Lager Nr.══════Anzahl══════════Preis══════════Anzahl * Preis══
    1        111              2              8.690,00          17.380,00
    2        200              2                561,00           1.122,00
    3        233              6              1.200,00           7.200,00
    4        234              1              2.995,00          11.980,00
    5        345              6              2.895,00          17.370,00
    6        567              4              3.842,00          15.368,00
```

Bild 2.7.11: Abfrageergebnis SAMPLE

Da wir den nun errechneten Gesamtpreis für die grafische Darstellung benutzen wollen, bewegen wir den Textcursor in die durch die Berechnung neu generierte Tabellenspalte *Anzahl*Preis* und drücken die Tastenkombination [Strg]+[F7] zum Anzeigen der Grafik. Diese ist in Bild 2.7.12 abgedruckt. Sollte bei Ihnen kein Kreisdiagramm erscheinen, müssen Sie im Grafikmenü, so wie bereits zu Beginn des Kapitels beschrieben, den Grafiktyp wechseln.

In einem weiteren Schritt wollen wir nun diesen Wechsel durchführen und ein Liniendiagramm für dieselben Daten anzeigen lassen. Dazu kehren wir zunächst in das Grafikmenü zurück und definieren den Typ der grafischen Darstellung als Liniendiagramm (s.Bild 2.7.13). Da wir uns nach dem Anzeigen des Kreisdiagrammes wieder im Abfragebildschirm befinden, wechseln wir zunächst mit [F10] in das Hauptmenü. Hier wählen wir nacheinander die Einträge *Bild*, *Graph* und *Dienste* aus und geben ein "L" für das Liniendiagramm ein.

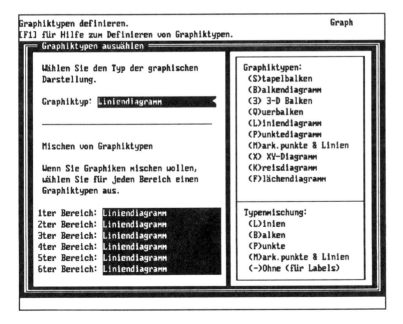

ANTWORT

200 ($1.122)
233 ($7.200)
111 ($17.380)
234 ($11.980)
567 ($15.368)
345 ($17.370)

Bild 2.7.12: Kreisdiagramm ANTWORT

Graphiktypen definieren.   Graph
[F1] für Hilfe zum Definieren von Graphiktypen.

═ Graphiktypen ausWählen ═

Wählen Sie den Typ der graphischen   Graphiktypen:
Darstellung.   (S)tapelbalken
                                                 (B)alkendiagramm
Graphiktyp: Liniendiagramm   (3) 3-D Balken
                                                 (Q)uerbalken
                                                 (L)iniendiagramm
                                                 (P)unktediagramm
Mischen von Graphiktypen   (M)ark.punkte & Linien
                                                 (X) XY-Diagramm
Wenn Sie Graphiken mischen wollen,   (K)reisdiagramm
wählen Sie für jeden Bereich einen   (F)lächendiagramm
Graphiktypen aus.

1ter Bereich: Liniendiagramm   Typenmischung:
2ter Bereich: Liniendiagramm   (L)inien
3ter Bereich: Liniendiagramm   (B)alken
4ter Bereich: Liniendiagramm   (P)unkte
5ter Bereich: Liniendiagramm   (M)ark.punkte & Linien
6ter Bereich: Liniendiagramm   (-)Ohne (für Labels)

Bild 2.7.13: Grafiktypwechsel

Wie Sie in Bild 2.7.13 erkennen, werden nun auch die zusätzlichen Bereiche (linker unterer Bildschirmbereich) auf *Liniendiagramm* gesetzt. Kann in einem Kreisdiagramm immer nur eine Tabellenspalte grafisch dargestellt werden, so sind es in einem Liniendiagramm bis zu 6 Spalten parallel. Die Auswahl der Spalten kann allerdings nicht frei erfolgen, sondern ist durch die Tabellendefinition fest vorgegeben. Der erste Bereich ist wieder durch den Textcusor zu markieren. Der zweite Bereich muß sich innerhalb der Tabelle rechts vom markierten Feld befinden und unbedingt numerisch sein. Das dritte Feld wiederum muß sich rechts neben dem zweiten Feld befinden usw.

Um in unserem Liniendiagramm sowohl den Einzel- als auch den Gesamtpreis zeichnen zu lassen, müssen wir den Textcursor in der Anworttabelle in das Feld *Preis* plazieren und anschließend [Strg]+[F7] betätigen. Das Ergebnis ist in Bild 2.7.14 enthalten.

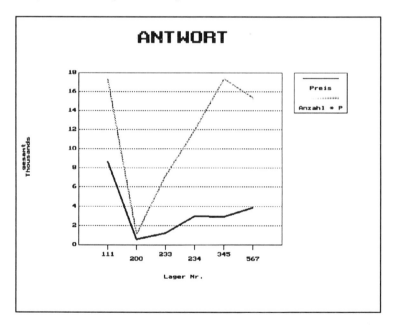

Bild 2.7.14: Liniendiagramm ANTWORT

Falls Sie den Cursor in das Feld *Anzahl*Preis* bewegen und die Grafik aufrufen, so wird der Einzelpreis nicht mehr mit abgetragen. Bevor wir uns einem ganz speziellen Thema zuwenden, wollen wir die Verbindung von Abfrage- und Grafikfunktion noch einmal kurz zusammenfassen.

Zusammenfassung Abfrage und Grafik:

1. evtl. [Alt]+[F8] Bildschirm löschen

2. evtl. Hauptmenü ZEIGE anwählen Tabelle laden

3. [F10] Hauptmenü aktivieren

4. Menüwahl ABFRAGE

5. Abfrageformular ausfüllen (s. Kapitel 2.3)

6. [F2] Antworttabelle generieren

7. numerisches Feld in Anwort markieren

8. [Ctrl]+[F7] oder [Strg]+[F7] Grafikanzeige

9. evtl.: Grafikelemente ändern

Eine besondere Funktion stellt die Dateiumleitung in der Grafik-   *Datei-*
funktion dar. Hiermit haben Sie die Möglichkeit, Ihre Grafik ent-   *umleitung*
weder auf dem Bildschirm, einem Drucker oder in einer Datei erzeugen zu lassen. Die grafische Ausgabe und der Druck der Grafik sind
nicht näher zu erläutern, da es sich um Standardfunktionen handelt.
Die Druckerausgabe hat vor allen Dingen den Nachteil, daß sie sehr
viel Zeit in Anspruch nimmt. Für diese Zeit ist Ihr Rechner blockiert.

Wollen Sie also am Rechner weiterarbeiten, so können Sie die Grafik
in eine Datei speichern lassen. Dies geht wesentlich schneller als die
Druckerausgabe. Die erzeugte Datei können Sie später getrennt über
das Betriebssystem ausdrucken. Sie ist erkennbar am Dateikürzel
GRF. Die Grafikdateien haben allerdings den Nachteil, daß sie sehr
viel Speicher belegen (bis zu ca. 1 MByte). Aus diesem Grund sollten
Sie, nachdem Sie die Grafik ausgedruckt haben, die Datei wieder
löschen oder auf Diskette sichern. Der Menüpunkt *GraphAnzeige*
stellt die Möglichkeit zur Ausgabe der Grafik in eine Datei bereit
(s. Menüstruktur in Bild 2.7.8). Standardmäßig wird dabei ein Dateiformat verwendet, das von dem durch *CUSTOM* installierten Drucker
interpretierbar ist. Alternativ kann innerhalb von Paradox aber auch
das Lotus-PIC und das Postscript-Format, ohne eine neue Konfiguration durchführen zu müssen, verwendet werden.

Drucken mit DOS

Wollen Sie mehrere Grafiken ausdrucken, ist es sinnvoll, die Datei-umleitung zu verwenden und anschließend die Grafikdateien über den *PRINT*-Befehl des Betriebssystems **im Hintergrund auszudrucken.** Das Druckprogramm, der sogenannte Printer-Spooler, teilt die Rechenzeit des Prozessors auf und ermöglicht damit das gleichzeitige Drucken und die Weiterbearbeitung von Programmen. Wollen Sie z.B. die Grafik *GRAFIK.GRF* im Hintergrund drucken, so tasten Sie auf Betriebssystemebene die Anweisung *PRINT GRAFIK.GRF* ein.

DOS-Shell

Über den Menüpunkt *Tools --> InDOS* können Sie temporär zum Betriebssystem zurückkehren, um DOS-Befehle auszuführen. Dabei sollten allerdings keine residenten Programme geladen werden, da ansonsten der Speicherinhalt des Rechners durcheinander gebracht werden kann. Um den *PRINT*-Befehl hier dennoch verwenden zu können, rufen Sie *PRINT* direkt vor Paradox auf, ohne eine Datei anzugeben. In diesem Fall wird lediglich der residente Teil des Druckerspoolers installiert. Anschließend starten Sie Paradox wie gewohnt. Da beim zweiten Aufruf von *PRINT*, z.B. über das InDOS-Menü, der residente Teil nicht mehr notwendig ist (weil bereits geladen), ergeben sich nun keine Probleme mehr mit der Speicherverwaltung und Sie können während der Arbeit mit Paradox Ihre Grafiken im Hintergrund drucken.

Praxis

In unserem Praxisteil wollen wir nun die Verleihpreise aus der Videothekenverwaltung grafisch in einem Balkendiagramm darstellen und die Bildschirmgrafik anschließend mit einer Beschriftung optimieren. Haben wir die Grafik fertiggestellt, soll Sie zunächst in eine Datei gespeichert und später mit dem PRINT-Befehl, von der Betriebssystemebene aus, auf dem Drucker ausgegeben werden.

Dazu laden wir zunächst die Datei *VIDEO*, in der die benötigten Werte enthalten sind. Befinden sich noch Tabellen auf dem Bildschirm, so betätigen wir die Tastenkombination [Alt]+[F8]. Anschließend wechseln wir mit [F10] in das Hauptmenü und wählen den Menüpunkt *Zeige* aus. Nun können wir den Namen *VIDEO* eingeben und mit [Return] quittieren. Die Tabelle erscheint nun auf der Arbeitsfläche des Paradox-Bildschirmes (s.Bild 2.7.15).

Jetzt verlassen wir die Tabelle mit der Funktionstaste [F10], um in das Hauptmenü zurückzukehren, wo wir nun die Menüpunkte *Bild*, *Graph* und *Dienste* anwählen.

Im Grafikdefinitionsbildschirm sehen wir, daß die aktuelle Grafikein-
stellung ein Liniendiagramm erzeugen würde (s.Bild 2.7.16).

```
┌─────────────────────────────────────────────────────────────┐
│Sie sehen Tabelle Video: Record 1 von 10            Basis      │
│                                                               │
├──VIDEO═══════Filmnr.════════════════════════Titel════════════┤
│      1          1       Ein Mädchen vom Lande                 │
│      2          2       Highway zur Hölle                     │
│      3          3       Lucky Luke                            │
│      4          4       Highway-Chaoten                       │
│      5          5       Schmiere                              │
│      6          6       Laurence von Arabien                  │
│      7          7       Blut für Dracula                      │
│      8          8       Die Hölle von Okinaua                 │
│      9          9       Grease II                             │
│     10         10       Greystoke                             │
│                                                               │
└─────────────────────────────────────────────────────────────┘
```

Bild 2.7.15: Tabelle VIDEO

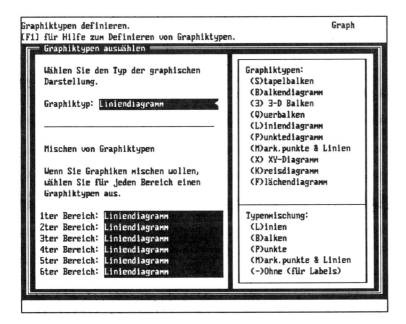

Bild 2.7.16: Grafiktypfestlegung

Aus diesem Grund drücken wir nun die Taste "B", um den
gewünschten Grafiktyp einzustellen. Wie auch beim Liniendiagramm
sind beim Balkendiagramm bis zu sechs Bereiche darstellbar (s.Bild
2.7.17).

*Balken-
diagramm*

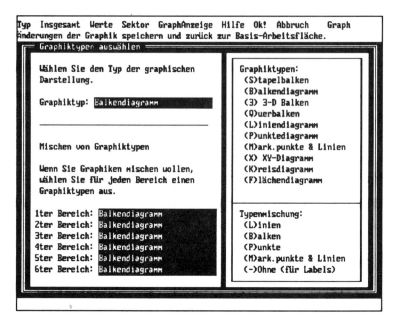

Bild 2.7.17: Beenden Typdefinition

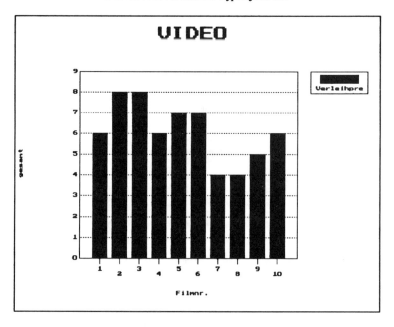

Bild 2.7.18: Balkendiagramm VIDEO

Drücken wir nun, nachdem wir den Textcursor in ein Feld der Spalte Verleihpreis positioniert haben, die Tastenkombination [Ctrl]+[F7], so erhalten wir ein Balkendiagramm, wie es in der Aufgabenstellung gefordert wurde. Die Überschriften und die Bezeichnungen der Achsen und Legenden wollen wir in einem weiteren Schritt optimieren. Dazu wechseln wir erneut in das Grafikmenü und rufen den Menüpunkt *Insgesamt* auf. An dieser Stelle können zweizeilige Überschriften und Bezeichnungen für die Koordinatenachsen angegeben werden. Zusätzlich sind unterschiedliche Schrifttypen für die Grafik wählbar (s. Bild 2.7.18). Wir wollen in unserem Balkendiagramm die Hauptüberschrift "Videofilmverwaltung 1991" in einer mittelgroßen Schrift und als Untertitel die Bezeichnung "Aufstellung der Verleihpreise" in einer kleinen Schrift verwenden. Als Bezeichnung der x-Achse soll "Filmnummer" und als Bezeichnung der y-Achse der Text "Verleihpreis je Tag" eingesetzt werden.

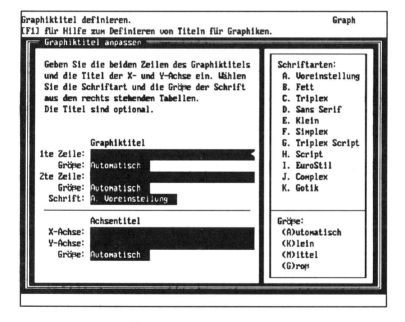

Bild 2.7.19: Grafiktitel definieren

Bevor Sie die Eintragung auf der nächsten Seite betrachten, sollten Sie eigenständig eine Lösung versuchen. Schauen Sie sich Ihr Ergebnis zwischendurch ruhig in der Grafik an. Sollte Ihnen eine Schriftart nicht gefallen, so wählen Sie eine neue (s. Bild 2.7.20). Kehren Sie abschließend in das Grafikmenü zurück.

```
Typ  Insgesamt  Werte  Sektor  GraphAnzeige  Hilfe  Ok!  Abbruch    Graph
Änderungen der Graphik speichern und zurück zur Basis-Arbeitsfläche.
   Graphiktitel anpassen

   Geben Sie die beiden Zeilen des Graphiktitels        Schriftarten:
   und die Titel der X- und Y-Achse ein. Wählen         A. Voreinstellung
   Sie die Schriftart und die Größe der Schrift         B. Fett
   aus den rechts stehenden Tabellen.                   C. Triplex
   Die Titel sind optional.                             D. Sans Serif
                                                        E. Klein
                                                        F. Simplex
                Graphiktitel                            G. Triplex Script
   1te Zeile:  Videofilmverwaltung 1991                 H. Script
      Größe:   Mittel                                   I. EuroStil
   2te Zeile:  Aufstellung der Verleihpreise            J. Complex
      Größe:   Klein                                    K. Gotik
     Schrift:  F. Simplex

                Achsentitel                             Größe:
   X-Achse:    Filmnummer                               (A)utomatisch
   Y-Achse:    Verleihpreis je Tag                      (K)lein
      Größe:   Automatisch                              (M)ittel
                                                        (G)roß
```

Bild 2.7.20: bearbeitete Grafiktitel

In einem letzten Schritt wollen wir nun die Legende ändern. Dazu wählen wir aus dem Menü den Eintrag *Werte* und anschließend *LegendenUndLabels* aus. Da wir lediglich einen Bereich zu bearbeiten haben, können wir den Text mit "DM/Tag" sehr schnell einfügen (s. Bild 2.7.21) und uns das Endergebnis der Grafik betrachten (s.Bild 2.7.22).

Damit haben wir die Grafik fertiggestellt. Auch hier haben Sie die Möglichkeiten der spielerischen Generierung kennengelernt. Änderungen sind sehr schnell durchzuführen und die Auswirkungen unmittelbar in der Grafik anzeigbar.

Achten Sie beim Positionieren des Textcursors in eine Tabellenspalte darauf, daß Sie sich in einem numerischen Feld und nicht in der äußersten linken Spalte befinden, wenn Sie die Tastenkombination [Strg]+[F7] betätigen, da Paradox sonst u.U. komplett mit einer Fehlermeldung beendet wird. Danach befinden Sie sich wieder auf der Betriebssystemebene und sämtliche temporären Dateien (z.B. Antworttabellen) sind verloren.

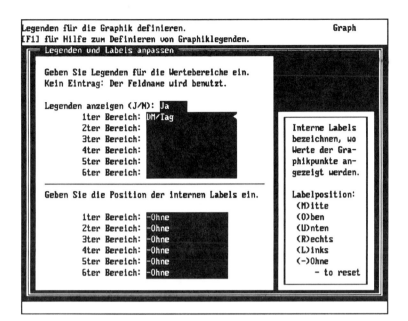

Bild 2.7.21: Legendendefinition

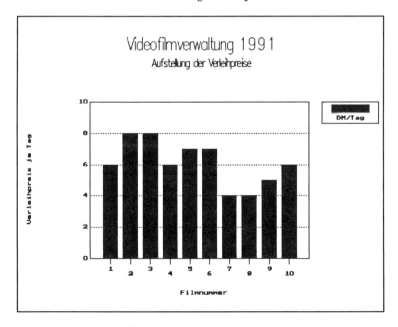

Bild 2.7.22: Endergebnis VIDEO

Um die erzeugte Grafik in eine Datei zu speichern, gehen wir
zunächst davon aus, daß Sie während der Konfigurationsphase Ihren
Drucker entsprechend Kapitel 1.3 eingerichtet haben. In diesem Fall
ist das erzeugte Dateiformat der Grafikausgabe weiter für Sie nutz-
bar. Die Dateiausgabe erfolgt in diesem Fall für den sogenannten
Standarddrucker. Wollen Sie eine Datei im Postscript- bzw. PIC-
Format erzeugen, so können Sie eine Umstellung über die Menüfolge
Insgesamt -- > Medium -- > Textdatei durchführen.

Aus dem Grafikmenü wählen wir nun den Menüpunkt *GraphAnzeige*
und anschließend *Textdatei* aus. Nachdem wir den Dateinamen
GRAFIK eingegeben haben, wird die Datei im aktuellen Laufwerk
und Verzeichnis erstellt. Als Dateikennung wird *GRF* an den Namen
angefügt. Die Dateierstellung nimmt einige Zeit in Anspruch,
während der Sie eine Meldung auf dem Bildschirm sehen. Hierin ist
auch die Bezeichnung des Druckertyps, wie er in der Konfiguration
festgelegt wurde, enthalten. Stimmt diese Bezeichnung nicht mit
Ihrem Drucker überein, so können Sie die Dateierzeugung mit der
Taste [Esc] abbrechen.

Ist die Datei erstellt, kehren wir aus dem Grafikmenü in das Hauptmenü von Paradox zurück und beenden das Datenbanksystem. Befinden wir uns wieder auf der Betriebssystemebene, können wir über
den *DIR*-Befehl die Dateigröße überprüfen.

```
C:> DIR GRAFIK.GRF   <┘
```

Um die Datei auf dem Drucker auszugeben, verwenden wir das
Dienstprogramm PRINT.

```
C:> PRINT GRAFIK.GRF   <┘
```

Obgleich die Druckerausgabe auch jetzt einige Zeit in Anspruch
nimmt, können Sie bereits weiter mit dem Rechner arbeiten.

Damit wollen wir das Kapitel über die Grafikfähigkeiten von Paradox
beenden. In einem letzten Schritt wollen wir uns nun mit der Datenbankverknüpfung befassen. Dort werden Sie erfahren, daß Datenbanken nicht immer eigenständig sein müssen und durchaus in Verbindung ausgewertet werden können.

2.8 Datenbankverknüpfung

In diesem Kapitel wollen wir zwei besonders leistungsfähige Funktionen von Paradox vorstellen. Das ist zum einen die **Datenbankverknüpfung**, zum andern ist es der Einsatz von sogenannten **Multitabellenformularen**.

Durch die Datenbankverknüpfung können mehrere Datensätze aus unterschiedlichen Tabellen miteinander verbunden werden. Bezogen auf unsere Videoverwaltung kann so zu unserer Datenbank *VERLEIH*, zu jedem Datensatz der entsprechende Kundenname und der zugehörige Filmtitel ermittelt werden. Das hat den Vorteil, daß die Eingabe der Kunden- und Filmnummern bei der Verleihverwaltung ausreichen. Bestände diese Möglichkeit nicht, wäre eine Teilung der Videothekenverwaltung, in unserem Fall in drei Datenbanken, nicht sinnvoll. Die Verknüpfung erfolgt durch die Abfragefunktion, die wir an einfachen Beispielen bereits im Kapitel 2.3 kennengelernt haben. Die Bedienung ist also bereits bekannt, so daß wir uns sofort dem Praxisteil zuwenden können. Jede temporäre Anworttabelle, die über die Verknüpfungsfunktion erstellt wurde, kann in eine reguläre Datenbank abgespeichert werden. Grafische Auswertungen, Reportdefinitionen, Formulardefinitionen und Abfragemöglichkeiten sind dann an der neuen Tabelle einzeln durchführbar.

Datenbank-verknüpfung

Stellt die Datenbankverknüpfung eine Möglichkeit der datenbankübergreifenden Auswertung dar, so hat man mit Multitabellenformularen die Möglichkeit, sich während der Anzeige bzw. Bearbeitungsphase im Formularmodus verbundene Datensätze gleichzeitig ausgeben zu lassen. Auch dies wird wieder an einem Beispiel deutlich. Nehmen wir einmal an, Sie möchten zu den letzten Datensätzen der Verleihverwaltung die Filmtitel und Kundennamen ermitteln. Außerdem wollen Sie nach der Eingabe im Bearbeitungsmodus diese Bezeichnung abrufen können. Zwar wäre auch dieses über die Abfrage realisierbar, aber mit weitaus mehr Aufwand als mit den Multitabellenformularen. Diese werden nur einmal definiert und Paradox ordnet die Datensätze aus unterschiedlichen Datenbanken automatisch zu und bringt sie gemeinsam in einem Formular auf den Bildschrim. Haben Sie z.B. einen neuen Datensatz eingegeben und blättern eine Seite in der Datenbank zurück, so sehen Sie unmittelbar die Inhalte der Verbindung.

Multitabellen-formulare

Praxis   Wir wollen den Einsatz dieser speziellen Funktionen nun an Beispie-
                             len der Videothekenverwaltung durchsprechen. Die Grundinforma-
                             tionen   zur   Datenbankverknüpfung   sind   dem   Kapitel   2.3
                             (Datenbankabfrage) und zur Erstellung von Multitabellenformularen
                             dem Kapitel 2.5 (Formularerstellung) zu entnehmen.

Datenbank-   Für die Datenbankverknüpfung müssen für mehrere Tabellen Abfra-
verknüpfung   geformulare parallel geöffnet werden. Die Verknüpfung selbst erfolgt
                             durch die Beispielelemente, die in mehreren Tabellen gleiche
                             Bezeichnungen erhalten. Anschließend kann die Antworttabelle mit
                             der Funktionstaste [F2] generiert werden.

1.Beispiel   In unserem 1. Beispiel wollen wir alle Kunden mit Namen und
                             Vornamen ermitteln, die am 20.06.1991 einen Film ausgeliehen
                             haben. Zusätzlich wollen wir die Telefonnummer, für eventuelle
                             Rücksprache mit dem Kunden, anzeigen lassen.

                             Um diese Aufgabe zu lösen, wechseln wir zunächst in das
                             Hauptmenü und wählen den Menüpunkt *Abfrage*. Anschließend
                             geben wir den Namen *VERLEIH* ein. Über diese Tabelle ist das
                             Verleihdatum und die zugehörige Kundennummer zu ermitteln.
                             Nachdem die Abfragetabelle auf dem Bildschirm erschienen ist,
                             wechseln wir mit [F10] wieder in das Hauptmenü und wählen erneut
                             den Eintrag Abfrage aus. Nun verwenden wir den Namen *KUNDEN*,
                             da wir wissen, daß in dieser Tabelle sowohl die Kundennummern als
                             auch die zugehörigen Namen enthalten sind. Nun stehen zwei
                             Abfragetabellen auf dem Bildschirm (s. Bild 2.8.1).

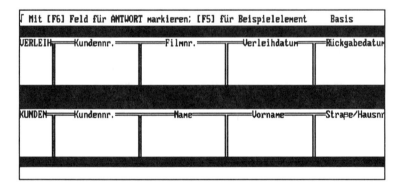

Bild 2.8.1: Abfragetabellen VERLEIH und KUNDEN

Mit den Funktionstasten [F3] (vorige Tabelle) und der Funktionstaste [F4] (nächste Tabelle) können wir zwischen den Abfragetabellen wechseln. Die aktive Tabelle ist jeweils in einer anderen Farbe dargestellt und beinhaltet zusätzlich den Textcursor. Nun können wir die Abfragebedingungen eingeben. Zunächst markieren wir mit [F6] die Felder, die in der Antworttabelle erscheinen sollen. Anschließend können wir die Bedingung für das Verleihdatum eintragen.

Die einzige Neuerung bislang ist, daß die Abfragekriterien nicht mehr in einer, sondern in zwei Tabellen einzutragen sind. Diese sind allerdings noch nicht miteinander verknüpft. Die Verbindung der Beispieltabellen ist durch das sogenannte Beispielelement, welches wir bereits bei den Berechnungen in Abfragen kennengelernt haben, möglich. In unserem Fall muß die Verknüpfung über die Kundennummer erfolgen, da hierin der einzige Bezug besteht. Daher bewegen wir uns zunächst in die Tabelle *VERLEIH* und tragen das Beispielelement (hier: p) mit [F5] p in die Spalte *Kundennr.* ein. Anschließend fügen wir das Beispielelement (hier wieder: p) in die Tabelle *KUNDEN*, und der Spalte *Kundennr.* ein, womit der Bezug hergestellt ist..

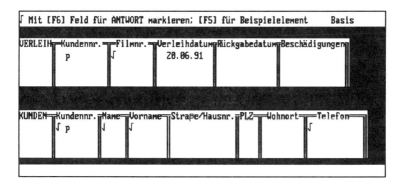

Bild 2.8.2: Bedingungen für Datenbankverknüpfung

Danach können wir, wie bereits bekannt, mit der Funktionstaste [F2] die Abfrage durchführen. Diese verläuft im Hintergrund und verwendet die Datenbanken *VERLEIH* und *KUNDEN*. Die Ergebnisse werden wieder in eine Antworttabelle mit dem Namen *ANTWORT* eingetragen (s. Bild 2.8.3).

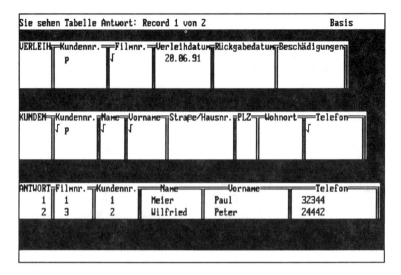

Bild 2.8.3: Ergebnis der Datenbankverknüpfung

Falls Sie das Ergebnis selbst kontrollieren wollen, so laden Sie nun die Tabelle *VERLEIH* und vergleichen die Film- und Kundennummern von den Kunden, die am 20.6.91 einen Film geliehen haben, mit den Film- und Kundennummern aus der Antworttabelle. Sie können sich vorstellen, daß der Rechner immer schneller ist, als wenn Sie diese Arbeiten selbst ausführen. Der Bildschirminhalt ist in Bild 2.8.4 enthalten. Aus optischen Gründen haben wir in unserem Fall die Spaltenbreiten der Anzeige reduziert, da sonst nicht alle Informationen erkennbar wären.

2.Beispiel   Nachdem Sie gesehen haben, wie einfach die Datenbankverknüpfung durchzuführen ist, wollen wir in unserem nächsten Beispiel drei Tabellen verbinden. Wir möchten aus den Dateien der Videothekenverwaltung alle Kunden mit Namen und Vornamen ermitteln, die einen geliehenen Film beschädigt zurückgegeben haben. Vom Film selbst wollen wir den Titel erfahren. Außerdem soll das Rückgabedatum mit angezeigt werden.

Zunächst löschen wir mit [Alt]+[F8] den Arbeitsbildschirm und laden die Abfrageformulare zu den Dateien *VIDEO*, *KUNDEN* und *VERLEIH* (s.Bild 2.8.5). In jeder der Dateien sind einmalige Informationen enthalten, die für die Lösung dieses Problems benötigt werden.

Verleih

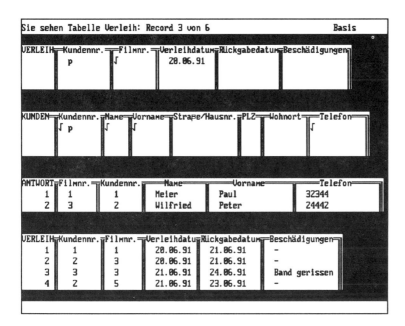

Bild 2.8.4: Kontrollanzeige VERLEIH

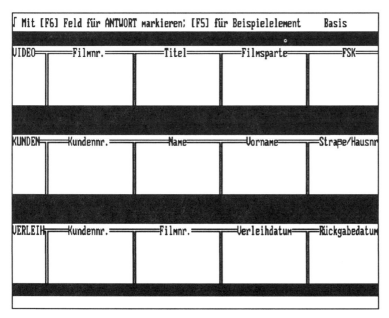

Bild 2.8.5: Verknüpfung VIDEO, KUNDEN und VERLEIH

Wir wollen nun die Bedingungen wieder in die Formulare eingeben. Zunächst beginnen wir mit den Markierungen der Tabellenspalten, die in das Antwortformular übernommen werden sollen. Das sind in der Tabelle *VIDEO* das Feld *Titel*, in der Tabelle *KUNDEN* die Felder *Name* und *Vorname* und in der Tabelle *VERLEIH* die Felder *Rückgabedatum* und *Beschädigungen*. Damit erhalten wir die umfassenden, geforderten Informationen. Die Markierung erfolgt wieder mit [F6] und der Wechsel zwischen den Abfragetabellen mit [F3] und [F4]. Die einzige Bedingung ist, nun mit *nicht @* in das Feld Beschädigungen der Verleihdatenbank einzutragen. D.h., jede Beschreibung einer Beschädigung muß aus mehr oder weniger einem Zeichen bestehen (s.Kapitel 2.3). Wir wissen, daß wir für keine Beschädigung einen Bindestrich einsetzen, so daß dieses Datenfeld nie unausgefüllt bleibt (eine komfortablere Lösung haben wir bereits in Kapitel 2.3 kennengelernt).

Nun müssen die Tabellen untereinander in bezug gesetzt werden. Sind die Dateien *VERLEIH* und *KUNDEN* über die Kundennummer zu verbinden, so geschieht es bei den Dateien *VERLEIH* und *VIDEO* über die Filmnummer. Nach dieser Überlegung können wir wieder die Beispielelemente mit Hilfe der Funktionstaste [F5] in die Tabellen eintragen. Für das Beispielelement Kundennummer wählen wir den Namen *k* und für die Filmnummer den Namen *f*. Beachten Sie die Übereinstimmung der Namen in den unterschiedlichen Tabellen, um die Datenbanken zu verknüpfen. Die ausgefüllten Abfragetabellen sind in Bild 2.8.6 abgedruckt.

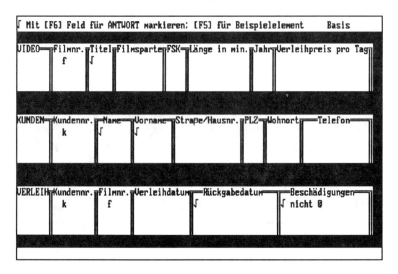

Bild 2.8.6: Verknüpfungsbedingungen

Lösen wir nun mit [F2] die Abfrage aus, werden im Hintergrund alle drei Datenbanken ausgewertet und eine neue Antworttabelle generiert (s.Bild 2.8.7). In unserem Fall wird nur ein zutreffender Datensatz erstellt.

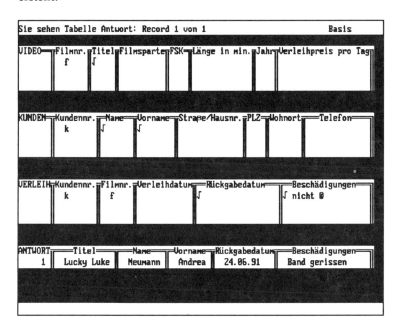

Bild 2.8.7: 1.Ergebnis der Datenbankverknüpfung

In unserem letzten Beispiel wollen wir noch einmal das Umbenennen und Weiternutzen einer Antworttabelle, die durch Datenbankverknüpfung entstanden ist, demonstrieren. Als Aufgabe wollen wir dabei die Filme und Filmsparten ermitteln, die von dem Kunden mit der Nummer 2 bislang ausgeliehen wurden. Zusätzlich soll der Name im Antwortformular erscheinen.

3.Beispiel

Sie sollten versuchen, diese Aufgabe eigenständig zu lösen, bevor wir Ihnen die Lösung präsentieren. Auch in diesem Fall werden alle drei Datenbanken zur Ermittlung der Antworttabelle benötigt. Zunächst wechseln wir in die Tabelle *KUNDEN*, markieren den Namen mit [F6] und tragen für die Kundennummer das Beispielelement *k* mit der Funktionstaste [F5] ein. Anschließend wechseln wir mit [F4] in die Tabelle *VIDEO*. Hier markieren wir das Feld *Titel* und *Filmsparte* und führen anschließend in der Spalte der Filmnummer das Beispielelement *f* ein.

In einem letzten Arbeitsgang wechseln wir in die Tabelle *VERLEIH*, markieren das Feld Verleihdatum und tragen die Beispielelemente *k* und *f* in die entsprechenden Felder ein. Danach generieren wir mit [F2] die Antworttabelle (s.Bild 2.8.8).

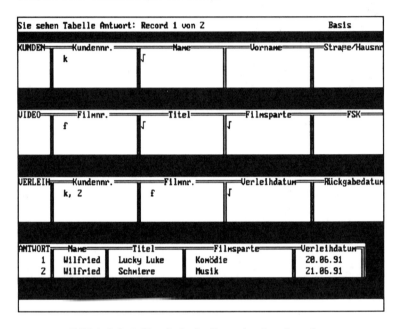

| Sie sehen Tabelle Antwort: Record 1 von 2 | | | | Basis |

KUNDEN	Kundennr.	Name	Vorname	Straße/Hausnr
	k	√		

VIDEO	Filmnr.	Titel	Filmsparte	FSK
	f	√	√	

VERLEIH	Kundennr.	Filmnr.	Verleihdatum	Rückgabedatum
	k, 2	f	√	

ANTWORT	Name	Titel	Filmsparte	Verleihdatum
1	Wilfried	Lucky Luke	Komödie	20.06.91
2	Wilfried	Schmiere	Musik	21.06.91

Bild 2.8.8: 2.Ergebnis der Datenbankverknüpfung

Als Ergebnis erhalten wir eine Tabelle mit zwei Datensätzen. Diese wollen wir speichern, um sie beim nächsten Mal nicht erneut erstellen zu müssen. Aber Achtung, Antworttabellen sind eigenständige Tabellen und nicht mit den Ursprungsdateien verknüpft. Tragen sie erneut Datensätze in Ihre Tabellen ein, die für die Antworttabelle genutzt wurden, so sind die umbenannten Antworttabellen nicht mehr auf dem aktuellsten Stand.

Zunächst wechseln wir wieder mit [F10] in das Hauptmenü und wählen die Menüeinträge *Tools* und *Umbenennen* aus. Die nachfolgende Tabellenabfrage quittieren wir mit [Return], um eine Auswahlliste der möglichen Dateien zu erhalten. Auch der Name *ANTWORT* ist hier vorhanden, den wir an dieser Stelle wählen müssen. Als neuen Namen geben wir in unserem Beispiel *NEUTAB* ein. Nachdem wir den Bildschirm mit [Alt]+[F8] gelöscht haben, können wir nun die neue Tabelle mit *Zeige* laden (s.Bild 2.8.9).

```
Sie sehen Tabelle Neutab: Record 1 von 2                    Basis
NEUTAB            Name                            Titel
   1    Wilfried                    Lucky Luke
   2    Wilfried                    Schmiere
```

Bild 2.8.9: Umbenennung der temporären Tabelle

Während die Antworttabelle temporär vorliegt, ist auch die Strukturdefinition mit der Beschreibung des Antworttabellenaufbaus nur
temporär vorhanden. Diese wird beim Umbenennen automatisch zur
Strukturdefinition der neuen Datenbank (in unserem Fall für
NEUTAB)(s. Bild 2.8.10).

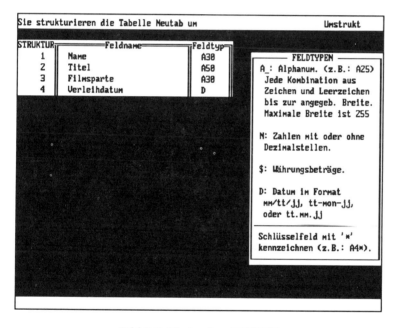

Bild 2.8.10: Struktur NEUTAB

Es steht Ihnen frei, die Report- und Grafikfunktion entweder an der
umbenannten Datei *NEUTAB* durchzuführen (s. Bilder 2.8.11 und
2.8.12), oder aber die Antwortabelle direkt zu benutzen. Bevor wir
uns nun mit einer weiteren speziellen Funktion von Paradox
befassen, wollen wir die Datenbankverknüpfung noch einmal kurz
zusammenfassen.

NEUTAB

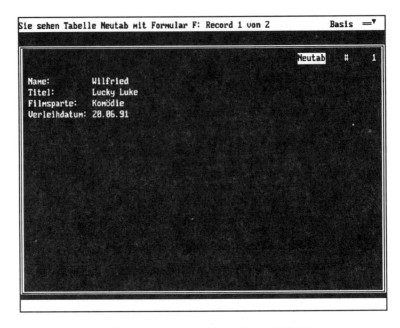

Bild 2.8.11: Standardformular NEUTAB

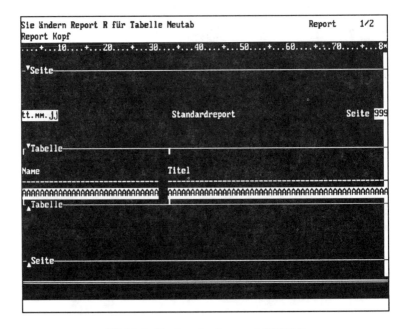

Bild 2.8.12: Standardreport NEUTAB

Zusammenfassung Datenbankverknüpfung:

1. [Alt]+[F8] Bildschirm löschen

2. [F10] ins Hauptmenü

3. Menüanwahl ABFRAGE

   a) Tabellennamen eingeben

   b) [F10] Menü

   c) evtl.weitere Tabellen laden (s.Pkt 2)

4. Abfragebedingungen eintragen

   - [F3]/[F4] Tabellenwechsel

   - [F5] Beispielelemente für Verknüpfung

   - [F6] Markierfunktion

5. [F2] Abfrage durchführen

In dem zweiten Teil dieses Kapitels werden wir uns mit einer weiteren Möglichkeit der Tabellenverbindung vertraut machen. Dabei handelt es sich um die sogenannten Multitabellenformulare. Das ist nichts anderes als ein Formular, in dem bereits vordefinierte Formulare anderer Bezugstabellen eingebunden werden.

Multitabellen-formulare

Damit lernen Sie eine der komplexesten und leistungsfähigsten Funktionen von Paradox kennen. Da wir hier nicht alle Einzelheiten demonstrieren können, wollen wir uns mit einem Beispiel begnügen, welches anhand der Videothekenverwaltung die Möglichkeit dieser Formulare aufzeigen soll. Fügen wir die Formulare zusammen, so ist natürlich die Grundvoraussetzung, daß die Tabellen untereinander in bezug gesetzt werden können. Dies geschieht, wie bereits bei der Datenbankverknüpfung, durch zugeordnete Tabellenspalten. Die Verknüpfung kann auf zwei unterschiedliche Arten erfolgen. Zum einen können die Datensätze untereinander verbunden, und zum anderen getrennt voneinander vorliegen.

Es muß für jedes Multitabellenformular eine sogenannte **Mastertabelle** angegeben werden, für die das Formualar generiert wird. In das Multitabellenformular der Tabelle werden dann weitere Formulare eingebunden.

verbundene
Multitabellen

Die Formulare können untereinander verbunden sein oder nicht. Nehmen wir an, die Verleihtabelle ist die Mastertabelle und die Videofilmtabelle wird in das Multitabellenformular eingebettet. Bearbeiten wir später dieses Formular, befinden wir uns immer in dem Formularbereich der Mastertabelle. Parallel dazu werden die Datensätze im Formularbereich der Nebentabelle angezeigt, die genau mit diesem Datensatz zusammenpassen. Nehmen wir z.B. einen Verleihvorgang an, in dem ein Kunde den Film mit der Nummer 10 ausleiht. In diesem Fall wird z.B. automatisch der Filmtitel aus der Videofilmtabelle zugeordnet und beim Blättern angezeigt. Über die Funktionstasten [F3] und [F4] kann zwischen den Formularbereichen gesprungen werden. Wechseln wir z.B. im Multitabellenformular zu den Videofilminformationen, so erhalten wir beim Blättern der Videofilme die Kunden, die genau diesen Film ausgeliehen haben. Die Zuordnung wird immer durch Paradox intern gesteuert.

freie
Multitabellen

Sind die Datensätze hingegen nicht verbunden, so kann zwischen den einzelnen Formularbereichen ebenfalls hin- und hergesprungen werden. Blättern wir dann allerdings in der Verleihverwaltung, so erfolgt keine automatische Zuordnung der Datensätze mehr. Im Prinzip bearbeiten wir das Multitabellenformular dann so, als wenn mehrere getrennte Formulare nebeneinander auf dem Bildschirm vorhanden wären.

Sie sehen, besonders die verbundenen Formulare sind sehr effektiv, aber nicht so einfach zu handhaben. Die mit der Mastertabelle verknüpften Datenbanken müssen einen primären Index enthalten. Um hier ein wenig Licht ins Dunkel zu bringen, werden wir nun ein verbundenes Multitabellenformular in der Praxis erstellen. Wenn Sie diese Übung mitmachen, werden Sie bereits eine Menge mehr von den Multitabellenformularen verstehen.

Beispiel

In unserem konkreten Beispiel wollen wir ein Formular für die Verleihverwaltung erstellen, in dem neben den Daten aus dem Verleih selbst auch der zugehörige Kundenname und Filmtitel angezeigt wird.

Daraus wird leicht erkennbar, daß die Datenbank *VERLEIH* die Mastertabelle ist, und daß die Dateien *KUNDEN* und *VIDEO* in das Multitabellenformular eingebettet werden müssen. Da der jeweils zugeordnete Datensatz aus Videofilm- und Kundenverwaltung angezeigt werden soll, wissen wir weiterhin, daß ein verbundenes Multitabellenformular zu erstellen ist. Das bedeutet, daß die Nebentabellen primär indiziert sein müssen. Den Primärindex haben wir bereits in Kapitel 2.4 kennengelernt, so daß wir hier lediglich überprüfen, ob die benötigten Indizes vorhanden sind. Ist dies nicht der Fall, werden wir sie ergänzen.

Dazu wechseln wir zunächst in das Hauptmenü und wählen den Eintrag *Dienste* und nachfolgend *Umstrukturieren* an und geben den Tabellennamen *VIDEO* ein. Die Dateistruktur dieser Datenbank erscheint anschließend in dem bereits bekannten Strukturformular. Da für das erste Feld, welches gleichzeitig das Bezugsfeld ist, kein Index vorhanden ist, markieren wir es mit einem Sternchen als Schlüsselfeld (s. Bild 2.8.13).

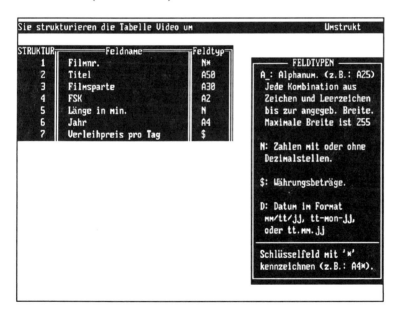

Bild 2.8.13: Primärindex VIDEO

Über [F10] und *OK!* beenden und quittieren wir nun die Änderung. Der Index wird erstellt , die Datenbank und eventuelle Bezugsdateien (z.B. Report- oder Formulardateien) werden an die neue Struktur angepaßt.

Genauso gehen wir für die zweite Tabelle *KUNDEN* vor und markieren hier die Kundennummer als indiziertes Feld (s.Bild 2.8.14).

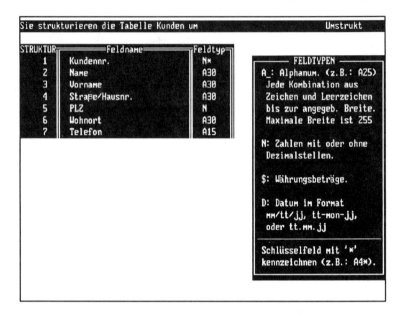

Bild 2.8.14: Primärindex KUNDEN

Damit ist die Kontrollphase abgeschlossen und das Multitabellenformular kann generiert werden. Dazu wechseln wir wieder in das
Hauptmenü und wählen den Menüpunkt *Form* an. Wir verfahren
dabei genauso wie in Kapitel 2.5 beschrieben und entwickeln das
Formular Nummer 10 für die Tabelle *Video*. Wir plazieren das
einzige benötigte Feld *Titel* in das Formular, versehen es mit einem
Rahmen und ergänzen die Feldvorgabe. Das Formular, das wir später
in das Multitabellenformular übernehmen wollen, ist damit bereits
definiert (s. Bild 2.8.15).

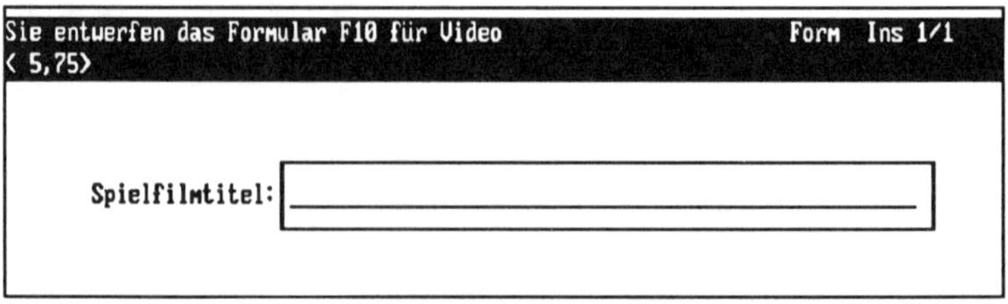

```
Sie entwerfen das Formular F10 für Video              Form  Ins 1/1
< 5,75>



        Spielfilmtitel:
```

Bild 2.8.15: Formular VIDEO

Im Anschluß daran erstellen wir auf gleiche Weise das Formular mit der Nummer 10 für die Tabelle *KUNDEN*. In diesem Fall ist das Namen- und Vornamenfeld im Fenster zu plazieren. Beide Felder werden wieder mit einem Rahmen umschlossen und einer Feldvorgabe versehen. Es ergibt sich ein Formular wie in Bild 2.8.16 dargestellt.

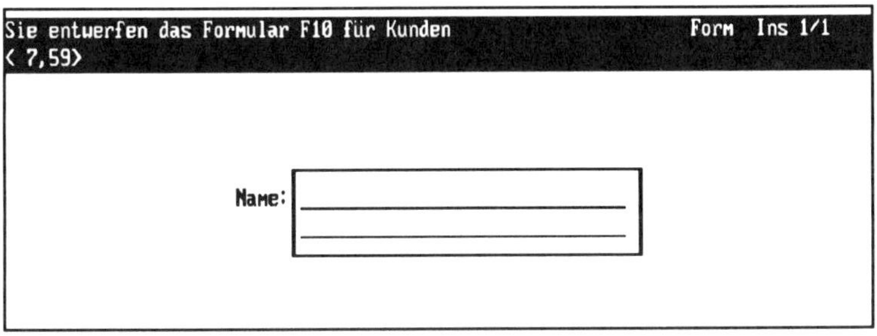

```
Sie entwerfen das Formular F10 für Kunden            Form   Ins 1/1
< 7,59>




              Name:
```

Bild 2.8.16: Formular KUNDEN

Der Entwurf beider Formulare wird jeweils mit der Funktionstaste [F10] beendet und mit *Ok!* quittiert. Bevor wir uns mit dem Multitabellenformular befassen können, erstellen wir nun abschließend ein Formular für die Datenbank *VERLEIH*. Wollen wir es als Standardformular nutzen, können wir die Bezeichnung F, ansonsten eine beliebige andere Nummer von 1 bis 14 verwenden. Das fertige Formular ist in Bild 2.8.17 abgedruckt.

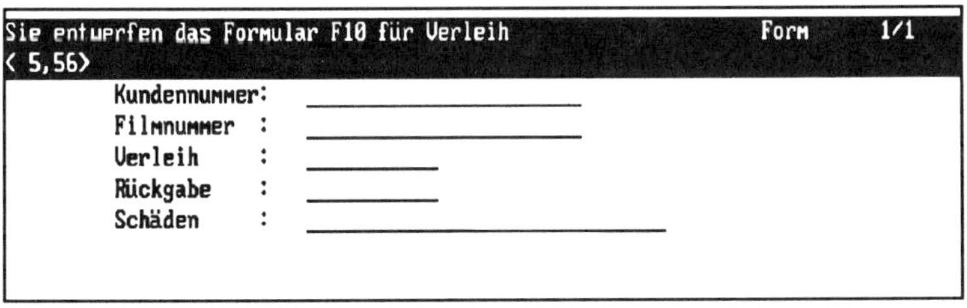

```
Sie entwerfen das Formular F10 für Verleih           Form      1/1
< 5,56>
          Kundennummer:
          Filmnummer  :
          Verleih     :
          Rückgabe    :
          Schäden     :
```

Bild 2.8.17: Verleihformular erstellen

Nun können wir mit [F10] in das Formularmenü zurückkehren und das Multitabellenformular definieren. Dazu wählen wir zunächst den Menüpunkt *Multi* an. Das Menü mit den Einträgen *Tabellen* und *Records* kennen wir bereits aus dem Kapitel 2.5, wo wir durch die Anwahl von *Records* die Multirecord-Formulare erzeugt haben. An dieser Stelle muß der Eintrag *Tabellen* angesteuert werden.

In einem weiteren Schritt können wir nun über den Menüpunkt *Plazieren* die Verbindungsart der Formulare auswählen. In unserem Fall müssen die Tabellen miteinander verbunden werden. Wenn wir nun nach dem Namen der zu verbindenden Tabelle gefragt werden, wählen wir zuerst den Namen *VIDEO* und anschließend das Formular 10 aus.

Danach ermittelt Paradox aus der Verbindungstabelle den Primärindex und fragt das Verbindungsfeld in der Mastertabelle ab. Das ist in unserem Fall das Feld *Filmnr*. Nun kann ein schattierter Bereich, der für das Importformular der Tabelle *VIDEO* steht, frei im Multitabellenformular plaziert werden. Dazu verwenden Sie die Cursorsteuerung. Ist die endgültige Position festgelegt, so ist die [Return]-Taste zu drücken (s. Bild 2.8.18).

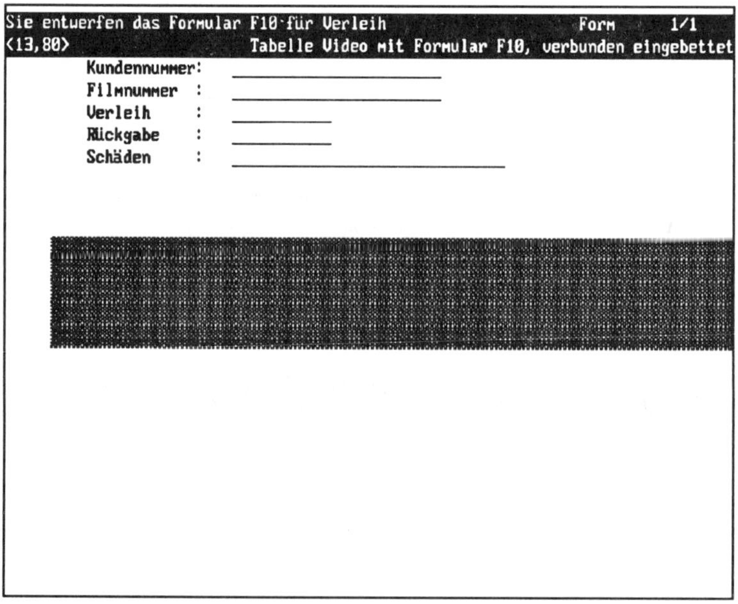

```
Sie entuerfen das Formular F10 für Verleih                    Form    1/1
<13,80>                    Tabelle Video mit Formular F10, verbunden eingebettet
        Kundennummer:
        Filmnummer  :      _____
        Verleih     :      _____
        Rückgabe    :      _____
        Schäden     :      _____
```

Bild 2.8.18: Formulareinbindung VIDEO

Ebenso verfahren wir auch mit dem Formular der Kundenverwaltung. Dazu wählen wir erneut den Menüeintrag *Multi*, gefolgt von *Tabellen, Plazieren* und *Verbinden* an. Haben wir die Verbindungstabelle und das zu verwendende einzubettende Formular festgelegt, können wir nun auch den Formularbereich der Tabelle *KUNDEN* frei im Formular plazieren (s. Bild 2.8.19).

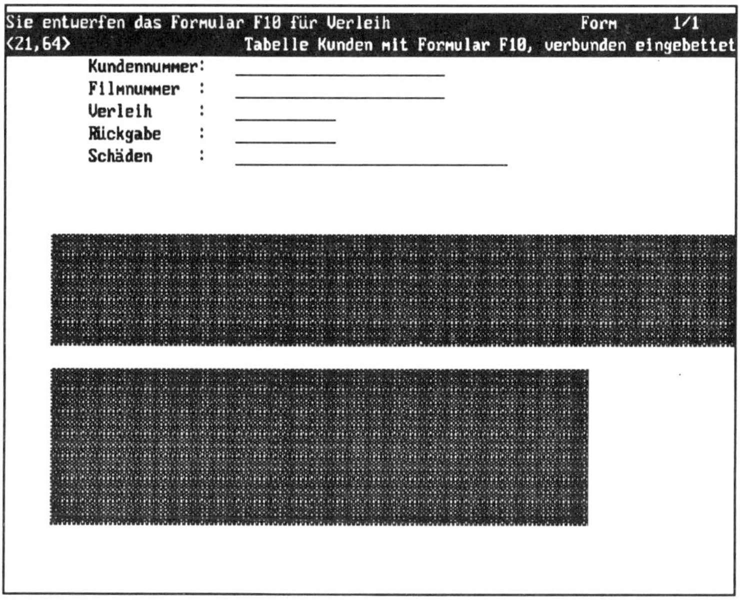

```
Sie entwerfen das Formular F10 für Verleih                  Form      1/1
<21,64>                     Tabelle Kunden mit Formular F10, verbunden eingebettet
        Kundennummer:         _____
        Filmnummer  :         _____
        Verleih     :         _____
        Rückgabe    :         _____
        Schäden     :         _____
```

Bild 2.8.19: Formulareinbindung KUNDEN

Damit ist die Definition des Multitabellenformulars bereits abgeschlossen. Um das neue Eingabe- und Anzeigeformular im Einsatz zu
betrachten, lassen Sie sich nun die Tabelle *VERLEIH* auf dem Bildschirm anzeigen (Hauptmenüpunkt *Zeige*, Umschaltung mit [F7]).
Über die Menüfolge *Bild --> Wähle* können Sie das Multitabellenformular aber auch jederzeit neu laden, falls es nicht unter der
Bezeichnung *F* für das Standardformular abgelegt wurde (s. Bild
2.8.20).

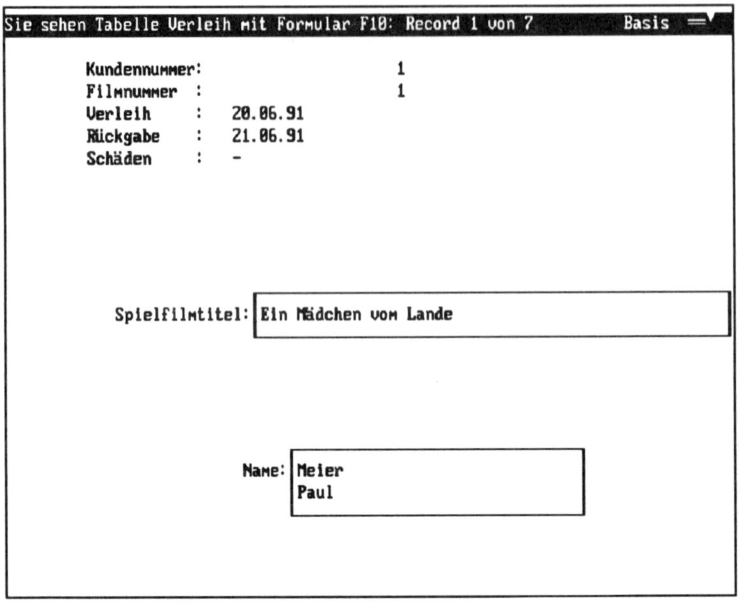

```
Sie sehen Tabelle Verleih mit Formular F10: Record 1 von 7        Basis ═▼

        Kundennummer:                   1
        Filmnummer   :                  1
        Verleih      :    20.06.91
        Rückgabe     :    21.06.91
        Schäden      :    -




            Spielfilmtitel: │Ein Mädchen vom Lande                        │




                      Name: │Meier                                  │
                            │Paul                                   │


```

Bild 2.8.20: Multitabellenformular im Einsatz

Beachten Sie, daß Sie, falls Sie Ihre einzubindenden Formulare bereits ganzseitig angelegt haben, das Multitabellenformular als mehrseitiges Formular aufbauen müssen.

Mit diesem Kapitel wollen wir nun den beispielorientierten Teil des Buches beenden. Sie haben hier nicht nur die wichtigsten Funktionen, sondern auch einige Anregungen für eigene Datenbankanwendungen bekommen. Insbesondere die Möglichkeiten der Datenbankverknüpfung mit der Hilfe von Abfrageformularen sollten Sie ausgiebig nutzen.

Im nächsten Kapitel werden wir ein weiteres Programm vorstellen, welches zum Lieferumfang von Paradox 3.5 gehört, den Programmgenerator.

Kapitel 3: Der Programmgenerator

Die meisten Datenbankprogramme bieten die Möglichkeit, über eine *Informationen* interne Datenbankabfragesprache Daten beliebig auszuwerten. Diese in die Anwendungsumgebung integrierten Programmentwicklungssysteme, die sich in der Regel in der Syntax an die höheren Programmiersprachen, z.B. C oder Pascal orientieren, sind zwar sehr leistungsfähig, erfordern allerdings eine längere Lernphase, insbesondere dann, wenn der Anwender bislang noch nicht programmiert hat.

Paradox beinhaltet selbst die *Paradox Application Language*, kurz PAL genannt. Hiermit hat der geschulte Nutzer des Datenbanksystems die Aussicht, Anwendungen selbst zu entwickeln. Da für Einsteiger PAL nicht unmittelbar nutzbar ist, bietet Paradox mit einem Programmgenerator eine weitere Möglichkeit der Programmerstellung an. Der Begriff Programmgenerator selbst setzt sich aus den Worten Programm und Generator zusammen. Um diese Bezeichnung zu erläutern, wollen wir zunächst auf die Teilbegriffe eingehen. Ein Programm ist die Lösung eines Problems durch einen Algorithmus, der in einer Programmiersprache formuliert ist. Ein Generator hingegen ist ein Erzeuger, wie z.B. auch der Stromgenerator. Setzen wir nun diesen Begriff wieder zusammen, fällt eine Definition nicht mehr schwer. Ein Programmgenerator erzeugt nach den Angaben eines Anwenders automatisch ein ausführbares Programm.

Die für das Programm notwendigen Informationen werden durch den Paradox-Programmgenerator im Dialog und unter zur Verfügungstellung umfangreicher Hilfsinformationen während der Benutzereingaben abgefragt. Dadurch sind keine Programmierkenntnisse erforderlich.

In diesem Kapitel, in dem wir leider nicht den vollen Funktionsumfang demonstrieren können, wollen wir an einem einfachen Beispiel die Bedienung des Generators und die Leichtigkeit der Programmentwicklung demonstrieren. Dazu werden wir eine kleine Adreßverwaltung entwickeln.

Das Programm kann Ihnen als Grundgerüst für andere Anwendungen dienen und soll Ihnen Anregungen für eigene Projekte geben. Hinweise auf alternative Möglichkeiten in der Programmgenerierung werden im Anwendungsbeispiel berücksichtigt.

3.1 Grundlagen

Installation

Die Einrichtung des Programmgenerators auf dem Festspeicher ist wahlfrei und wird über das Installationsprogramm gesteuert. Behält man bei der Installation das Standardverzeichnis *\PDOX35* bei, so wird dieses Programm getrennt vom Datenbankprogramm im Verzeichnis *\PDOX35\PPROG* abgelegt.

Starten

Um den Programmgenerator zu starten, müssen Sie sich auf der Betriebssystemebene befinden. Nach dem Systemprompt, z.B. *C:\>*, geben Sie zunächst die Anweisung zum Wechsel in das Verzeichnis *des Entwicklungssystems* ein. Anschließend können Sie das Programm über *PPROG* direkt ausführen, da es als ein eigenständig ablauffähiges Maschinenprogramm vorliegt. Die Kommandos zum Starten des Generators sind nachfolgend noch einmal abgedruckt.

```
C:\> CD \PDOX35\PPROG  <┘
C:\> PPROG  ┌┘
```

Bedienen und Beenden

Der Programmgenerator verfügt über eine Oberfläche, die dem Aufbau des allgemeinen Datenbankprogrammes Paradox entspricht. Auch wird es über die gleichen Tastaturbefehle gesteuert, so daß wir auf eine Erläuterung der Benutzeroberfläche verzichten können. Anders als bei Paradox muß die Hilfeinformation jedoch nicht bei Bedarf durch die Betätigung der Funktionstaste [F1] auf den Monitor gebracht werden, sondern sie steht permanent im unteren Bildschirmbereich zur Verfügung. Je nach Arbeitsschritt wechselt die Information, so daß wir zur Erstellung von Programmen nur selten auf das Handbuch zurückgreifen müssen. Beendet wird der Generator durch Anwahl des Hauptmenüpunktes *Quit* und anschließender Bestätigung der Sicherheitsabfrage mit *Ja*.

Menüstruktur

Die wichtigsten Menüeinträge mit einer Kurzerläuterung finden sich nachfolgend in einem Menübaum. Damit erhalten Sie einen Einblick in die Hauptfunktionen des Programmgenerators.

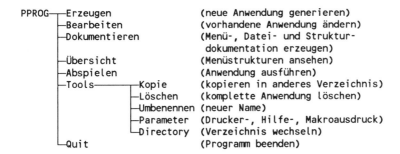

```
PPROG──┬─Erzeugen              (neue Anwendung generieren)
       ├─Bearbeiten            (vorhandene Anwendung ändern)
       ├─Dokumentieren         (Menü-, Datei- und Struktur-
       │                        dokumentation erzeugen)
       ├─Übersicht             (Menüstrukturen ansehen)
       ├─Abspielen             (Anwendung ausführen)
       ├─Tools──────┬─Kopie     (kopieren in anderes Verzeichnis)
       │            ├─Löschen   (komplette Anwendung löschen)
       │            ├─Umbenennen (neuer Name)
       │            ├─Parameter  (Drucker-, Hilfe-, Makroausdruck)
       │            └─Directory  (Verzeichnis wechseln)
       └─Quit                  (Programm beenden)
```

Bild 3.1.1: Menübaum PPROG

Beim Erzeugen eines neuen Programmes wird man automatisch durch die korrekten Menüs geführt, so daß fehlerhafte Eingaben nur sehr selten erfolgen. Intern werden mehrere Programmdateien erstellt, die für die spätere Programmausführung benötigt werden. Erkennbar sind die Dateien durch identisch beginnende Dateinamen. Die Namenslänge kann zwischen ein und fünf Zeichen betragen. Alle erstellten Dateien resultieren aus dem Namen, den man der Anwendung gibt. Erhält die Anwendung z.B. den Namen *TEST*, so fangen alle Dateien dieser Anwendung ebenfalls mit *TEST* an (Ausnahme: Datenbanknamen).

Um die Anwendungsprogramme, die mit dem Generator erzeugt wurden, auszuführen, muß zunächst *PPROG* geladen werden (s.o.). Anschließend kann über den Menübefehl *Abspielen* und durch Angabe des Applikationsnamens der Programmstart erfolgen.

Generierte Programme ausführen

3.2 Erstellung einer Adreßverwaltung

Bevor wir uns dem Beispielprogramm zuwenden wollen, müssen wir uns kurz Gedanken über den gewünschten Datensatzaufbau machen. Die Felder sollen, wie nachfolgend aufgeführt, in unserer Anwendung definiert sein.

Vorüberlegungen

1.Feld: Name (alphanumerisch, 30 Zeichen)

2.Feld: Vorname (alphanumerisch, 30 Zeichen)

3.Feld: Straße/Nr. (alphanumerisch, 30 Zeichen)

4.Feld: PLZ/Wohnort (alphanumerisch, 30 Zeichen)

5.Feld: Telefon (alphanumerisch, 15 Zeichen)

6.Feld: Geburtstag (Datum)

Ferner wollen wir lediglich die tabellenorientierten Funktionen der
Dateneingabe, -anzeige und -bearbeitung unterstützen. Auf Be-
sonderheiten wie Startbildschirm, Einbindung von Makros und Ein-
bau einer Hilfsfunktion werden wir verzichten.

Praxis   Bevor wir die Generierung unserer kleinen Adreßverwaltung besprechen, wollen wir zunächst noch einmal auf die Hilfsinformationen des Programmgenerators hinweisen, die z.T. in den Bildern enthalten sind und einen Einblick über die "Programmentwicklung im
Dialog" geben. Nachdem wir *PPROG* von der Betriebssystemebene
aus gestartet haben, erscheint zunächst ein Eröffnungbildschirm
(s.Bild 3.2.1).

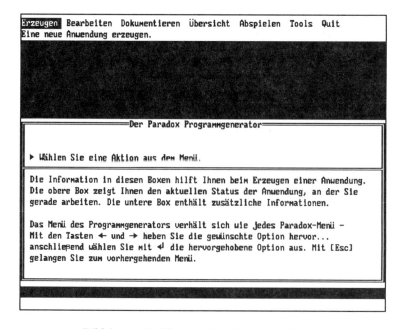

Bild 3.2.1: Eröffnungsbildschirm von PPROG

Bereits hier ist der zu Paradox entsprechende Programmaufbau und
die identische Benutzerführung erkennbar. Auch die Hilfsinformation
beginnt unmittelbar vor der Anwahl eines speziellen Menüpunktes.
Um die Generierung eines Anwendungsprogrammes zu beginnen,
wählen wir zunächst den Menüpunkt *Erzeugen* und quittieren die
Anwahl mit [Return]. Danach werden wir aufgefordert, einen Namen
für die Anwendung, der aus 1 bis maximal 5 Zeichen bestehen darf,
einzugeben. Wir verwenden an dieser Stelle *Adres* und bestätigen
anschließend erneut mit [Return] (s.Bild 3.2.2).

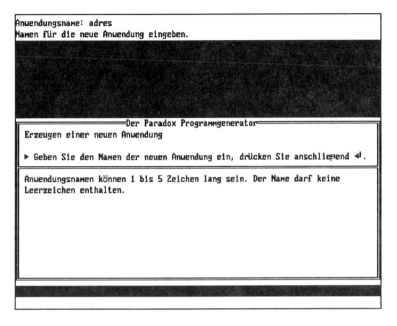

Bild 2.3.2: Eingabe eines Namens für ein Anwendungsprogramm

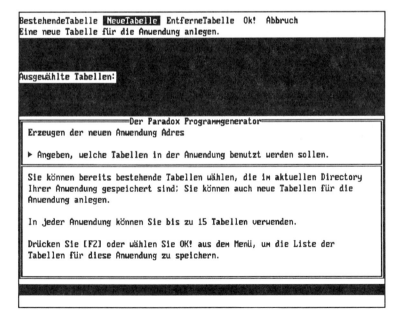

Bild 2.3.3: Datentabelle für Anwendung ADRES definieren

Tabellen   Im nächsten Schritt müssen wir festlegen, welche Dateien bzw. Tabellen unser Programm verwenden soll. Wir wollen für unser Programm lediglich eine einzige Adreßdatenbank mit dem Namen *ADRESS* anlegen. Daher wählen wir im nächsten automatisch auf dem Bildschirm erscheinenden Menü den Eintrag *NeueTabelle*. Diese Anwahl ist in diesem Fall notwendig, da wir bisher noch nicht über eine Tabelle mit der gewünschten Datenformatstruktur verfügen (s.Bild 2.3.3).

Nachdem wir in ein folgendes Tabelleneingabefeld den Namen angegeben haben, kann die Tabelle erstellt werden. Dazu erscheint ein Definitionsbildschirm, wie wir ihn bereits aus Paradox her kennen.

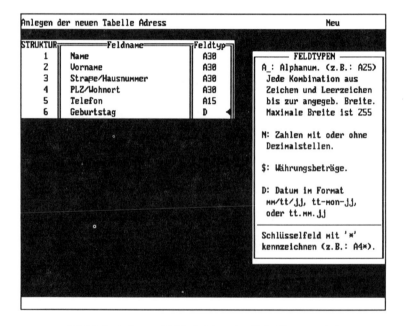

Bild 3.2.4: Datenfelddefinition der Tabelle ADRESS

Durch die Eingabe sämtlicher Strukturdaten ergibt sich ein Bildschirm wie in Bild 3.2.4 dargestellt. Wir können nun über die Funktionstaste [F10] in das Menü zurückkehren und mit *Ok!* die Datenbankdefinition bestätigen.

Programme, die mit dem Generator erstellt werden, können, anders als in unserem Beispiel, auch mehrere Tabellen (auch bereits existierende) verwenden.

Anschließend gelangen wir zurück in das Tabellendefinitionsmenü, wo wir erneut *Ok!* anwählen, da unser Programm lediglich mit einer Tabelle arbeiten soll. Zu diesem Zeitpunkt wird die Meldung *"ausgewählte Tabellen: Adress"* auf dem Bildschirm angezeigt, die belegt, daß die Datenstruktur und der Datenbankname nun für das zu erstellende Anwendungsprogramm bekannt ist. Nach einer kurzen Beschreibung der Tabelle (s.Bild 3.2.5) können wir mit der eigentlichen Programmerstellung beginnen.

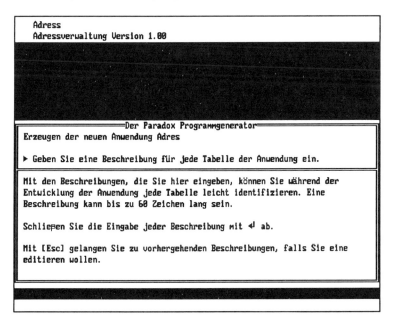

Bild 3.2.5: Eingabe der Beschreibung

Menüdefinition

Die Programmbeschreibung beginnt mit der Festlegung des Basis- bzw. des Hauptmenüs. Dieses Anwendungsmenü entspricht der Menüführung von Paradox selbst. Da wir die Arbeitsschritte, die unser Programm ausführen soll, bereits festgelegt haben, können wir die Menüpunkte sehr schnell vergeben. Untermenüebenen, die ebenfalls erstellt werden können, sind für die Adreßverwaltung nicht erforderlich.

Jeder Menüpunkt kann mit einer wahlfreien Kurzinformation versehen werden, die später erscheint, wenn der Eintrag im Menü durch einen inversen Balken markiert wird. Wir wollen unser Menü nach der folgenden Tabelle definieren.

Menüeintrag:	Beschreibung:
Dateneingabe	keine spezielle Information
Datenanzeige	Adressen auf dem Bildschirm anzeigen
Datenbearbeitung	Adressen ändern

Tabelle 3.2.1: Festlegung des Basismenüs von ADRES

In dieser Reihenfolge geben wir nun auch die Informationen, unter Berücksichtigung der erscheinenden Hilfestellungen, in die bereitgestellten Eingabefelder ein. Wenn der letzte Menüpunkt definiert ist, kehren wir mit [F10] in das Menü zurück und bestätigen unsere Menüstruktur mit *Ok!*. Wie Ihnen aufgefallen ist, haben wir keinen speziellen Menüpunkt zum Beenden unserer Applikation erzeugt. Das ist nicht notwendig, da diese Arbeit durch den Programmgenerator eigenständig, im Anschluß an die Menüdefinition, vorgenommen wird (s. Bild 3.2.6).

```
Ok!  Abbruch
Menü speichern.


◄ Datenanzeige  Datenbearbeitung                              Basis



                     ═══Der Paradox Programmgenerator═══
Erzeugen der neuen Anwendung Adres                           Undefiniert
Erstellen des Menüs BASIS.
► Geben Sie die Namen der Menüoptionen und deren Beschreibungen ein.

Namen von Menüoptionen können 20 Zeichen lang sein, Beschreibungen bis zu 60.

Mit ◄ und ► bewegen Sie sich im Menü, das Sie entwerfen. [Ins] fügt eine
neue Option ein, [Del] löscht die hervorgehobene Option. [F9] ermöglicht
Ihnen, den Namen oder die Beschreibung der hervorgehobene Option zu edi-
tieren. Wenn Sie damit fertig sind, drücken Sie [Return].

Drücken Sie [F2] oder drücken Sie [F10] und wählen OK! aus dem Menü,
wenn Sie mit der Gestaltung der aktuellen Menüebene fertig sind.
```

Bild 3.2.6: Menüdefinition

Sind die Menüs erstellt, ist es erforderlich, spezielle Aktionen mit diesen Menüpunkten zu verknüpfen. Dazu wird unmittelbar nach der Menüerstellung ein Aktionsmenü auf den Bildschirm gebracht. In der Reihenfolge der Menüdefinition können nun die Arbeitsgänge zugeordnet werden, die später durch die Menüanwahl ausgeführt werden sollen. Dazu ist zunächst der Menüeintrag *SpezifiziereAktion* anzusteuern, wie in Bild 3.2.7 dargestellt.

Menüaktionen festlegen

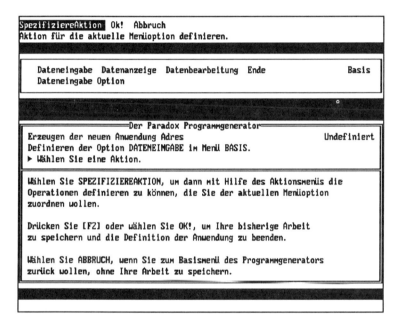

Bild 3.2.7: Menüaktionen festlegen

Zunächst wird nun der erste Menüpunkt *Dateneingabe* zur Spezifikation angeboten. Außerdem erscheint ein Auswahlmenü mit speziell vorgegebenen Aktionen. Diese Auswahl ermöglicht sowohl die Festlegung weiterer Menüebenen als auch die Zuordnung von Hilfeinformationen oder Einfügung von Bearbeitungsfunktionen. Hilfe zur Auswahl erscheint wieder im unteren Bildschirmbereich (s.Bild 3.2.8).

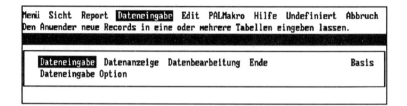

Bild 3.2.8: Aktion DATENEINGABE

Nachdem wir für den ersten Menüpunkt *Dateneingabe* die ent-
sprechende Aktion aus dem Menü gewählt haben, müssen weitere
Angaben gemacht werden. Zunächst ist anzugeben, ob diese
Funktion mit einer fest vorgegebenen Tabelle (Menüpunkt
WähleTabelle) oder einer wahlfreien Tabelle (Menüpunkt
JedeTabelle) erfolgen soll. Da für unser Programm nur eine
Adreßdatenbank benötigt wird, wählen wir an dieser Stelle den ersten
Eintrag aus dem Menü. Anschließend geben wir in ein geöffnetes
Eingabefeld unseren Tabellennamen *ADRESS* ein. Nun ist
festzulegen, ob die Sichtweise tabellen- oder formularorientiert
gewünscht wird. Wie Paradox selbst, können auch eigene
Anwendungen sowohl im Formular- als auch im Tabellenmodus
arbeiten. Der Einfachheit halber, und um an dieser Stelle nicht erneut
ein Formular definieren zu müssen, wählen wir durch den
Menüpunkt *TabellenSicht* die Standardeinstellung von Paradox aus.

In einem nächsten Schritt können über Vergabe von Parametern
kontrollierte Eingaben festgelegt werden. Auf diesen Programmpunkt
wollen wir hier verzichten und wählen daher den Menüpunkt *Ok!*
aus. Damit ist der erste Menüpunkt mit einer Aktion belegt, die
Informationen werden von *PPROG* gespeichert.

Nun wird automatisch in das Aktionsmenü zurückgesprungen, um
ebenso den zweiten Menüpunkt *Datenanzeige* zu belegen. Nach
Anwahl von *SpezifiziereAktion* kann nun die Aktion *Sicht* gewählt
werden, die diesem Menüeintrag entspricht (s. Bild 3.2.9).

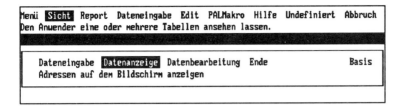

Bild 3.2.9: Aktion Datenanzeige

Wie bereits beim ersten Menüpunkt werden auch hier wieder spezielle Informationen abgefragt. Nach der Angabe der Tabelle *ADRESS* ist anzugeben, in welchem Umfang die Datenbank auf der Arbeitsfläche angezeigt werden soll. Eine Auswahl kann sowohl feldweise als auch datensatzweise erfolgen. Da in unserer Anwendung die gesamte Tabelle angezeigt werden soll, steuern wir an dieser Stelle die Menüpunkte *JedesFeld* und *JederRecord* (Record=Datensatz) an. Außerdem wählen wir auch hier wieder die *TabellenAnsicht*, obwohl auch Standard- und frei definierte Benutzerformulare in Applikationen eingesetzt werden können. Danach kehren wir automatisch in das Aktionsmenü zurück.

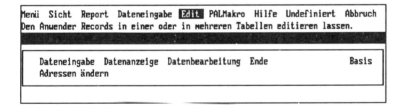

Bild 3.2.10: Aktion Datenbearbeitung

In einem letzten Arbeitsschritt ist nun die Aktion zum Menüpunkt *Datenbearbeitung* festzulegen, die ihre Entsprechung in *Edit* findet (s. Bild 3.2.10). Auch hier werden spezielle Informationen benötigt, die die spätere Ausführung erst ermöglichen. Neben der Angabe der Arbeitstabelle (hier: *ADRESS*) und der Sichtweise (hier: *TabellenSicht*), kann festgelegt werden, in welchem Umfang die Tabelle bearbeitet werden darf. Da unser Programm in dieser Funktion nicht eingeschränkt werden soll, erlauben wir sowohl das Einfügen als auch das Entfernen von Datensätzen. Dazu sind die Menüfolgen *Einfügen/Löschen* --> *Einfügen* --> *Ja* und *Einfügen/Löschen* --> *Löschen* --> *Ja* nacheinander auszuführen. Im Anschluß daran können wir mit Ok! die Aktionszuweisung dieses Menüpunktes beenden und die Definition des Basismenüs abschließen.

Zusatz-
informationen

Nachdem die Menüs und Aktionen festgelegt sind, kann ein spezieller Startbildschirm für das Anwendungsprogramm definiert werden. Auf diese Möglichkeit wollen wir an dieser Stelle verzichten und wählen daher den Menüpunkt *KeinStartbildschirm* aus (s.Bild 3.2.11).

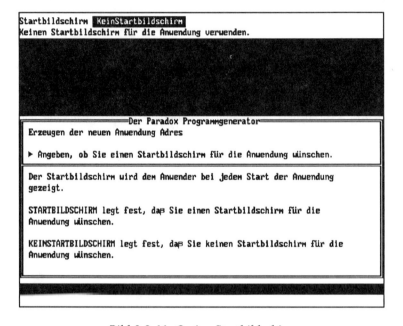

Bild 3.2.11: Option Startbildschirm

Über die Funktionstaste [F10] und den Menüpunkt *Ok!* können wir die Programmdefinition abschliessen (s.Bild 3.2.12). Der Programmgenerator erzeugt danach unmittelbar den Quelltext zu unserem Anwendungsprogramm. Je nach Größe der entwickelten Applikation kann die Generierung unterschiedlich viel Zeit in Anspruch nehmen. Ist die Adreßverwaltung erstellt, wird automatisch in das Hauptmenü von *PPROG* zurückgekehrt.

Hinweise

Damit ist das Anwendungsprogramm erstellt und Sie können den Programmgenerator verlassen oder aber das generierte Programm unmittelbar ausführen. Diese Arbeitsschritte werden wir nachfolgend kurz erläutern.

Durch unsere Entwicklung der Adreßverwaltung haben Sie einen Eindruck der interaktiven Programmentwicklung gewonnen.

Eine Vielzahl weiterer Funktionen, die der Programmgenerator bietet, z.B. die Möglichkeit mehrere Tabellen zu verwalten, Hilfsinformationen in eigene Anwendungen zu integrieren oder Paßworte für die Anwendung festzulegen sind weitere Funktionen, die auch nachträglich in eine Anwendung eingebaut werden können.

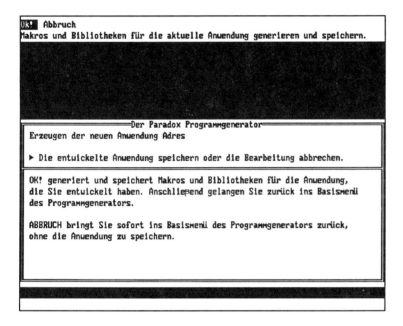

Bild 3.2.12: Beenden der Programmdefinition

Um eine Anwendung abzuspielen bzw. auszuführen, sollten Sie zunächst den Programmgenerator laden. Befinden Sie sich im Hauptmenü der Entwicklungsumgebung, wählen Sie zunächst den Menüpunkt *Abspielen* aus (s.Bild 3.2.13). Anschließend können Sie den Anwendungsnamen eingeben, bzw. einen Namen über [Return] aus einer Auswahlliste übernehmen. In unserem Fall tasten wir den Begriff *ADRES* ein und quittieren die Eingabe mit [Return].

Programm-ausführung

Danach wird ein eventuell vorhandenes Paßwort, welches den unerlaubten Zugriff auf die Anwendung vermeiden soll, abgefragt. Da wir auf ein Paßwort verzichtet haben, können wir in diesem Fall das Eingabefeld mit [Return] übergehen. Auf dem Bildschirm erscheint nun das Hauptmenü der Adreßverwaltung, wie wir es im Programmgenerator definiert haben (s.Bild 3.2.14).

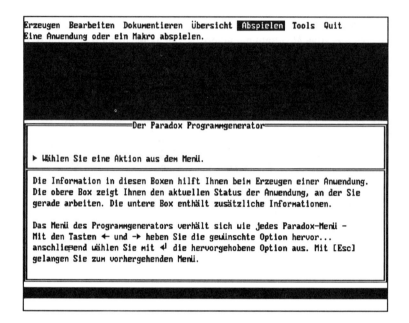

Bild 3.2.13: Anwendung ausführen

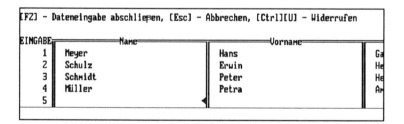

Bild 3.2.14: Hauptmenü der Adreßverwaltung

Um einen Eindruck über die Leistungsfähigkeit des erstellten Programmes zu bekommen, wollen wir kurz die drei Hauptfunktionen mit dem Bildschirmaufbau und ihrem Funktionsumfang beschreiben.

```
[FZ] - Dateneingabe abschließen, [Esc] - Abbrechen, [Ctrl][U] - Widerrufen

EINGABE            Name                          Vorname
       1  Meyer                    Hans                     Ga
       2  Schulz                   Erwin                    He
       3  Schmidt                  Peter                    He
       4  Müller                   Petra                    An
       5
```

Bild 3.2.15: Arbeitsfläche Dateneingabe

Für die *Dateneingabe* erscheint ein Tabellenformular, wie wir es bereits aus dem Programm Paradox kennen. Auch hier arbeiten wir beim Aufruf immer mit einem leeren Eingabebildschirm, der erst beim Beenden der Funktion an die Originaltabelle angefügt wird. Am oberen Bildschirmrand erscheint eine Informationszeile, die Hinweise zur Tastatursteuerung gibt. Über die Funktionstaste [F2] wird die Dateneingabe beendet und die Datenbank aktualisiert. Mit [Esc] haben wir die Möglichkeit, die Funktion ohne Speichern der Daten zu beenden, und mit [Ctrl]+[U] bzw. [Strg]+[U] steht eine Widerruffunktion zur Verfügung. Die Tabelle selbst kann mit den Steuerkommandos bearbeitet werden, die auch in Paradox gelten. In Bild 3.2.15 sind bereits einige Beispieldatensätze eingegeben.

Adressen-
eingabe

Der zweite Menüpunkt unserer Adreßverwaltung ermöglicht lediglich die Anzeige der Tabelle auf dem Bildschirm, eine Bearbeitung ist an dieser Stelle nicht möglich. Über die Funktionstaste [F2] ist die Rückkehr zum Hauptmenü möglich (s. Bild 3.2.16).

Adreßanzeige

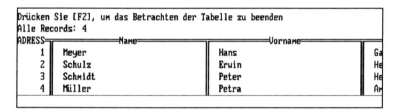

Bild 3.2.16: Arbeitsfläche Datenanzeige

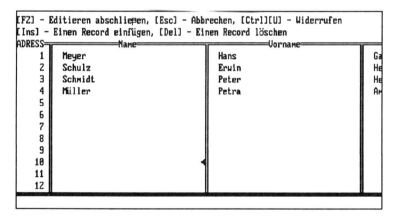

Bild 3.2.17: Arbeitsfläche Bearbeiten

Adreß-
bearbeitung

Die Funktion *Bearbeiten* stellt ähnlich wie bei den zuvor erläuterten Aktionen die Tabelle auf dem Bildschirm dar (s.Bild 3.2.17). Dabei sind allerdings immer sämtliche Datensätze, die in der Datenbank *ADRESS* enthalten sind, zugänglich. Über die Cursorsteuerung kann der Tabellenausschnitt, der auf dem Bildschirm sichtbar ist, über die Arbeitsfläche verschoben werden, so daß jeder Datensatz und jedes Datenfeld angesteuert werden kann. Neben den normalen Steuertasten sind durch unsere Definition während der Programmgenerierung auch Tasten für die Einfüge- und Löschfunktion enthalten. Mit der Taste [Ins] bzw. [Einfg] kann ein Datensatz an beliebiger Stelle der Tabelle eingefügt und mit der Taste [Del] bzw. [Entf] von beliebiger Position gelöscht werden.

Beenden

Über den automatisch durch den Programmgenerator erzeugten Menüpunkt *Ende* kann das Anwendungsprogramm wieder verlassen werden. Wie bei Paradox erscheint auch hier zunächst noch einmal eine Sicherheitsabfrage, die mit *Ja* zu beantworten ist. Anschließend gelangen Sie automatisch wieder in das Hauptmenü von *PPROG*.

In der nachfolgenden Liste sind noch einmal alle wesentlichen Arbeitsschritte enthalten, die gebraucht werden, um eine Anwendung mit dem Programmgenerator zu erstellen. Dabei ist zu bedenken, daß an dieser Stelle Sonderfälle, wie z.B. Menüdefinitionen ohne gleichzeitige Aktionsbelegung, nicht berücksichtigt sind.

Zusammenfassung Programmgenerierung:

1. Wechsel in Verzeichnis \PDOX35\PROG

2. Programmstart PPROG

3. ERZEUGEN im Menü anwählen

4. Anwendungsname definieren

5. Menüstruktur

   Bezug Tabelle(n) herstellen

6. Kurzbeschreibung eingeben

7. Basismenü definieren

8. Menüaktionen festlegen

9. Programmgenerierung

10. Generator beenden bzw. Anwendung abspielen

In diesem Kapitel haben Sie an einer einfachen Anwendung den Umgang mit dem Programmgenerator kennengelernt. Vielleicht sind Sie von der Einfachheit der Programmentwicklung begeistert und wollen nun Ihre eigenen Projekte entwickeln. Sollten Sie allerdings festgestellt haben, daß Sie lieber innerhalb von Paradox arbeiten, so sollten Sie das Verzeichnis des Programmgenerators von der Festplatte entfernen, um wertvollen Festspeicher zurückzugewinnen.

In unserem folgenden Kapitel werden wir einige weitere Hilfsprogramme und erweiterte Funktionen von Paradox vorstellen, um das Gesamtbild der Datenbank abzurunden.

Kapitel 4: Erweiterte Funktionen

Haben wir die wichtigsten Funktionen, die Sie im Umgang mit Paradox regelmäßig benötigen, im 2. Kapitel praxisorientiert dargestellt, so wollen wir an dieser Stelle einige weitere spezielle Themen ansprechen und kurz behandeln. Neben der Möglichkeit, Daten aus anderen Programmen zu übernehmen bzw. von Paradox Daten an andere Programme zu übergeben, werden wir kurz auf die Möglichkeiten im Netzwerk und das Hilfsprogramm *TUTILITY* zu sprechen kommen. Ein spezielles Thema, die Makroprogrammierung, haben wir in das 4. Kapitel integriert, da in der Einstiegsphase die Programmierung (und um nichts anderes handelt es sich bei den Makros) keine wesentliche Rolle spielt. Dennoch werden Sie an einem kleinen Beispiel die Leistungsfähigkeit der Makros, insbesondere der Instant-Makros, vorgeführt bekommen. Die Steuerung werden wir zwar nur kurz, aber dennoch so umfassend darstellen, daß sie bereits in der Einstiegsphase nutzbar sind.

4.1 Import/Export

Zwar wird der Datenaustausch von Programmen immer sehr hoch bewertet, in der Regel wird er allerdings nur in den seltensten Fällen genutzt. Warum sollte man sich auch zwei oder mehrere Datenbanksysteme zulegen, wenn man bereits mit einem alle wesentlichen Arbeitsschritte durchführen kann? Dennoch können auch diese Funktionen von sehr hohem Nutzen sein. Stellen Sie sich vor, Sie haben zuvor mit einem anderen Programm gearbeitet und steigen erst jetzt auf Paradox 3.5 um. Dann haben Sie die Möglichkeit, Ihre Daten, ohne diese neu eingeben zu müssen, weiterzuverwenden. Oder Sie bekommen die Daten bereits in einem anderen Format, möchten Sie aber mit Paradox nutzen. Außerdem kann es durchaus sein, daß Sie tatsächlich eine Funktion in einem anderen Programm nutzen wollen, aber die Eingabe lieber mit Paradox vornehmen möchten. Vielleicht wollen Sie Ihre Datenbank aber auch in ein Kalkulationsprogramm überführen, um komplexere Berechnungen durchführen zu können. Falls Sie selbst programmieren, werden Sie die Datenschnittstelle im ASCII-Format besonders zu schätzen wissen.

Damit können Sie Daten mit Ihrem eigenen Programm erstellen und anschließend mit Paradox weiterverwenden. Umgekehrt haben Sie auch die Möglichkeit, Daten aus Paradox in Ihren eigenen Programmen zu nutzen. Die wichtigsten Programmformate, die in der Export- und Importfunktion genutzt werden können, sind nachfolgend aufgelistet.

unterstützte Dateiformate von Paradox 3.5:

1. Quattro PRO
2. Lotus 1-2-3 (Vers. 1A, 2.0)
3. Lotus Symphony (1.0, 1.1)
4. DBase II, III, III plus, IV
5. PFS:file
6. Reflex (1.1, 1.0)
7. Visicalc
8. ASCII

Wie sie erkennen können, unterstützt Paradox nicht nur Datenbanken sondern auch Kalkulationsprogramme beim Datenaustausch. Dabei ist allerdings zu berücksichtigen, daß nur reine Datendateien übernommen werden können. Die Übernahme von Formularen und Formeln ist nicht möglich. Das ASCII-Format ist durch eigene Pogramme besonders leicht auszuwerten. Werte werden jeweils durch ein Feldtrennzeichen voneinander getrennt (z.B. durch ein Komma, Leerzeichen werden nicht als Trennzeichen erkannt).

Um die Import-/Exportfunktion abrufen zu können, müssen Sie sich im Hauptmenü von Paradox befinden. Anschließend wählen Sie den Menüpunkt *Tools* und anschließend *Transfer*. Im nächsten Schritt können Sie zwischen der Import- und der Exportfunktion wählen. Haben Sie sich für eine Funktion entschieden, müssen Sie eines der Dateiformate angeben (s. Bild 4.1.1 und 4.1.2).

```
Quattro/PRO  1-2-3  Symphony  Dbase  PFS  Reflex  Visicalc  Ascii   Basis
Als WKQ- oder WQ1-Datei exportieren.
```

Bild 4.1.1: Exportmenü

```
Quattro/PRO  1-2-3  Symphony  Dbase  PFS  Reflex  Visicalc  Ascii   Basis
dBASE DBF-Datei importieren.
```

Bild 4.1.2: Importmenü

Damit wollen wir die Kurzinformationen zum Datenaustausch abschließen und uns mit der Netzwerkumgebung befassen.

4.2 Netzwerkunterstützung

Paradox ist ein Programm, welches sehr gut im Netz einzusetzen ist. Dazu muß Paradox bereits während der Installation für den Netzwerkbetrieb eingerichtet werden. In einem Netzwerk sind mehrere Rechner untereinander verbunden und mehrere Anwender können parallel mit dem Programm Paradox und den zugehörigen Daten arbeiten. Probleme treten dann auf, wenn mehrere Benutzer parallel dieselben Daten bearbeiten wollen. Gute Netzwerkprogramme bieten hierfür spezielle Sicherungsfunktionen an.

Auch Paradox stellt die wesentlichen Funktionen zur Arbeit im Netzwerk bereit. So können z.B. Tabellen komplett für die Anwendung gesperrt werden. Die Sperrfunktion kann ebenso unterbunden werden. Paßwortfunktionen erlauben das Sichern von Makros und Tabellen. Aber auch spezielle Benutzernamen und Verzeichnisse können eingeführt werden.

Besonders hervorzuheben ist der sogenannte *CoEdit*-Modus, der das gleichzeitige Bearbeiten einer Tabelle durch unterschiedliche Nutzer ermöglicht. Bearbeitet zum Beispiel der erste Anwender den Datensatz Nummer 1, so kann der zweite Anwender sämtliche Datensätze, bis auf diesen ersten, bearbeiten. Jeder aktiv bearbeitete Datensatz wird dann automatisch für andere Anwender gesperrt .

Verwenden Sie im Netz statt des *Coedit*- den Editmodus, so wird die aktuell bearbeitete Tabelle in der Gesamtheit für alle anderen Nutzer gesperrt (Totalsperre).

```
Sperre  Verhinderung  PrivatesDir  Benutzername  Aktualisierung    Basis
Tabelle sperren oder freigeben.
```

Bild 4.2.1: Menü Netzwerk

Um einzelne Netzwerkfunktionen abzurufen, stellt Paradox ein spezielles Netzmenü zur Verfügung (s.Bild 4.2.1). Um dies anzuwählen, steuern Sie im Hauptmenü zunächst den Eintrag *Tools* und anschließend den Untermenüpunkt *Netz* an. Die Anwahl quittieren Sie jeweils durch [Return].

4.3 Makros

Mit Hilfe von Makros lassen sich immer wiederkehrende Arbeitsschritte zusammenfassen und später durch ein spezielles Kommando
wieder ausführen. Viele Anwendungsprogramme bieten in irgendei-
ner Form die Möglichkeit einer Makroprogrammierung an.

Paradox unterscheidet zwischen den sogenannten Instant- bzw. den
Sofort-Makros und den normalen Makros. Wir wollen uns hier in
erster Linie auf die Sofort-Makros konzentrieren und erweiterte
Möglichkeiten nur am Rande erwähnen.

Die Instant-Makros sind besonders zum Speichern von Bedienungs-
folgen nutzbar. Obgleich diese Makros nur temporär erzeugt werden,
können sie in reguläre Makro-Dateien umbenannt werden. Um die
Aufzeichnung, den Beginn des Makros, festzulegen, ist die Tastenkombination [Alt]+[F3] zu betätigen. Dabei erscheint eine kurze
Bildschirmmeldung in der unteren rechten Bildschirmecke. In der
rechten oberen Ecke ist in den Informationszeilen ein A vorhanden,
um die Makroaufzeichnung zu kennzeichnen. Soll die Aufzeichnung
des Makros beendet werden, so ist erneut die Tastenkombination
[Alt]+[F3] zu drücken. Das temporäre Makro erhält den Namen
INSTANT.

Mit der Tastenkombination [Alt]+[F4] kann ein Instant-Makro
unmittelbar ausgeführt werden. Im Hauptmenü ist ein spezielles
Menü für die Makrofunktionen enthalten, welches durch den Eintrag
Makro anzusteuern ist. Danach erscheint das Makromenü (s.Bild
4.3.1).

```
Spielen BegAufzeichnung FrageSpeichern ZeigSpielen Wdh Editor Basis
Ein Makro abspielen.
```

Bild 4.3.1: Menü Makros

Die einzelnen Menüpunkte wollen wir an dieser Stelle kurz zusammenfassen.

Spielen: Beim Aufruf dieses Menüpunktes haben Sie die Möglichkeit, ein bereits aufgezeichnetes Makro bzw. eine aufgezeichnete
Abfrage auszuführen.

BegAufzeichnung: Mit diesem Eintrag können Sie die Aufzeichnung der Tastenfunktionen beginnen.

FrageSpeichern: Diese Funktion erlaubt es, die aktuell auf dem Bildschirm befindliche Tabellenabfrage in ein Makro zu speichern.

ZeigSpielen: Hierbei handelt es sich um einen Trace-Modus. Sie können so ein Makro Schritt für Schritt ausführen und z.B. auf Korrektheit überprüfen.

Wdh: Mit diesem Menübefehl können Sie ein bestimmtes Makro eine bestimmte Anzahl von Malen hintereinander abspielen lassen.

Editor: Mit Hilfe des Makro-Editors können Sie aufgezeichnete Makros manuell bearbeiten. Der Editor mit einem geladenen Makro ist in Bild 4.3.2 abgebildet.

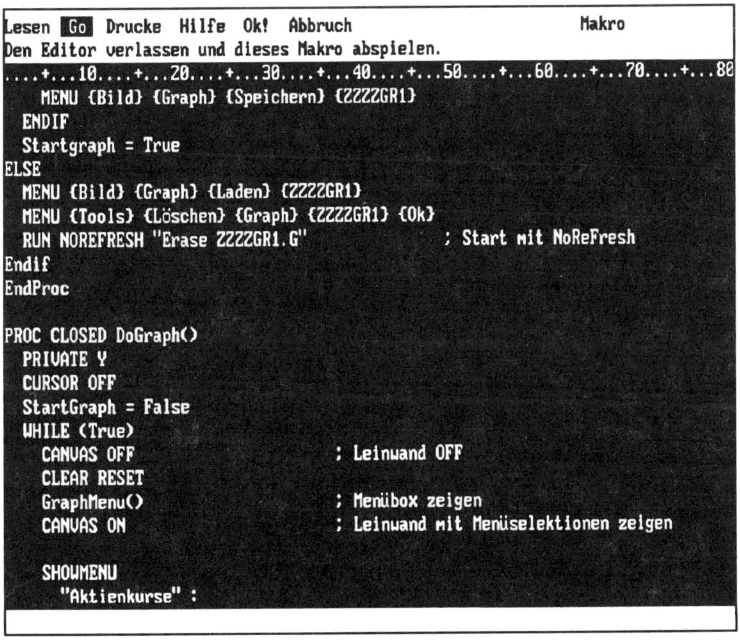

```
Lesen  Go  Drucke  Hilfe  Ok!  Abbruch                    Makro
Den Editor verlassen und dieses Makro abspielen.
....+...10....+...20....+...30....+...40....+...50....+...60....+...70....+...80
      MENU {Bild} {Graph} {Speichern} {ZZZZGR1}
   ENDIF
   Startgraph = True
ELSE
   MENU {Bild} {Graph} {Laden} {ZZZZGR1}
   MENU {Tools} {Löschen} {Graph} {ZZZZGR1} {Ok}
   RUN NOREFRESH "Erase ZZZZGR1.G"            ; Start mit NoReFresh
Endif
EndProc

PROC CLOSED DoGraph()
   PRIVATE Y
   CURSOR OFF
   StartGraph = False
   WHILE (True)
      CANVAS OFF                     ; Leinwand OFF
      CLEAR RESET
      GraphMenu()                    ; Menübox zeigen
      CANVAS ON                      ; Leinwand mit Menüselektionen zeigen

      SHOWMENU
         "Aktienkurse" :
```

Bild 4.3.2: Makroeditor

Die Wirkungsweise der Makros wollen wir nun an einem kleinen Beispiel demonstrieren.

Beispiel

Wir wollen in unserem Beispiel das Abfrageformular zur Datenbank
VIDEO anzeigen lassen. Im zweiten Schritt soll parallel die Datei
VIDEO auf dem Bildschirm angezeigt werden. Dabei soll das Abfrageformular das aktive Formular sein und die Felder Filmsparte, Titel
und Filmnummer sollen markiert sein.

Zunächst löschen wir dazu die Arbeitsfläche mit [Alt]+[F8] und
starten anschließend die Makroaufzeichnung mit [Alt]+[F3], wobei
eine kurze Meldung auf dem Bildschirm erscheint. Danach wählen
wir den Hauptmenüpunkt *Zeige* aus und geben den Namen der
Tabelle VIDEO ein. Mit [F10] kehren wir in das Hauptmenü zurück
und steuern den Menüpunkt *zeige* an. Nachdem wir hier unsere
Anzeigetabelle angegeben haben (hier: *VIDEO*), können wir die
Übernahmefelder für die Antworttabelle mit Hilfe der Funktionstaste
[F6] markieren. Mit der erneuten Betätigung der Tastenkombination
[Alt]+[F3] beenden wir nun die Aufzeichnung des Makros. Wir
können jetzt den Bildschirm erneut mit [Alt]+[F8] löschen. Zur
Ausführung des Makros drücken wir abschließend die Tastenkombi-
nation [Alt]+[F4] und siehe da, es erscheint genau der Bildschirm,
den wir zuvor gelöscht haben.

Auf diese Art und Weise lassen sich Arbeitsgänge, die öfter benötigt
werden, nach einer einmaligen Definition schneller ausführen. Die
Makrodatei, die hier erstellt wird, ist allerdings nur temporär und
liegt unter dem Namen *INSTANT* vor. Bei der Beendigung von
Paradox werden alle temporären Dateien, also auch *INSTANT*,
gelöscht. Bis es allerdings soweit ist, können Sie über die Menüfolge
Tools --> Umbenennen --> Makro die temporäre Makrodatei in eine
reguläre Datei umbenennen.

Mit dem integrierten Makroeditor von Paradox können Sie Makros
manuell bearbeiten. Dazu wählen Sie aus dem Hauptmenü den
Eintrag *Makros* und anschließend den Menüpunkt *Editor* aus. Wie
das Programm in der Editorumgebung aussieht, ist in Bild 4.3.3 zu
sehen. In Bild 4.3.4 ist die durch das Makro generierte Bildschirmdarstellung abgedruckt.

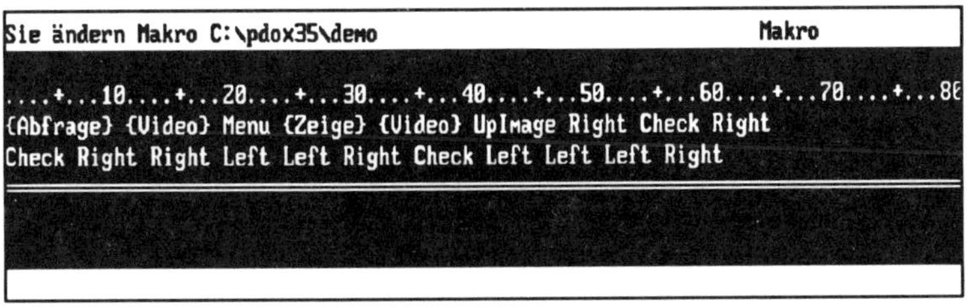

```
Sie ändern Makro C:\pdox35\demo                              Makro

....+...10....+...20....+...30....+...40....+...50....+...60....+...70....+...80
(Abfrage) (Video) Menu (Zeige) (Video) UpImage Right Check Right
Check Right Right Left Left Right Check Left Left Left Right
```

Bild 4.3.3: Makroprogramm DEMO im Editor

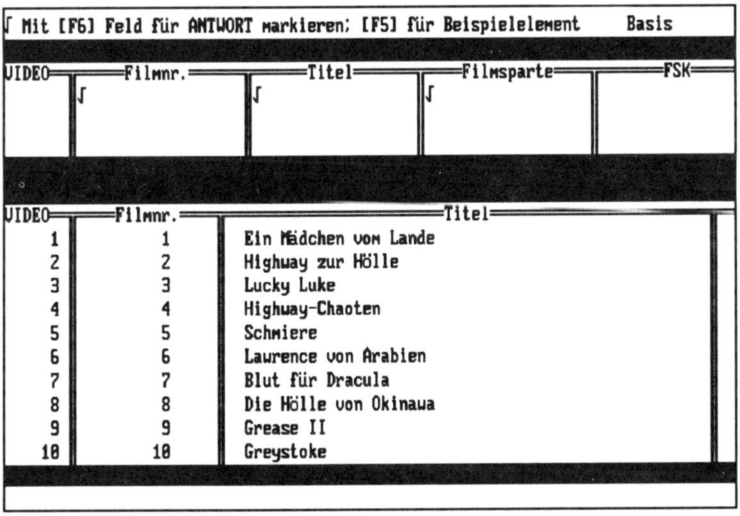

```
Γ Mit [F6] Feld für ANTWORT markieren; [F5] für Beispielelement    Basis

VIDEO╤═══════Filmnr.══════╤════════Titel═══════╤═══════Filmsparte═══════╤═══════FSK═══════
     ║      J            ║       J            ║      J
     ║                   ║                    ║

VIDEO╤═══════Filmnr.══════╤════════════════════Titel═══════════════════════
  1  ║      1            Ein Mädchen vom Lande
  2  ║      2            Highway zur Hölle
  3  ║      3            Lucky Luke
  4  ║      4            Highway-Chaoten
  5  ║      5            Schmiere
  6  ║      6            Laurence von Arabien
  7  ║      7            Blut für Dracula
  8  ║      8            Die Hölle von Okinawa
  9  ║      9            Grease II
 10  ║     10            Greystoke
```

Bild 4.3.4: Ausgabe DEMO

Anmerkung: Dies Beispiel dient lediglich zur Demonstration. Abfragen können auch direkt gespeichert werden.

4.4 TUtility

Mit TUtility wird Ihnen ein Programm zur Verfügung gestellt, welches Datenbanken verifizieren, d.h. prüflesen bzw. Korrekturen an zerstörten bzw. beschädigten Dateien durchführen kann. Es gehört zum Lieferumfang von Paradox und wird im Standardverzeichnis, in der Regel *PDOX35*, installiert.

Eine Ursache, die den Einsatz dieses Programmes erforderlich machen kann, ist ein Stromausfall. Aber auch, wenn Sie Ihren Rechner ausschalten, ohne von Paradox auf die Betriebssystemebene zurückzukehren, kann dieses notwendig sein.

TUTILITY

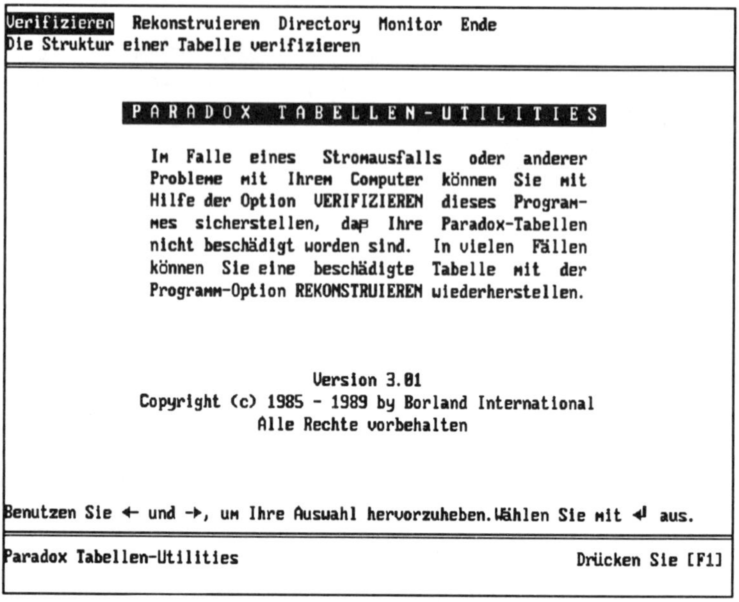

```
Verifizieren  Rekonstruieren  Directory  Monitor  Ende
Die Struktur einer Tabelle verifizieren

           P A R A D O X   T A B E L L E N - U T I L I T I E S

              Im Falle eines Stromausfalls oder anderer
              Probleme mit Ihrem Computer können Sie mit
              Hilfe der Option VERIFIZIEREN dieses Program-
              mes sicherstellen, daß Ihre Paradox-Tabellen
              nicht beschädigt worden sind.  In vielen Fällen
              können Sie eine beschädigte Tabelle mit der
              Programm-Option REKONSTRUIEREN wiederherstellen.


                            Version 3.01
              Copyright (c) 1985 - 1989 by Borland International
                       Alle Rechte vorbehalten



Benutzen Sie ← und →, um Ihre Auswahl hervorzuheben.Wählen Sie mit ◄┘ aus.

Paradox Tabellen-Utilities                              Drücken Sie [F1]
```

Bild 4.4.1: Eröffnungsbildschirm

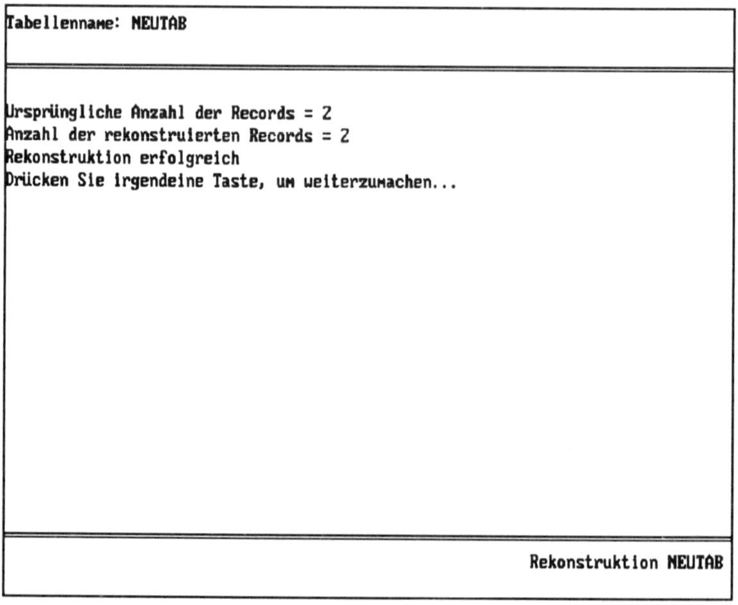

```
Tabellenname: NEUTAB


Ursprüngliche Anzahl der Records = 2
Anzahl der rekonstruierten Records = 2
Rekonstruktion erfolgreich
Drücken Sie irgendeine Taste, um weiterzumachen...










                                          Rekonstruktion NEUTAB
```

Bild 4.4.2: Rekonstruktion

Um das Hilfsprogramm zu starten, müssen Sie sich auf Betriebssystemebene befinden. Geben Sie den Namen *TUTILITY* ein und quittieren Sie mit [Return]. Danach sehen Sie den Eröffnungsbildschirm des menügeführten Programmes.

```
C\PDOX35\> TUTILITY <┘
```

Standardmäßig werden sämtliche Dateien zum Verifizieren und Korrigieren im aktuellen Laufwerk und Verzeichnis erwartet. Eine Umstellung ist über den Menüpunkt *Directory* möglich. Sie können Ihre Dateien zunächst verifizieren, um zu sehen, ob die Datei fehlerhaft ist oder nicht und im zweiten Schritt versuchen, den Dateiinhalt wiederherzustellen (korrigieren). In den Bildern 4.4.2 und 4.4.3 sehen Sie die Bildschirmausgaben, die durch dieses Hilfsprogramm vorgenommen werden.

```
Tabellenname: KUNDEN


Die Tabelle ist in Ordnung
Drücken Sie irgendeine Taste, um weiterzumachen...
                                              Uerifizieren KUNDEN
```

Bild 4.4.3: Verifizierung

Anhang

In diesem Teil des Buches finden Sie noch einmal die wichtigsten Begriffe, die Sie im Umgang mit dem Datenbankprogramm Paradox kennengelernt haben, kurz erläutert. In einem weiteren Teil sind noch einmal die wichtigsten Tastaturbefehle zusammengestellt.

Anhang A: Glossar

Anwendungsprogramm: Programm zum Lösen von Benutzerproblemen.

Beispielelement: Verknüpfungsmerkmal für zu verbindende Tabellen, welches durch die Funktionstaste [F5] eingeführt und auf dem Bildschirm hervorgehoben dargestellt wird.

Cursortasten: Tasten, die mit Pfeilen markiert sind und sich auf dem getrennten numerischen Zahlenfeld befinden. Erweiterte Tastaturen verfügen über einen getrennten Cursorblock.

Cursor: Zeichen, welches Ihnen auf dem Bildschirm anzeigt, an welcher Stelle Sie Eingaben vornehmen können.

Coprozessor: Hardware-Zusatz, der mathematische Fließkommaberechnungen beschleunigt.

Datei: Die Sammlung von Daten, die im Verzeichnis des Betriebssystems unter einem bestimmten Namen abgelegt wird, wird als Datei bezeichnet.

Datenbankabfrage: Funktion zur Auswertung von einer oder mehrerer Datenbanken unter Angabe mehrerer Bedingungen, die erfüllt sein müssen.

Datensatz: Zeile innerhalb einer Paradox-Tabelle, die sich aus mehreren Datenfeldern zusammensetzt.

Directory: Verzeichnis des Betiebssystems (Pfad).

DOS: Software, die den Betrieb eines Rechners ermöglicht (Disk Operating System).

Editieren: Die Bearbeitung von Daten, Texten, usw. bezeichnet man als Editieren.

Export: Daten von einem Programm an ein anderes Programm übergeben.

Editor: Ein Programm, welches die Bearbeitung von Daten ermöglicht.

Feld: Einzelnes Datensatzelement, welches über die Strukturdefinition festgelegt wird und in einer bestimmten Tabellenspalte erscheint.

Formular: Spezieller maskenorientierter Eingabebereich für Informationsabfragen.

Grafikkarten: Hardware-Zusätze, die die grafische Bildverarbeitung auf einem Computer ermöglichen.

Hardware: Als Hardware bezeichnet man die technischen Geräte eines Computersystems.

Import: Daten aus einem Programm in ein anderes übernehmen.

Installation: Programm für den Betrieb auf eine Festplatte oder Diskette kopieren und einrichten.

Konfiguration: Programm an Hardware-Ausstattung anpassen.

Makro: Gespeicherte Folge von Anweisungen, die wie ein Programm jederzeit ausgeführt werden kann.

Mastertabelle: Haupttabelle, die für die Verknüpfung von Datenbanken in Multitabellenformularen unbedingt festzulegen ist.

Menü: Auswahlliste, die über die Cursorsteuerung den Aufruf unterschiedlicher Programmfunktionen ermöglicht.

Multirecord-Formular: Formular, daß mehrere Datensätze einer Datenbank parallel anzeigt.

Multitabellenformular: Formular, das mehrere Datensätze
unterschiedlicher Datenbanken parallel anzeigt.

Netzwerk: Verbindung mehrerer Rechner untereinander zwecks
einfachem Datenaustausch. Dazu ist spezielle Netzwerk-Software
erforderlich.

Paßwort: Kennwort, daß den Zugriff auf eine bestimmte
Programmfunktion gestattet.

Programm: Eine exakte Darstellung eines Algorithmus bezeichnet
man als Programm. Ein Algorithmus ist die Beschreibung eines
Lösungsverfahrens für eine Klasse von Problemen.

Programmiersprache: Sprache, mit denen Algorithmen und
Programme für einen Computer formuliert werden können.

Quelltext: Ein Programm, welches im ASCII-Format mit einem
Editor erstellt wurde.

Record: s. Datensatz

Report: Bericht mit Inhalten aus einer Datenbank, der in der Regel
auf dem Drucker ausgegeben wird.

Software: Gesamtheit aller Programme, die auf einem Rechner
eingesetzt werden können.

Struktur: Gesamtinformation zum Aufbau einer Datenbank (Anzahl
Felder, Feldtypen, Feldlänge, Schlüsselfelder).

Tabellen: Der Aufbau der in Paradox verwalteten Datenbanken
erfolgt in Tabellenform und besteht aus Zeilen (Datensatz) und
Spalten (Datenfeld).

Textcursor: s. Cursor

Umstrukturieren: Nachträgliche Änderung der Struktur einer bereits
existierenden Datenbank.

Anhang B: Tastaturbefehle

Bearbeitungsmodus:

[Backspace]	jeweils letztes Zeichen löschen
" +[Ctrl]/[Strg]	Feld löschen
[Entf]/[Del]	Datensatz löschen
[Einfg]/[Ins]	Datensatz einfügen
[Ctrl]/[Strg] +[Z]	Zoom- bzw. Suchfunktion
[Ctrl]/[Strg] +[D]	vorherigen Feldinhalt übernehmen

Datenbankabfrage:

[F2]	Datenbankabfrage durchführen
[F6]	Markierfunktion
[Alt]+[F6]	Markierfunktion mit Duplikaten
[Ctrl]/[Strg]+[F6]	Markierung absteigend
[F5]	Beispielelement

Makros:

[Alt]+[F3]	Aufzeichnung beginnen
[Alt]+[F3]	Aufzeichnung beenden
[Alt]+[F4]	Instant-Makro abspielen

Menüsteuerung:

Großbuchstaben	Menüdirektanwahl
[Pfeil links]	vorherigen Eintrag markieren
[Pfeil rechts]	nächsten Eintrag markieren
[Return]	Anwahl quittieren
[ESC]	zur nächstniederen Menüebene
[F1]	kontext-sensitive Hilfe
[F1][F1]	Hilfeindex

Tabellensteuerung:

[Pfeil links]	zum vorangehenden Feld
" + [Ctrl]/[Strg]	einen Bildschirm nach rechts
[Pfeil rechts]	zum nächsten Feld
" + [Ctrl]/[Strg]	einen Bildschirm nach links
[Home]/[Pos1]	erster Datensatz
" + [Ctrl]/[Strg]	erstes Datenfeld
[Ende]/[End]	letztes Datenfeld
" + [Ctrl]/[Strg]	letztes Datenfeld
[F10]	Rückkehr zum Menü
[Bild hoch]	zum Tabellenanfang blättern
[Bild runter]	zum Tabellenende blättern
[F3]	zur vorangehenden Tabelle

[F4]	zur nächsten Tabelle
[F9]	Editmodus
[Alt]+[F9]	Coedit-Modus
[Alt]+[F5]	Feld-Edit-Modus
[Strg]+[Untbr]	aktuellen Arbeitsgang unterbrechen
[Ctrl]+[Break]	aktuellen Arbeitsgang unterbrechen
[Entf]/[Del]	Datensatz löschen
[Einfg]/[Ins]	Datensatz einfügen
[F8]	aktive Tabelle vom Bildschirm löschen
[Alt]+[F8]	alle Tabellen vom Bildschirm löschen

Sonstiges:

[F2]	Sortierung durchführen
[F7]	Wechsel Tabellen-/Formularmodus
[Alt]+[F7]	Instant- bzw. Sofort-Report
[Ctrl]/[Strg]+[F7]	Instant- bzw. Sofort-Grafik

Index

A

B

C

D

Der große Software-Trainer WORD 5.5

von Ernst Tiemeyer

1991. XVIII, 499 Seiten mit zwei Disketten. Gebunden.
ISBN 3-528-05190-6

Dieses Buch vermittelt dem Word 5.5-Anwender Schritt für Schritt das notwendige Know-how, um alle Features dieses „Textverarbeitungsklassikers" einsetzen zu können. Die Installation, die Erstellung und Bearbeitung von einfachen Dokumenten sowie die Handhabung der neuen SAA-konformen Benutzerschnittstelle bilden Schwerpunkte der Anfangskapitel. Des weiteren werden fortgeschrittene Dokumentgestaltungstechniken, Serienbriefhandling, Druckformatvorlagen, Grafikeinbindung sowie Makros en détail dargestellt.

Verlag Vieweg · Postfach 58 29 · D-6200 Wiesbaden

vieweg

Excel 3.0 – Einsteigen leichtgemacht

von Jürgen Burberg und Peter Schneiderlöchner

1991. VIII, 256 Seiten. Kartoniert.
ISBN 3-528-05167-1

In diesem Buch wird dem Leser die Welt der Tabellenkalkulation und der Business-Grafik anhand typischer Problemstellungen aufgezeigt. Er erlernt die fundamentalen Arbeitstechniken sowie die wesentlichen Zusammenhänge der einzelnen Programmodule von Excel 3.0. Die sorgfältige Themenselektion einerseits sowie die methodisch durchdachte Darstellung andererseits unterstützen den Benutzer im intuitiven Umgang mit dieser leistungsstarken Software. Anhand eines durchgehenden Fallbeispiels werden die wichtigsten Funktionen der Tabellenkalkulation, der Grafik und der Datenbank transparent und direkt nachvollziehbar. Insgesamt wird mit diesem Buch sowohl dem *Neuling* im Umgang mit Tabellenkalkulationsprogrammen als auch dem *Umsteiger* von anwendungsverwandten Applikationen der Einstieg leichtgemacht.

Verlag Vieweg · Postfach 58 29 · D-6200 Wiesbaden

vieweg